Praktische Informatik – Eine Einführung

Gregor Büchel

Praktische Informatik –
Eine Einführung

Lehr- und Arbeitsbuch mit Tafelbildern

Mit 65 Abbildungen und 13 Tabellen

 Springer Vieweg

Prof. Dr. Gregor Büchel
Fachhochschule Köln
Fakultät für Informations-,
Medien- und Elektrotechnik
Lehrgebiet: Datenbanken und Algorithmen
Köln, Deutschland

ISBN 978-3-8348-1874-4   ISBN 978-3-8348-2283-3 (eBook)
DOI 10.1007/978-3-8348-2283-3

Die Deutsche Nationalbibliothek verzeichnet diese Publikation in der Deutschen Nationalbibliografie; detaillierte bibliografische Daten sind im Internet über http://dnb.d-nb.de abrufbar.

Springer Vieweg
© Vieweg+Teubner Verlag | Springer Fachmedien Wiesbaden 2012

Einbandentwurf: KünkelLopka GmbH, Heidelberg

Gedruckt auf säurefreiem und chlorfrei gebleichtem Papier

Springer Vieweg ist eine Marke von Springer DE. Springer DE ist Teil der Fachverlagsgruppe Springer Science+Business Media.
www.springer-vieweg.de

Vorwort

Das Buch „Praktische Informatik – Eine Einführung | Lehr- und Arbeitsbuch mit Tafelbildern" ist aus meiner Vorlesung entstanden, die ich seit 2002 als Einführung in die Praktische Informatik für Studierende der Nachrichtentechnik und der Technischen Informatik an der Fachhochschule Köln anbiete. Mit der Vorlesung ist ein Programmierpraktikum verbunden, das auf Grundlage der Programmiersprachen Java und teilweise C stattfindet. Die Vorlesung wird jährlich im Mittel von ca. 60 Studierenden besucht.

Im akademischen Jahr 2009/10 hatte ich eine sehr engagierte Diskussion mit meinen Studierenden, ob ich zu meiner Vorlesung einen Lehr- bzw. Lerntext als Arbeitsbuch verfassen soll. Bis dahin hatte ich eine negative Meinung dazu, da es viele Lehrbücher der Informatik und eine Reihe einführender Bücher in Java gibt, auf die ich unter anderem mit einem Literaturverzeichnis zur Vorlesung hinweise. Darüber hinaus hat die FH Köln eine sehr schöne und gut bestückte Hochschulbibliothek. Mein Argument, dass eine Vorlesung eine besondere Art der Wissensvermittlung ist, die mit der Deutlichkeit des gesprochenen Worts und der Klarheit des mit dem Auditorium entwickelten Tafelbildes lebt und deshalb keiner Abfassung in Buchform bedarf, konnte meine Studierenden nicht überzeugen. Sie verlangten die Abfassung als Buch mit dem Argument der besseren Möglichkeit der Vorbereitung der nächsten Vorlesungen und Prüfungen. Dieses Argument überzeugte mich letztlich.

Kern des Buches sind meine Tafelbilder, die aus strukturierten Texten und Abbildungen bestehen. Das Layout ist mit einem etwas größeren unteren Rand gestaltet, damit das Buch tatsächlich ein Arbeitsbuch ist, so dass die Studierenden auf dem Rand die Möglichkeit haben, die Tafelbilder und Texte des Buches durch eigene Marginalien zu ergänzen, um sich selber den Stoff zu verdeutlichen, oder ergänzende Ausführungen der Vorlesungen zu notieren. Am Ende jedes Kapitels sind Lernziele notiert, die jeder Leser nach dem Durcharbeiten des Kapitels erreichen soll.

Das Buch ist wie die Vorlesung an Studierende der ersten beiden Semester gerichtet, die ein Interesse an Informatik haben, aber weder über Programmierkenntnisse noch über Vorkenntnisse auf dem Gebiet der Informatik verfügen. Es ist ein Einführungsbuch, das sich ebenso an Studierende anderer Studiengänge richten kann, die im Grundstudium ein Pflichtfach Informatik haben (zum Beispiel in wirtschaftswissenschaftlichen Studiengängen) oder die Informatik mit einem Programmierpraktikum als Nebenfach studieren.

Der Ansatz des Buches ist elementar. Im Zentrum steht die Frage der Programmierung, das heißt, es steht die Frage, was getan werden muss und was man wissen muss, wenn man den Computer veranlassen möchte, formalisierbare Operationen menschlichen Denkens, wie zum Beispiel die Ausführung der vier Grundrechenarten, an Stelle des Menschen maschinell zu erledigen. Die Programmierung setzt die genaue Beschreibung der Arbeitsschritte zur „logischen" Lösung des gestellten Problems voraus, bevor auch nur die erste Zeile Kode in einer Programmiersprache wie C oder Java geschrieben ist. Daher wird Wert auf die Vorstellung von Beschreibungsmitteln für Algorithmen, für das Programmdesign und für die Spezifikation von Klassen gelegt.

In Jahrzehnten, in denen einerseits komfortable Computer zu wohlfeilen Preisen angeboten werden, in denen aber andererseits das persönliche schriftliche Dividieren beginnt eine aussterbende Kulturtechnik zu werden, ist es nicht sicher, ob das Programmieren „einfacher" wird. Sicher ist, dass die „logische" Lösung von Problemen erfordert, „die Anstrengung des Begriffs auf sich zu nehmen"[1]. Das Buch stellt eine Hilfe dar, Probleme mit gut durchdachter Abstraktion zu vereinfachen, den Digitalrechner mit seinen Stärken zu nutzen und die angehenden Programmiererinnen und Programmierer in der Position zu stärken, dass der Mensch über der Maschine steht.

Das Buch ist meiner geliebten Frau Gabriela Isabelle gewidmet, die alle Phasen der Erstellung mit großem Interesse und vielen schönen Gestaltungs- und Formulierungsvorschlägen unterstützte.

Bonn, im Frühjahr 2012   Gregor Büchel

---

[1] Georg W. F. Hegel: „Phänomenologie des Geistes", Vorrede, Theorie Werkausgabe, Bd. 3, Frankfurt am Main 1970, S. 56.

Inhalt

1 Was ist Informatik?

In jeder Wissenschaft werden Begriffe in ihrer Bedeutung durch Definitionen (=: Def.)[2] festgelegt. So auch der Begriff der Informatik:

Def. 1: Die *Informatik* ist die Wissenschaft der *systematischen Verarbeitung* und *Übermittlung* von Informationen unter Verwendung von *programmierbaren Digitalrechnern*.

Zu den Begriffen, die in dieser Definition verwendet werden, möchte ich eine Anmerkung (=: Anm.) machen:

Anm. 1: a) *Systematische Verarbeitung*: Zur systematischen Verarbeitung von Informationen gehört, dass insbesondere der Anwender eines Programms alle Informationen bekommt, die er erwarten kann und dass er mit dem Rechner als Werkzeug genauso komfortabel unterstützt wird, wie er es von gewöhnlichen Werkzeugen oder Kommunikationspartnern erwartet. Diese Ansprüche sind in der Regel schwierig zu realisieren. Damit man sie überhaupt realisieren kann, ist ein *systematischer Softwareentwurf (Programmentwurf)* erforderlich.

b) Der Aspekt der *Übermittlung* von Informationen ist heute, nach dem sich das *Internet* als *die* weltweite Kommunikationsstruktur von Menschen und Maschinen durchgesetzt hat, bedeutend wichtiger geworden, als er es im Zeitraum um 1990 war, als die obige Definition entstand.

---

2 In der Informatik gibt es viele Definitionen und Abkürzungen. Um die Bedeutung einer Abkürzung zu erklären, wird das Definitionssymbol „=:" bzw. „:=" verwendet. Auf der Seite des Doppelpunkts steht die Abkürzung, die erklärt werden soll (Definiendum), auf der anderen Seite des Gleichheitszeichens steht die Bedeutung des Abgekürzten (Definiens).

c) Wesentliches Werkzeug und Untersuchungsgegenstand der Informatik ist der *programmierbare Digitalrechner*. Die in dieser Vorlesung behandelte Programmiersprache ist die Programmiersprache *Java*.

1.1   Datenflusspläne

Um den Aspekt der *systematischen Verarbeitung* von Informationen zu unterstützen, sind von der Informatik unterschiedliche Konzepte des systematischen Softwareentwurfs entwickelt worden. Eines dieser Konzepte ist der ***Datenflussplan*** (=: DFP). Im DFP wird zwischen (zu entwickelnden) *Programmen* und *Daten* unterschieden. Daten können Eingabedaten (zum Beispiel Tastatureingaben), Ausgabedaten (zum Beispiel Ausgaben auf den Bildschirm oder auf den Drucker) oder Daten sein, die in Dateien gespeichert sind.

1.1.1   Symbole eines Datenflussplans

Ein DFP ist aus folgenden Symbolen aufgebaut (siehe Abbildung 1-1):

- ein Rechteck als Symbol für ein Programm PPP.
- eine Dose als Symbol für eine Datei DDD.
- ein Symbol für eine Ausgabe AAA (auf Bildschirm oder Drucker).
- ein Symbol für eine Tastatureingabe E.
- ein Pfeil als Symbol eines Datenflusses, der von einer Datenquelle zu einer Datensenke fließt. Die Pfeilspitze zeigt auf die Datensenke.

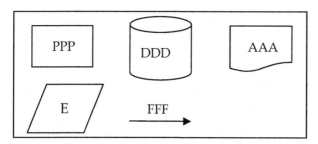

Abbildung 1-1:   Symbole eines Datenflussplans

1.1.2   Beispiel: DFP eines Kinokartenreservierungsystems (CINRES)

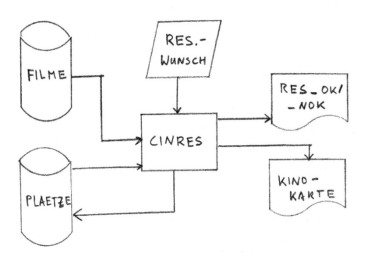

Legende: FILME := Tabelle mit dem Kinoprogramm

PLAETZE := Tabelle mit den reservierbaren Plätzen

RES.-WUNSCH := Eingabe mit dem Reservierungs-
Wunsch

RES-OK/-NOK := Konsolenmeldung, ob Reservie-
rung erfolgreich war.

KINOKARTE := Gedruckte Eintrittskarte.

Abbildung 1-2:   DFP eines Kinokartenreservierungssystems

1.2   Übung

Analysieren Sie eine Internetanwendung Ihrer Wahl: Welche Tastatureingaben müssen/können Sie machen? Welche Daten benötigt die Internetanwendung, um die von Ihnen gewünschten Antworten zu erzeugen? Welche Antwortdaten stellt die Internetanwendung zur Verfügung? Zeichnen Sie als Ergebnis Ihrer Analyse einen Datenflussplan (DFP) mit Legende!

1.3   Lernziele zu Kapitel 1

1. Die Definition des Begriffs der Informatik anhand von alltäglichen Erfahrungen mit einem Computer oder dem Internet erläutern können.
2. Die Symbole eines Datenflussplans erklären können.
3. Zu einem einfachen Programm oder einer einfachen Internetanwendung, deren Eingabe- und Ausgabedaten man kennt, einen Datenflussplan mit Legende zeichnen können.

2 Der Aufbau eines programmierbaren Digitalrechners

Def. 1: Ein *Digitalrechner* ist ein Rechner, der seine Informationen intern durch Ziffern (engl.: digits) darstellt, wobei die Zifferndarstellung von definierten Spannungszuständen abhängt. Das Ziffernalphabet der vorherrschenden Digitalrechner besteht aus den Ziffern 0 und 1.

Def. 2: Die kleinste Speicherzelle eines Digitalrechners speichert eine Ziffer b aus der Menge {0, 1}, **b** heißt *Bit* (:= **bi**nary di**git** (engl. Begriff für Binärziffer)). Eine Speicherzelle, die aus einer Folge von 8 Bits besteht, heißt *Byte*.

Speicherplatzangaben für Digitalrechner werden in Vielfachen von Bytes notiert:

1 KB = 1 Kilobyte = 2^{10} Byte = 1024 Byte

1 MB = 1 Megabyte = 2^{20} Byte = 1.048.576 Byte ($\approx$ 1 Million Bytes)

1 GB = 1 Gigabyte = 2^{30} Byte = 1.073.741.824 Byte ($\approx$ 1 Milliarde Bytes)

BSP. 1: Ein Beispiel (=: BSP) für eine binär dargestellte Information ist die binäre Darstellung X der Zahl 29.

Bevor wir die binäre Darstellung angeben, erinnern wir uns, was die Darstellung von 29 im Zehnersystem bedeutet: 29 = 2*10 + 9*1.

Die binäre Darstellung von 29 kann man aus der Zerlegung von 29 in eine Summe von 2er Potenzen ermitteln, wobei man die 2er Potenzen in absteigender Folge schreibt:

29 = 1*16 + 1*8 + 1*4 + 0*2 + 1*1

Für die binäre Darstellung sind nur die Koeffizienten wichtig, die man von der höchsten bis zur niedrigsten Potenz abschreibt. Also ist: X = 11101.

Speichert man X in Form eines Bytes Z, das heißt, in Form einer Folge von 8 Bits, so wird die Bitfolge von X rechtsbündig in Z gespeichert. Also ist: Z = 00011101.

Soweit zur Herleitung einer binär dargestellten Information. Wir werden im Unterkapitel 2.3 ausführlich die Umrechnung von ganzen Dezimalzahlen in Binärzahlen und umgekehrt besprechen. Damit Sie sich schon ein wenig darauf vorbereiten, die folgenden Übungen:

2.1   Übungen

1. Berechnen Sie alle 2er Potenzen von 2^0 bis 2^{10} !
2. Schreiben Sie die Zahlen 80, 319, 734 und 5826 als Summe von 10er Potenzen!
3. Ermitteln Sie gemäß **BSP. 1** die binäre Darstellung X der Dezimalzahlen aus Übung 2!
4. Speichern Sie die Dezimalzahlen 15, 37, 81 und 117 in einem Byte Z!
5. Rechnen Sie die Binärzahlen 00110011, 01001010, 00010111 und 00101000 in Dezimalzahlen um!

2.2 Allgemeines Schichtenmodell eines programmierbaren Digitalrechners

Tabelle 2-1: Schichtenmodell eines programmierbaren Digitalrechners

Anwendungssoftware: • Computerspiele • Textverarbeitung, Tabellenkalkulation, … • Clientensoftware für Netzwerkzugriffe (Beispiel: WWW-Browser, …) • Selbstentwickelte Anwendungsprogramme …						SOFTWARE
Betriebssoftware Systemsoftware: • Editor • Compiler, Binder, Lader bzw. Interpreter (zum Beispiel JVM) • Netzwerkbetriebssoftware (zum Beispiel Telnet-, FTP-Betriebsoftware) … Betriebssystem: • Benutzerschnittstelle (Shell), … • Betriebssystemkern: Prozessverwaltung, Dateisystem, … • Hardwareschnittstelle: [HAL,] BIOS, …						
CPU	Haupt-speicher	Bus	ROM	Festplatte	CD-ROM-LW	HARDWARE
USB	Bildschirm	Maus	Tastatur	Netzwerk-karte	A:\ …	

Begriffe: *Hardware*: Menge der Geräte eines Digitalrechners. *Software*: Menge der Programme eines Rechners. Bei der Software wird zwischen Betriebs- und Anwendungssoftware unterschieden.

2.2.1   Erläuterungen zur Hardware

CPU: Die CPU (:= Central Processing Unit) ist der *Hauptprozessor* des Computers. Der Hauptprozessor ist *Steuerwerk* und *Rechenwerk* des Digitalrechners:

a) *Steuerwerk*: Das Steuerwerk bestimmt, welcher Maschinenbefehl eines Programms als nächster ausgeführt wird. Hierzu bestimmt das Steuerwerk die Adresse, unter welcher der nächste Maschinenbefehl im Hauptspeicher (RAM, s. u.) abgelegt ist. Unter Kenntnis dieser Adresse lädt das Steuerwerk diesen Maschinenbefehl in sein Befehlsregister.

b) *Rechenwerk*: Das Rechenwerk, auch ALU genannt (ALU:= arithmetical logical unit), führt die arithmetischen und logischen Operationen eines Rechners aus:

Arithmetische Operationen: Addition, Subtraktion [, Multiplikation, Division] von binären Zahlen.

Vergleichsoperationen: Vergleiche von binären Werten a, b: $a < b$, $a > b$, $a = b$, …

Logische Operationen: Zum Beispiel: UND-, ODER-, NICHT-Operation

Bitverschiebeoperationen: zum Beispiel Verschiebung nach links um 1 Bit: Aus dem Byte 00000101 (= Dezimalzahl 5) wird das Byte 00001010 (= Dezimalzahl 10).

c) *Clock* (Uhr): Die Uhr regelt den Takt, wann der Prozessor rechnend und wann er steuernd ist: 1 Takt rechnend, 1 Takt steuernd, 1 Takt rechnend usw. Die Kenngröße des Prozessors ist die Anzahl der Takte pro Sekunde (1 Takt/sec = 1 Hz (Hertz)). Zum Beispiel: 1 GHz = 1 Gigahertz = 2^{30} Hz = 1.073.741.824 Hz ($\approx$ 1 Milliarde Hz).

Hauptspeicher: Der *Hauptspeicher* speichert während der Laufzeit eines Rechners in der Hauptsache den Betriebssystemkern und für jedes sich in der Ausführung befindende Programm dessen Folge von Maschinenbefehle in binärem Kode. Der Hauptspeicher ist als RAM (:= Random Access Memory) organisiert. Dieses bedeutet: Der Hauptspeicher ist als Folge gleichgroßer Speicherzellen (zum Beispiel Zellenlänge von 2, 4 oder 8 Byte) organisiert, auf die mittels Adressen lesend und schreibend zugegriffen werden kann (der „wahlfreie Zugriff"). Der Hauptspeicher ist ein flüchtiger Speicher, das heißt, nach dem Abschalten des Rechners verliert der Hauptspeicher seine Information.

BSP.: Grob vereinfacht soll hier der Inhalt von RAM-Zellen für folgendes Maschinenprogramm im Pseudokode angegeben werden: Der Rechner soll den Inhalt der Speicherzelle 5810 (= Dezimalzahl 31) zum Inhalt der Speicherzelle 5830 (= Dezimalzahl 19) addieren und das Ergebnis der Speicherzelle 6520 zuweisen (siehe Tabelle 2-2).

Tabelle 2-2:   Hauptspeicher

Adressen	Inhalt der RAM-Zellen
0	…
1	…
…	…
5810	00011111
…	…
5830	00010011
…	…
6520	ADD(5810,5830)
…	…

BUS: Der *Bus* als System paralleler Bit-Leitungen dient der Übertragung von Nutz- und Adressdaten zwischen CPU, Hauptspeicher, Sekundärspeicher (zum Beispiel Festplatten), weiteren peripheren Geräten und Schnittstellen (von Neumann Architektur). Die Kenngröße eines Busses ist die Anzahl paralleler Bit-Leitungen (zum Beispiel 16- oder 32-Bit-Bus).

ROM: Die Abkürzung ROM steht für „Read Only Memory" und steht für einen *nichtflüchtigen* Speicher, dessen Hauptaufgabe die Speicherung eines *Boot-programms* (HAL (:= Hardware Abstraction Layer), BIOS (:= Basic Input Output System), coreboot, …) ist. Technisch wird in moderneren Standardrechnern dieser ROM in der Regel durch Flash EEPROM Bauteile realisiert (EEPROM:= Electrically Erasable Programmable Read-Only Memory). Ein Bootprogramm (engl.: boot:

Stiefel bzw. to boot: jemand einen Fußtritt geben) führt beim Start eines Rechners zunächst einen Hardwaretest durch und lädt dann notwendige Betriebssystemteile von einem Sekundärspeicher (zum Beispiel der Standardfestplatte) in den Hauptspeicher.

Weitere Komponenten: Zur nichtflüchtigen Speicherung von Massendaten werden *Sekundärspeicher* benötigt. Typische Sekundärspeichermedien sind Festplatten und CD-ROM (CD-ROM:= Compact Disk Read Only Memory), veraltet sind Disketten (im obigen Schichtenmodell durch die Laufwerksbezeichnung **A:** dargestellt), moderner sind USB Sticks, die auf die USB Schnittstelle gesteckt werden (USB:= Unified Serial Bus). Im Unterschied zum Hauptspeicher (Primärspeicher) dauern Zugriffszeiten auf Sekundärspeicher länger. Auf Sekundärspeicher können in der Regel größere Datenmengen gespeichert werden.

2.2.2   Erläuterungen zur Betriebssoftware

Das *Betriebssystem* steuert die Geräte der Hardware eines Rechners. Es stellt allen Programmen, die auf einem Rechner gestartet werden, Hardwarekapazitäten zur Verfügung. Wesentliche Beispiele für *Hardwarekapazitäten* sind: Kapazität der CPU: Rechenzeit (in sec), Kapazität des Hauptspeichers: RAM-Platz (in MB), Kapazität einer Festplatte: Speicherplatz (in GB).

Wesentliche Komponenten des Betriebssystemkerns sind die *Prozessverwaltung* und das *Dateisystem*. Für den Anfang interessiert uns das Dateisystem.

Dateien sind Sammlungen von Daten, die auf den Sekundärspeichermedien eines Rechners gespeichert sind. Das Dateisystem organisiert alle Dateien eines Rechners in eine strukturierte Anordnung, mit der sie auf die verschiedenen Sekundärspeicher verteilt sind. Die Anordnung ist ein *Verzeichnisbaum*. Damit die Benennung von Dateien und Verzeichnissen einheitlich von allen Programmen eines Rechners verarbeitet werden kann, kontrolliert das Betriebsystem eine *Dateinamenskonvention*: Dateinamen die den Aufbau **vvv...vvv.nnnn** haben, werden in den gängigen Betriebsystemen der DOS/Windows- und der LINUX/UNIX-Familie unterstützt. In Abbildung 2-1 wird ein Beispielverzeichnisbaum in DOS/Windows-Notation gezeigt.

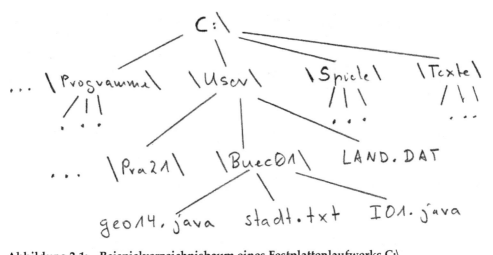

Abbildung 2-1: Beispielverzeichnisbaum eines Festplattenlaufwerks C:\

2.3 Umrechnung von Dezimalzahlen in Binär- und Hexadezimalzahlen

Def. 1: Die *Darstellung* einer ganzen Zahl **z** $\in$**Z** zu einer *Basiszahl* **B (B** $\in$**N, B** $\geq$ **2)** ist definiert als die folgende Summe:

$$z = \sum_{k=0}^{N} A_k * B^k =_B A_N A_{N-1} ... A_2 A_1 A_0$$

Hierbei sind die Koeffizienten A_k aus dem durch B bestimmten *Ziffernalphabet* A_B. Das Ziffernalphabet enthält genau B Ziffern. Die Ziffern repräsentieren alle Reste, wenn man eine beliebige ganze Zahl durch B teilt. Das Ziffernalphabet hat damit die allgemeine Form:

A_B = {0, 1, …, B-1}

Falls B > 10 ist, nimmt man Buchstaben hinzu, die die weiteren Reste repräsentieren. Die Koeffizienten werden als Stellensystem in absteigender Folge der Exponenten von B aufgeschrieben (dieses ergibt den Ausdruck, der rechts von $=_B$ steht).

BSP. 1: Häufig genutzte Ziffernalphabete sind:

$A_2 = \{0, 1\}$.

$A_8 = \{0, 1, 2, 3, 4, 5, 6, 7\}$.

$A_{10} = \{0, 1, 2, 3, 4, 5, 6, 7, 8, 9\}$.

$A_{12} = \{0, 1, 2, 3, 4, 5, 6, 7, 8, A, B\}$. Hierbei steht A für den Rest 10 und B für den Rest 11 bei der Division durch 12.

$A_{16} = \{0, 1, 2, 3, 4, 5, 6, 7, 8, 9, A, B, C, D, E, F\}$. Hierbei stehen A, B, C, D, E, F für die Reste 10, 11, 12, 13, 14, 15 bei der Division durch 16.

BSP. 2: Wir betrachten nun die Darstellung der Zahl z = 301 bezüglich der Basiszahlen B = 2, 8, 12 und 16. Die Darstellungen sind:

$z = 301 = 1 * 2^8 + 1 * 2^5 + 1 * 2^3 + 1 * 2^2 + 1 * 2^0 =_2 100101101$

$z = 301 = 4 * 8^2 + 5 * 8^1 + 5 * 8^0 =_8 455$

$z = 301 = 2 * 12^2 + 1 * 12^1 + 1 * 12^0 =_{12} 211$

$z = 301 = 1 * 16^2 + 2 * 16^1 + 13 * 16^0 =_{16} 12D$

Anm. 1: Die Darstellungen bezüglich einer *Basiszahl* B werden mit Hilfe des *Divisions-Rest-Verfahrens* berechnet. Dazu betrachten wir folgendes Beispiel. Wenn wir die Darstellung von z = 309 zur Basis 16 suchen, müssen wir die Koeffizienten A2, A1 und A0 bestimmen, so dass folgende Gleichung erfüllt ist:
$309 = A2 * 16^2 + A1 * 16 + A0$.

Wenn wir 16 ausklammern ergibt sich: $309 = (A2 * 16 + A1) * 16 + A0$.

Daraus folgt: A0 ist der ganzzahlige Rest der Division:
309 : 16 =: Q1 = 19, Rest: A0 = 5.

Damit gilt: A1 ist der ganzzahlige Rest der Division: Q1 : 16 =: Q2 = 1, Rest: A1 = 3.

Schließlich gilt: A2 ist der ganzzahlige Rest der Division: Q2 : 16 = 0, Rest: A2 = 1.

Def. 2: Das *Divisions-Rest-Verfahren* zur Bestimmung der *Darstellung* einer ganzen Zahl z zu einer *Basiszahl* B ist folgendermaßen bestimmt: Man führt folgende ganzzahlige Divisionen mit Rest aus, bis sich der Quotient 0 ergibt.

z   : B = Q1   Rest: A0
Q1 : B = Q2   Rest: A1
Q2 : B = Q3   Rest: A2
usw. bis
QN : B = 0   Rest: AN

Die gesuchte Zahldarstellung ist dann die Folge der Reste „von unten nach oben" gelesen:

$$z =_B A_N A_{N-1}...A_2 A_1 A_0$$

BSP. 3: Gesucht ist die Darstellung von z = 289 zur Basis B = 2. Wir rechnen:

289 : 2 = 144   Rest: 1
144 : 2 = 72   Rest: 0
72   : 2 = 36   Rest: 0
36   : 2 = 18   Rest: 0
18   : 2 = 9   Rest: 0
9   : 2 = 4   Rest: 1
4   : 2 = 2   Rest: 0
2   : 2 = 1   Rest: 0
1   : 2 = 0   Rest: 1

Also ist: **289 =₂ 100100001**

BSP. 4: Gesucht ist die Darstellung von z = 301 zur Basis B = 16. Wir rechnen:

301 : 16 = 18   Rest: 13
18   : 16 = 1   Rest: 2
1   : 16 = 0   Rest: 1

Der Rest 13 ergibt die Hexadezimalziffer D. Also ist: **301 =₁₆ 12D**

BSP. 5: Gesucht ist die Darstellung von z = 3759 zur Basis B = 16. Wir rechnen:

3759 : 16 = 234 Rest: 15
234 : 16 = 14 Rest: 10
14 : 16 = 0 Rest: 14

Also ist: **3759 =$_{16}$ EAF**

Anm. 2: Ist eine Binärzahl oder eine Hexadezimalzahl berechnet worden, so kann man durch *Berechnung der Potenzsumme* (s. Def. 1) die Probe machen, um die ursprüngliche Dezimalzahl wieder zu berechnen. Gleichzeitig ist dieses Verfahren auch das generelle Rechenverfahren, um *aus Zahlen bezüglich einer Basis B die zugehörige Dezimalzahl auszurechnen.*

BSP. 6: Gegeben: z_B =$_2$ 100100001. Gesucht: die *Dezimaldarstellung* z von z_B.

$$
\begin{array}{rccrcr}
  & 1 & * & 2^8 & = & 256 \\
+ & 1 & * & 2^5 & = & 32 \\
+ & 1 & * & 1 & = & \underline{1} \\
  &   &   &   &   & 289
\end{array}
$$

Also ist: z_B =$_2$ **100100001** =$_{10}$ **289**. Dieses ist die Probe zu BSP. 3.

BSP. 7: Gegeben: z_H =$_{16}$ EAF. Gesucht: die *Dezimaldarstellung* z von z_H.

$$
\begin{array}{rccrcrcr}
  & E & * & 16^2 & = & 14 & * & 256 & = & 3584 \\
+ & A & * & 16^1 & = & 10 & * & 16 & = & 160 \\
+ & F & * & 1 & = & 15 & * & 1 & = & \underline{15} \\
  &   &   &   &   &   &   &   &   & 3759
\end{array}
$$

Also ist: z_H =$_{16}$ **EAF** =$_{10}$ **3759**. Dieses ist die Probe zu BSP. 5

2.4   Übungen

1. Berechnen Sie zu folgenden Dezimalzahlen z die zugehörigen Binärzahlen:

   a) z = 43; b) z = 349; c) z = 427; d) z = 731. Machen Sie die Probe!

2. Berechnen Sie zu folgenden Dezimalzahlen z die zugehörigen Hexadezimalzahlen:

   a) z = 267; b) z = 1131; c) z = 2748; d) z = 5038. Machen Sie die Probe!

2.5   Lernziele zu Kapitel 2

1. Den Begriff Digitalrechner erklären können.
2. Die Schichten und die allerwichtigsten Komponenten der Schichten eines programmierbaren Digitalrechners benennen können.
3. Wissen, welche Arten von Operationen das Rechenwerk einer CPU anbietet.
4. Die Begriffe Bit und Byte erklären können.
5. Die 11 ersten 2er Potenzen kennen.
6. Eine ganze Binärzahl in eine Dezimalzahl umrechnen können.
7. Eine Dezimalzahl als Summe von 10er Potenzen schreiben können.
8. Dezimalzahlen in Binärzahlen und Hexadezimalzahlen umrechnen können. Hexadezimalzahlen und Binärzahlen in Dezimalzahlen umrechnen können.

3   Vom Problem zum Programm

Ein wesentliches Kennzeichen eines programmierbaren Digitalrechners ist, dass er ein Universalrechner ist. Das heißt, viele Funktionen des menschlichen Denkens sollen durch einen Rechner ausgeführt werden können, zum Beispiel Rechnen mit ganzen und rationalen Zahlen, Kopieren von Texten, Abfrage von Internetquellen, Sortieren von Daten. Dieses alles muss programmiert werden, bevor es vom Rechner ausgeführt werden kann.

In diesem Kapitel sollen zwei Fragen besprochen werden:

a) Was ist Programmierung?

b) Wie geht man an die Programmierung eines Problems heran?

Zu a) Programmierung ist mehr als nur die Anweisungen eines Programms im Kode einer Programmiersprache editieren. *Programmierung* ist der gesamte Weg, der von der Formulierung eines Problems bis zum erfolgreichen Einsatz eines ausführbaren Programms führt. Im Wesentlichen besteht dieser Weg aus folgenden drei Schritten:

1. Formulierung des Problems
2. Bestimmung eines Lösungsverfahrens (Algorithmus)
3. Programmierung des Algorithmus im Kode einer Programmiersprache

Def. 1: Ein *Algorithmus* ist eine allgemeingültige endliche Folge von elementaren Operationen, die maschinell durchgeführt werden können. Die Folge enthält eine Beschreibung, wie diese elementaren Operationen nacheinander durchgeführt werden sollen. Insbesondere ist dabei eine Start- und Ende-Bedingung angegeben.

Anm. 1: Maschinell ausführbar bedeutet hier, dass diese Operationen letztlich alle mit den wenigen Operationsarten (arithmetische und logische Operationen, Vergleichs- und Bitverschiebeoperationen) ausgeführt werden müssen, die das Rechenwerk (ALU) der CPU eines Digitalrechners bietet (vgl. Kapitel 2, Erläuterungen zur Hardware).

Zu b) Wir wollen diese drei Schritte der Programmierung anhand eines einfachen Beispielproblems untersuchen. Dabei wollen wir typische Aktivitäten (=: **Akt.**), die zu einem guten, das heißt, systematisch durchdachten Programm führen, angeben.

BSP: Problem1: Alle Potenzen von einer Zahl bis zu einer Obergrenze sollen berechnet werden.

Akt. 1: *Das Problem sollte so präzise wie möglich formuliert werden.* Dieses nennt man die *Spezifikation* der Problemstellung. Dieses führt zu einer präziseren Fassung der Problemstellung: Problem2 (= Spezifikation von Problem1): Zu einer gegebenen natürlichen Zahl **b** sollen alle Potenzen der Form $z = b^k$ mit $0 \leq k \leq N$, wobei N eine gegebene natürliche Zahl ist, berechnet werden.

Akt. 2: *Man sollte prüfen, ob das Problem auf einen Lösungsansatz gebracht werden kann, der mit CPU-Operationen berechnet werden kann.* Diese Aktivität ist im Allgemeinen die schwierigste und erfordert in der Praxis Übung und Erfahrung. - Sie ist daher ständiges Thema in der Übung, dem Tutorium und dem Praktikum zu dieser Vorlesung. Für das Beispiel der Potenzrechnung stellt man fest, dass die Potenzrechnung keine ALU Operation ist. Also muss die Potenzrechnung auf eine Folge von ALU Operationen zurückgeführt werden. Wir nehmen hier an, dass die Multiplikation eine ALU Operation sei.

Lösungsansatz: Zurückführung der Potenzrechnung auf die Multiplikation:

Es gilt: $z = b^k = b^{k-1} * b$ für alle natürlichen Zahlen $k \geq 1$. Zudem muss man noch wissen, dass $b^0 = 1$ ist.

Akt. 3: *Der Algorithmus sollte so allgemein und so systematisch wie möglich formuliert werden.* Diese Aktivität sollte durch ein formalisiertes *Beschreibungsmittel für Algorithmen* ausgeführt werden.

Als ein erstes Beschreibungsmittel für Algorithmen lernen wir *Programmablaufpläne* (=: PAP) nach DIN 66001 kennen. Die Formulierung eines Algorithmus durch einen PAP ist *unabhängig* von Programmiersprachen, mit denen später der Algorithmus kodiert wird. Ein PAP besteht aus folgenden Symbolen (siehe Tabelle 3-1).

Tabelle 3-1: Symbole des PAP

Symbol	Definition
→	**Ablauflinie:** Ablauflinien regeln, in welcher Reihenfolge Operationen auszuführen sind.
▭	Symbol für eine **elementare Operation** auf eine Speicherzelle. Typische Operationen sind Zuweisungen von Werten an Speicherzellen und arithmetische Operationen.
▱	Symbol für eine **Benutzereingabe** (zum Beispiel von der Tastatur). Es kann der Wertebereich für den Eingabewert festgelegt werden.
◇ L / J / N	Symbol für eine **logische Verzweigung.** Eine logische Bedingung L wird geprüft. Ist L wahr, folgt der Algorithmus der Ablauflinie J (J für „ja" = „wahr"). Ist L falsch, folgt der Algorithmus der Ablauflinie N (N für „nein" = „falsch").
	Symbol für eine **Ausgabe** (auf den Bildschirm oder den Drucker).
	Symbol für den Anfang (**START**) oder das Ende (**ENDE**) des Algorithmus.

BSP. 1: Zum aktuellen Wert der Speicherzelle a soll 7 addiert werden. Das Ergebnis soll der Speicherzelle b zugewiesen werden. Das Zeichen „ = " wird hier als Zuweisungszeichen verwendet:

b = a +7

BSP. 2: Der aktuelle Wert der Speicherzelle a soll mit 9 multipliziert werden. Das Ergebnis soll der gleichen Speicherzelle a zugewiesen werden:

$$a = a * 9$$

Anm. 2: Man sieht hier sehr deutlich, dass das *Zuweisungszeichen* „=" nicht mit dem mathematischen Gleichheitszeichen verwechselt werden darf. Denn für alle a ungleich 1 ist die Vergleichsoperation a = a * 9 falsch!

BSP. 3: Zu folgendem einfachen Algorithmus wird ein PAP angegeben: Zwei ganze Zahlen a und b werden eingelesen. Falls b ≠ 0 ist, soll der Quotient q = a / b berechnet werden, sonst soll eine Fehlermeldung ausgegeben werden.

Anm. 3: Zu jedem PAP sollte eine *Legende* angegeben werden, die den Zweck der verwendeten Speicherzellen beschreibt. Weiterhin bieten Legenden die Möglichkeit, weitere Erläuterungen zu dem Algorithmus zu geben.

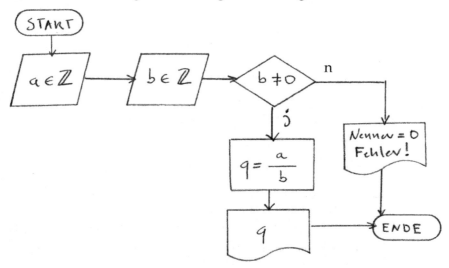

Legende zum PAP: a : Speicherzelle für den Zähler des Quotienten
                  b : Speicherzelle für den Nenner des Quotienten
                  q : Speicherzelle für den Quotienten

Abbildung 3-1:   PAP mit Legende

Nach diesen Vorbereitungen sind wir nun in der Lage den Algorithmus zur Berechnung aller Potenzen einer ganzen Zahl bis zu einer Obergrenze in Form eines PAP anzugeben.

BSP. 4: PAP: Algorithmus zur Potenzrechnung

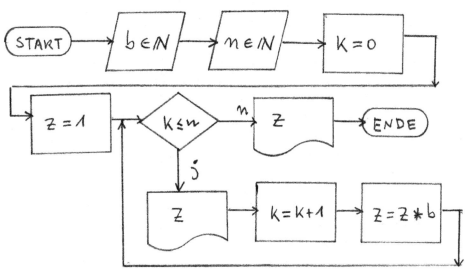

Legende zum PAP: b : Zahl, die potenziert werden soll (Basis)

k : Schrittzähler für die Potenzierung (k startet mit k = 0)

n : Obergrenze für den Exponenten

z : Speicherzelle für die berechnete Potenz

Abbildung 3-2:   PAP zur Potenzrechnung

3.1   Übungen

1. Stellen Sie einen PAP für die Berechnung aller ungeraden natürlichen Zahlen bis zu einer eingelesenen Obergrenze M auf!
2. Stellen Sie einen PAP für die Berechnung der Summe aller ganzen Quadratzahlen x^2 bis zur Obergrenze $x = 50$ auf! Der Algorithmus soll die Quadratzahlen und die berechneten Teilsummen ausgeben.
3. Ein Algorithmus soll alle durch 7 teilbaren natürlichen Zahlen z ab 77 bis 217 ausgeben. Dabei soll auch bestimmt werden, mit welchem Faktor 7 in z auftritt.
4. Ein Algorithmus soll die ersten 30 Glieder der Folge 6, 9, 14, 21, 30, … berechnen. Tipp: Berechnen Sie die Differenz zwischen den Folgengliedern!
5. Ein Algorithmus soll für alle ganzzahligen x-Werte mit $-u \leq x \leq u$ die y-Werte des Polynoms $y = x^3 - b*x^2 - c^2*x + b*c^2$ berechnen, wobei die natürlichen Zahlen b und c eingegeben werden und $u = \max(b,c) + 3$ ist. $\max(b,c)$ ist die größere der beiden Zahlen b und c. In jedem Schritt soll der x- und y-Wert ausgegeben werden.

3.2   Lernziele zu Kapitel 3

1. Den Begriff Algorithmus erklären können.
2. Die Schritte, die von einem Problem zu einem Programm führen, allgemein und anhand von Beispielen erklären können.
3. Die Symbole eines PAP erklären können.
4. Erkennen, dass der PAP ein von Programmiersprachen unabhängiges Beschreibungsmittel für Algorithmen ist.
5. Selbständig Algorithmen für einfache arithmetische Anwendungen durch jeweils einen PAP beschreiben können.

4 Einführung in die Java-Programmierung

4.1 Die Entwicklung eines Java-Programms

Die Schritte der Entwicklung eines Java-Programms werden mit folgendem Datenflussplan (DFP) erläutert (siehe Abbildung 4-1). Nachfolgend werden die Bestandteile des DFP und damit die Entwicklungsschritte erklärt.

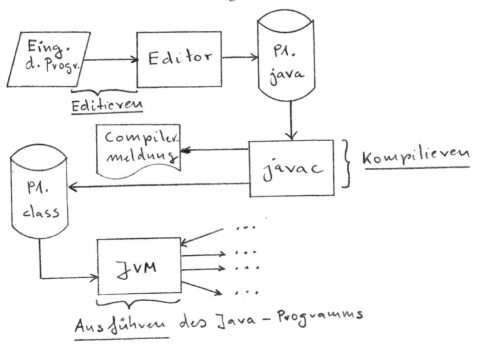

Abbildung 4-1: Entwicklung eines Java-Programms

Die *Entwicklung* eines Java-Programms findet in folgenden drei Schritten statt:

1. *Editieren*: Der Programmierer *editiert* den Programmkode, der gemäß eines definierten Algorithmus und gemäß der Regeln der Programmiersprache Java verfasst sein soll (= Eingaben des Programmierers). Das Ergebnis des Editierens wird als Datei unter einem Dateinamen mit Endung **java** abgespeichert (= Java-Quelltext, hier: **P1.java**).

2. *Kompilieren*: Für den Java-Quelltext wird der Java-Compiler (=: **javac**) aufgerufen. Der Aufruf als Zeilenkommando in der Betriebssystem-Shell lautet allgemein:

c:\user\javac NAME_JAVA_QUELLTEXTDATEI

Für unser Beispiel lautet der Aufruf:

c:\user\javac P1.java

Enthielt der Java-Quelltext *keine* syntaktischen Fehler, wird eine leere Fehlermeldung ausgegeben (Motto: „no news are good news"). Weiterhin erzeugt der Compiler einen binär kodierten Kode von maschinennahen Befehlen (Java Bytekode). Der Dateiname der Datei mit dem Bytekode hat die Endung **class**. Der Vorname ist der Name der Klasse, der im Java-Quelltext steht (hier: P1). Es empfiehlt sich grundsätzlich Name des Java-Quelltext = Name der Klasse zu setzen. Damit lautet in diesem BSP. der Name der Bytecodedatei: **P1.class**. Der Java Bytecode ist portierbar, das heißt, er kann auf einem Rechner für viele andere Rechner unterschiedlicher Betriebssysteme erzeugt werden

Enthielt der Java-Quelltext syntaktische Fehler, wird kein Bytekode erzeugt und es wird eine *Fehlerliste* in englischer Sprache ausgegeben. Man sollte versuchen, jeden Fehler zu verstehen und entsprechend zu korrigieren. Falls Ihnen das nicht gelingt, nehmen Sie die Hilfe der Programmierberatung (Tutoren, Laboringenieur) im Informatik-Labor in Anspruch!

3. *Ausführen*: Der Java Bytecode kann, wenn er eine Klasse mit einer main()-Methode (**main**() steht für Hauptprogramm) enthält, auf einem Rechner *ausgeführt* werden. Die Ausführung wird von einem Programm, der JVM (=: Java Virtual Machine), durchgeführt. Die JVM interpretiert jedes Kommando des betriebssys-

temunabhängigen Bytecode in Hinsicht auf den konkret vorliegenden Rechner mit seinem spezifischen Betriebssystem und seiner spezifischen Hardware. Das heißt, jedes Betriebssystem erfordert eine besondere JVM. Der Aufruf der JVM in der Betriebssystem-Shell lautet allgemein:

> c:\user\java **KLASSENNAME**

Für unser Beispiel lautet der Aufruf:

> c:\user\java **P1**

Auf der Betriebssystem-Shell (Konsole) sehen Sie dann Ergebnisse des Programms in Form von Ausgabezeilen.

4.1.1 Übungen

1. Führen Sie die obigen drei Schritte für das folgende kleine Java Beispielprogramm P57 aus, das die Summe von 5 + 7 berechnet und ausgibt. Dieses Programm besteht aus folgendem Java-Quelltext (P57.java):

```
class P57
{public static void main(String args[])
 { int a, b, c;
   a = 5;
   b = 7;
   c = a+b;
   System.out.println("Die Summe von "+a+
                      " und "+b+" ist "+c);
 }
}
```

Der Quelltext dieses Programms wird in den nachfolgenden Unterkapiteln erläutert.

2. Beschreiben Sie den Algorithmus von Programm P57 durch einen PAP!

4.2 Allgemeiner Aufbau eines Java-Programms

Ein Java Quelltext besteht aus *kompilierbaren Ausdrücken* und *Kommentaren*. Kommentare werden vom Compiler ignoriert und dienen der programminternen Dokumentation. Kommentare werden vom übrigen Quelltext durch Sonderzeichen abgegrenzt. Es gibt zwei Möglichkeiten einen Kommentar zu setzen:

K1) /* **KOMMENTARTEXT** */ Diese Form des Kommentars kann sich über mehrere Zeilen hinziehen.

K2) // **KOMMENTARZEILE**

Diese Form des Kommentars ist höchstens eine Zeile lang und reicht nur bis zum Zeilenende.

1) Die kleinste kompilierbare Einheit eines Java Quelltextes ist eine *Klasse*.

Die **allgemeine Syntax** einer *Klasse* lautet:

```
class KLASSENNAME
{    /* In einem Paar geschweifter Klammern steht die
        Folge der Anweisungen des Java-Programms.
     */
}
```

Anm. 1: Erläuterung zur *allgemeinen Syntax* einer *Klasse*:

class   : Schlüsselwort für die Klasse.

KLASSENNAME : Name der Klasse, der vom Programmierer frei gewählt werden kann. Er muss der *Bezeichnerregel* folgen. Für Klassennamen gilt in der Gemeinschaft der Java-Programmierer, dass das erste Zeichen ein *großer Buchstabe* ist.

Bezeichnerregel: Eine Zeichenfolge, die zwischen zwei Leerzeichen steht, ist ein *Bezeichner*, wenn das erste Zeichen ein lateinischer Buchstabe ist und die weiteren Zeichen lateinische Buchstaben oder Dezimalziffern sind. Lateinische Buchstaben sind A, B, C, ..., X, Y, Z und a, b, c, ..., x, y, z. In Java wird zwischen Groß- und Kleinschreibung unterschieden. Weiterhin sind auch die Sonderzeichen _ (Unterstrich) und $ (Dollar) erlaubt. Aber $ darf nur als erstes Zeichen verwendet werden, _ kann als erstes Zeichen eines Bezeichners verwendet werden.

BSP. 1: Eine Klasse P0, die nur kompiliert, aber nicht ausgeführt werden kann:

```
class class P0
{ // P0 ist kompilierbar aber nicht ausführbar
}
```

2) Damit eine Klasse *ausführbar* wird, muss sie eine **main()**-Methode beinhalten. Die main()-Methode ist das *Hauptprogramm* einer Klasse.

Die *allgemeine Syntax* einer **main()**-Methode lautet:

```
class PM1
{public static void main(String args[])
{    /* In einem Paar geschweifter Klammern stehen die
        Anweisungen der main()-Methode.
    */
}
```

Die Syntax der main()-Methode enthält eine Reihe von Schlüsselwörtern, die jetzt nur kurz, aber im Laufe dieses Semesters noch eingehender erläutert werden:

public: Eine public-Methode ist eine öffentlich zugängliche Methode, das heißt, sie kann von allen anderen Programmen aufgerufen werden. Die main()-Methode ist generell public, da die JVM auf sie zugreifen soll.

static: Methoden heißen statisch, wenn sie pro Klasse nur einmal existieren. Die main()-Methode als Hauptmethode einer Klasse existiert nur einmal, deshalb ist sie statisch.

void: Jede Methode gibt generell einen Wert zurück. Deshalb muss jede Methode über einen Datentyp des Rückgabewerts verfügen. Die main()-Methode gibt keinen besonderen Wert zurück, deshalb wird void notiert. *void* bedeutet „leerer Wert".

main: Das ist das Schlüsselwort für die Hauptmethode einer ausführbaren Klasse.

(String args[]): Den Methoden können Werte übergeben werden. Die Folge der übergebenen Werte (Argumente) steht in einem Paar runder Klammern. Der main()-Methode kann eine Folge von Zeichenketten (Wörtern) übergeben werden. Der Datentyp für Zeichenketten heißt **String.** Die erwartete Folge von Zeichenketten heißt **args[].** Die Abkürzung **args** steht für „Argumente". Jetzt am Anfang werden wir die Argumentfolge args[] noch nicht verwenden. Später im Kapitel „Zeichen und Zeichenketten" werden wir lernen, sie zu benutzen.

3) Damit man überhaupt auf dem Bildschirm (Konsole) des Rechners sehen kann, dass durch die JVM eine Klasse ausgeführt wird, brauchen wir eine Java-Anweisung, die konstante Meldungen auf die Konsole schreiben kann:

Die *allgemeine Syntax* zur *Ausgabe* einer *Meldung* MMM auf die Konsole lautet:

```
System.out.println(MMM);
```

Die Schlüsselwortsequenz **System.out** bezeichnet die Konsole als Ausgabekanal (Standardausgabe). **println(MMM)** ist eine Methode, die eine Meldung MMM als Zeichenkette in einen Ausgabekanal schreibt und mit einem Zeilenumbruch abschließt („print line"). Soll die Meldung MMM eine *konstante Zeichenkette* sein, wird sie in ein Paar von Anführungszeichen "..." gesetzt.

BSP. 2: Die Meldung MMM=„Aller Anfang ist einfach." soll auf die Konsole ausgegeben werden. Die zugehörige Anweisung lautet:

```
System.out.println("Aller Anfang ist einfach.");
```

BSP. 3: Nun verfügen wir über alle Bestandteile, um ein einfaches Java-Programm zu schreiben, das als Meldung eine konstante Zeichenkette ausgibt. Es besteht aus folgenden Bestandteilen:

Ein Kommentarkopf zur programminternen Dokumentation.

Eine Klasse (der Klassenname lautet hier: Herbst)

Einer main()-Methode, in der eine konstante Zeichenkette ("Wenn die Sonne im Herbst scheint, leuchten die Blaetter bunt.") mit der Anweisung System.out.println(...) ausgegeben wird.

```
/**************************************************/
/* Verf.:  Prof. Dr. Gregor Büchel              */
/* Zweck:  Programm zur Ausgabe eines konstanten Textes */
/* Quelle: Herbst.java                          */
/* Stand:  27.10.2004                           */
/**************************************************/
class Herbst
{public static void main(String args[])
 { System.out.println("Wenn die Sonne im Herbst scheint,
leuchten die Blaetter bunt.");
 }
}
```

BSP. 4: Im Unterschied zum obigen Programm wird nun ein ausführbares Programm (die Klasse *TutNix*) angegeben, die kein sichtbares Ergebnis erzeugt (die „nichts tut").

```
/*******************************************************/
/* Verf.:  Prof. Dr. Gregor Büchel                */
/* Zweck:  Ein Programm, das „nichts tut".         */
/* Quelle: TutNix.java                            */
/* Stand:  27.10.2004                             */
/*******************************************************/
class TutNix
{public static void main(String args[])
  {
  }
}
```

4.2.1 Übung

Programmieren und testen Sie eine ausführbare Java-Klasse, die eine konstante Meldung Ihrer Wahl auf die Konsole ausgibt!

4.3 Ein Datentyp für ganze Zahlen (int) und arithmetische Ausdrücke

Jede höhere Programmiersprache gestattet, *Variabeln* zu deklarieren. Aus der Mathematik wissen wir, dass Variablen (Platzhalter) wichtig sind, um Gleichungen in allgemeiner Form aufzuschreiben. Erst mit der Entdeckung der Variable war die Menschheit in der Lage, nicht mehr nur das einfache Rechnen mit Zahlen sondern Algebra betreiben zu können. Wir erinnern uns daran, dass ein Algorithmus ein *allgemeines* Verfahren zur Lösung eines Problems ist. Um einen Algorithmus programmieren zu können, braucht man Variablen, mit denen Speicherzellen verwaltet werden können.

Def. 1: Mit einer *Variable* wird in einer Programmiersprache eine Speicherzelle verwaltet. Variablen müssen deklariert werden. Zur *Deklaration* einer Variablen gehören zwei Angaben:

der *Variablenname*. Der Variablenname ist ein Bezeichner gemäß Bezeichnerregel.

der *Datentyp*. Der Datentyp legt die Art und Weise fest, wie Werte, die eine Variable annehmen kann, im RAM gespeichert werden. Hierzu gehört der Aufbau und die Größe der zur Variablen zugehörigen Speicherzelle im RAM und die Weise, wie die binär kodierten Daten des Variablenwerts in der Speicherzelle verwaltet werden.

Def. 2: Die *allgemeine Syntax der Deklaration* einer Variable **vnam** vom Datentyp **DTYP** lautet: **DTYP vnam;**

Def. 3: Mit dem Java-Schlüsselwort **int** wird ein Integer-Datentyp, das heißt, ein *Datentyp für ganze Zahlen* vereinbart. Eine Variable vom Typ **int** belegt intern einen Speicherplatz von 4 Byte = 32 Bit. Der Wertebereich **W** des Datentyps **int** ist folgende Teilmenge **W** der Menge der ganzen Zahlen $\mathbb{Z}$: **W** = $\{z \in \mathbb{Z} \mid -2^{31} \leq z \leq 2^{31} - 1\}$.

Es gilt: $z \in W \Leftrightarrow -2147483648 \leq z \leq 2147483647$

BSP. 1: Deklaration einer Variablen **k** vom Typ **int**:   **int k;**

Anm. 1: Mehrere Deklarationen von Variablen gleichen Datentyps können zu einer Deklaration vereinigt werden. Hierbei werden die Variablen jeweils durch ein Komma voneinander getrennt: **int a, b, c;**

Variablen erhalten Werte durch eine Zuweisung. Die *allgemeine Syntax einer Zuweisung* lautet: **x = WERT;**

Hierbei ist x eine Variable, das Zeichen = ist das Zuweisungszeichen und WERT ist der Wert, der der Variablen zugewiesen werden soll. Einfache Werte sind ganze Zahlen zum Beispiel -137, 0, 9, 771567.

BSP. 2: Zuweisungen sind:
```
k = 7;
a = -19;
sum = 263;
```

Hierbei sind **k, a** und **sum** bereits deklarierte Variablen vom Typ **int**. Wenn die Variablen nicht deklariert wären, würde man bei dem Kode dieser Zuweisungen Syntaxfehler durch den Compiler gemeldet bekommen.

Anm. 2: Wir erinnern hier noch einmal daran, dass das Zuweisungszeichen „ = "
nicht mit der mathematischen Gleichheit verwechselt werden darf (vgl. Kapitel 2,
BSP2). Wir betrachten hierzu folgende Anweisungsfolge:

```
int z;
z = 3;
z = z + 4;
```

Würde man, wie in der Mathematik beide Seiten getrennt ausrechnen und als mathematische Gleichheit in Beziehung setzen, käme man auf die Gleichung: 3 = 7,
was falsch ist.

Anders ist es in der Informatik: Das Zuweisungszeichen ist nicht symmetrisch. Es
besagt: Berechne den WERT, der rechts vom Zeichen steht (hier $z + 4$, der mit dem
alten Wert von z berechnet wird. Man erhält den WERT 7. Dieser Wert wird der
Speicherzelle z durch die Zuweisung $z = z + 4$; zugewiesen. Das heißt, nach dieser
Zuweisung enthält z als neuen Wert die Zahl 7.

Anm. 3: Man kann die Deklaration von Variablen mit der Zuweisung eines Start-
werts, das ist die sogenannte Initialisierung, direkt zusammenfassen. Zum Beispiel:

```
int sum=0; int z=3; int a=1267;
```

Man kann (vgl. Anm. 1) diese Deklarationen mit Initialisierung auch in einer Anweisung zusammenfassen:

```
int sum=0, z=3, a=1267;
```

Anm. 4: Wir lernen nun eine Erweiterung der Syntax der Ausgabeanweisung **Sys-
tem.out.println(...)** kennen: Neben konstanten Texten, die in "..." eingeschlossen
sind, können auch Werte von Variablen ausgegeben werden. Dabei werden die
konstanten Textteile mit den Variablen zu einer gemeinsamen Textausgabe durch
das Zeichen + verbunden. Zum Beispiel wollen wir die Ausgabe machen: „Die
Summe der ersten N=8 natürlichen Zahlen ist 36". Dabei ist der Wert der Summe
in der Variablen **sum** und der Wert von N in der Variablen **n** gespeichert, dann
sieht das Ausgabekommando folgendermaßen aus:

```
System.out.println("Die Summe der ersten N="+n+" natürlichen Zahlen ist
"+sum);
```

Def. 4: Ein *arithmetischer Ausdruck* ist ein Ausdruck in der Form **A1 op A2** , hierbei sind **A1** und **A2** Zahlkonstanten oder Variablen vom Typ **int**. Weiterhin können **A1** und **A2** auch aus anderen arithmetischen Ausdrücken zusammengesetzt werden. Man nennt **A1** und **A2** die *Operanden* des mathematischen Ausdrucks. Als *Operator* **op** kann für ganze Zahlen einer der fünf folgenden Operatoren eingesetzt werden:

+ : *Addition*: BSP.: Der Ausdruck 19 + 7 erzeugt den Wert 26.

- : *Subtraktion*: BSP.: Der Ausdruck 19 – 7 erzeugt den Wert 12.

* : *Multiplikation*: BSP.: Der Ausdruck 19 * 7 erzeugt den Wert 133.

/ : *Ganzzahlige Division*: BSP.: Der Ausdruck 19 / 7 erzeugt den Wert 2.

%: *Ganzzahliger* Rest der Division: BSP.: Der Ausdruck 19 %7 erzeugt den Wert 5.

Anm. 5: Die ganzzahlige Division durch **0** führt, wie man es aus der Mathematik kennt, zu einem Fehler. Bei einem Java Programm ist dieser Fehler ein *Laufzeitfehler*. Die JVM gibt über diesen Fehler folgende Meldung auf der Konsole aus: **java.lang.ArithmeticException: / by zero.**

Anm. 6: Die Operationen der Addition, Subtraktion und Multiplikation sind Ihnen bereits aus der Grundschule bekannt und brauchen nicht weiter erläutert zu werden. Es kann aber sein, dass bei Ihnen die *ganzzahlige Division* durch zu häufige gedankenlose Verwendung des Taschenrechners in Vergessenheit geraten ist. Wir betrachten zum Beispiel die Division 23 : 5. Wenn man das als gebrochene Zahl berechnet (und genau das tut der Taschenrechner im gedankenlosen Fall) lautet das Ergebnis 4.6. Diese gebrochene Zahl (rationale Zahl) ist als solche zwar richtig berechnet, aber sie ist keine *ganze* Zahl und kann vom Rechner daher auch nicht korrekt als ganze Zahl dargestellt werden. Ganzzahlig lautet die Division in der Sprache der Mathematik so: 23 : 5 = 4 Rest 3. Hat man den *ganzzahligen Quotienten* (hier: 4), den Divisor (hier: 5) und den ganzzahligen Rest (hier: 3), kann man die Probe machen und den Dividenden errechnen. *Probe*: 4 * 5 + 3 = 23. Man sieht, die Probe gelingt.

Anm. 7: *Arithmetische Ausdrücke können beliebig kombiniert werden.* Für ihre Auswertung gelten folgende *Regeln*:

R. 1: Punktrechnung (*, / , %) geht vor Strichrechnung (+, -).

R. 2: Ausdrücke, die in einer Klammer stehen, werden zuerst gerechnet.

R. 3: Bei mehreren gleichrangigen Operatoren wird, wenn keine Klammerung angegeben ist von links nach rechts gerechnet.

BSP. 3: Gegeben sind folgende (initialisierte) Variablen:

```
int x=17, y=11, z=7, u=83, a,b,c;
```

Folgende arithmetische Ausdrücke werden zugewiesen:

```
a = x*(y - z);      /* a = 68 */
b = u % z*(y+3);    /* b = 84 */
c = u/z/(y-z);      /* c = 2 */
```

4.3.1 Übungen

1. Führen Sie schriftlich ohne Verwendung des Taschenrechners folgende ganzzahlige Divisionen mit Rest aus (zum Beispiel 29 : 6 = 4 Rest 5) und machen Sie, wie oben beschrieben, die Probe (hier: 4 * 6 + 5 = 24 + 5 = 29): a) 37 : 7 , b) 59 : 8 , c) 60 : 11 , d) 109 : 14 , e) 99 : 11 , f) 5 : 7.

2. Sie müssen nun alle Anweisungen, die im Programm der Klasse P57 (vgl. Übung Ü1 im Kapitel 3.1) verstanden haben. A) Prüfen Sie das genau Anweisung für Anweisung nach, und stellen Sie, falls es etwas da gibt, was Sie noch nicht verstanden haben, in der Übung oder im Tutorium entsprechende Fragen! B) Ersetzen in der Klasse P57 die Startwerte für a und b durch andere ganze Zahlen als 5 und 7. Kompilieren Sie das Programm und führen Sie es dann aus!

3. Ändern Sie das Programm der Klasse P57 ab und speichern Sie es unter dem Klassennamen P58 ab. Folgende Änderungen sollen ausgeführt werden:
   a) Deklarieren Sie ganzzahlige Variablen d , p, q und r für die Differenz a-b, das Produkt a*b, den ganzzahligen Quotienten a/b und den ganzzahligen Rest a%b.
   b) Programmieren Sie Zuweisungen mit arithmetischen Ausdrücken, in denen diese Berechnungen vorgenommen werden.

c) Programmieren Sie für die einzelnen Ergebnisse jeweils eine Ausgabezeile.

d) Deklarieren Sie eine weitere Variable px für den Wert der Probe bei der ganzzahligen Divison.

e) Berechnen Sie den Probenwert px gemäß der Formel aus Anm. 4 (vgl. auch Übung 1).

f) Geben Sie den Probenwert und den Wert des Dividenden a aus!

4. Berechnen Sie mit den Werten aus BSP. 3 die folgenden arithmetischen Ausdrücke: int e; f; g; e = x % (y – z) + y; f = y / x; g = y / y / z;

5. Folgende Variablen sind gegeben: int a=7, b=12, c=18, d; Die folgende Anweisung führt zu einem Laufzeitfehler (Programmabsturz): d=a/(b/c); Warum?

4.4 Numerische Vergleichsausdrücke und eine Schleife für die Programmierung von Wiederholungen

Während der Ausführung eines Programms möchte man kontrollieren können, ob der Inhalt zweier Variablen größer, kleiner oder gleich ist. Man möchte auch vergleichen können, ob eine Variable größer als eine untere Schranke oder kleiner als eine obere Schranke (Konstante) ist. Diese Vergleiche werden in einem Java-Programm mit Vergleichsausdrücken ausgeführt.

Def. 1: Ein *numerischer Vergleichsausdruck* ist ein Ausdruck in der Form B1 vop B2, hierbei sind B1 und B2 Zahlkonstanten, Variablen oder arithmetische Ausdrücke. Folgende *Vergleichsoperatoren* vop sind zulässig:

<	: kleiner	: BSP.: 3 < 7
>	: größer	: BSP.: 9 > 4
<=	: kleiner gleich	: BSP.: 7 <= 11 oder 7 <= 7
>=	: größer gleich	: BSP.: 8 >= 5 oder 8 >= 8
==	: gleich	: BSP.: 1 ==1
!=	: ungleich	: BSP.: 5 != 7

Def. 2: Die JVM führt während der Laufzeit eines Programms den durch einen Vergleichsausdruck gegebenen Vergleich durch und gibt entweder den Wert *wahr* (true) oder *falsch* (false) zurück.

BSP. 1: 14 < 9 ergibt *falsch*, 15 != 18 ergibt *wahr*.

Anm. 1: Mit dem Vergleichsoperator „ == " (doppeltes Gleichheitszeichen) sind wir nun im Programm in der Lage, die mathematische Gleichheit zweier Ausdrücke zu testen. BSP: x=3; und y=5; bewirken, dass der Vergleichsausdruck y == x + 2 *wahr* ist.

BSP. 2: Wir betrachten nun die arithmetischen Ausdrücke A1 = x + 9 und A2 = 13. Für die im Folgenden von x abhängigen Vergleichsausdrücke V wird der Wahrheitswert $\Phi(V)$ ermittelt:

a) x=7; A1 > A2   Also: $\Phi(A1>A2)$ = wahr, da 16 > 13 ist.

b) x=9; A1 != A2   Also: $\Phi(A1!=A2)$ = wahr, da 18 ≠ 13 ist.

c) x=4; A1 < A2   Also: $\Phi(A1<A2)$ = falsch, da 13 = 13 ist.

Um eine Folge von Anweisungen zu programmieren, die mehrfach wiederholt werden soll, benötigt man die Programmieranweisung einer *Schleife*.

Def. 3: Eine *Schleife* ist ein Block von Anweisungen, der solange mehrfach nacheinander ausgeführt wird, wie ein *Vergleichsausdruck*, mit dem die Schleife *kontrolliert* wird, *wahr* ist.

Def. 4: Eine while-Schleife ist eine Schleife, in der *vor* jedem Schleifendurchlauf der Vergleichsausdruck VGL kontrolliert wird, ob er wahr ist. Die *allgemeine Syntax* einer while-Schleife lautet:

```
while(VGL)
{      ANW1;
       ANW2;
       ...
       ANWn;
}
```

Der Block der Anweisungen ANW1, ANW2, …, ANWn, die wiederholt werden sollen, werden in ein Paar geschweifter Klammern { … } eingeschlossen.

BSP. 3: Als Beispiel für die Programmierung einer Schleife wählen wir hier die Berechnung aller Potenzen von b^0 bis b^n (vgl. Algorithmus BSP. 4, Kapitel 3).

```
class Potb
{public static void main(String args[])
  { int b=2; /* Basis, die potenziert wird. Hier:b=2 */
    int k=0; /* Schrittzähler. Startwert */
    int n=20;/* Obergrenze (OGR)Exponent: Hier: n = 20 */
    int p;   /* Speicher für die berechnete Potenz */
    /* Initialisierung: b hoch 0 ist 1 (Potenzgesetz) */
    p=1;
    /* Schleife zur Berechnung aller Potenzen bis OGR */
    while (k<=20)
    { System.out.println(b+" hoch "+k+" = "+p);
      k=k+1;   /* Schrittzähler erhöhen */
      p=p*b;   /* Berechnung der nächsten Potenz */
    }
    System.out.println("Ende der Potenzrechnung.");
  }
}
```

4.4.1   Übungen

1. Schreiben Sie ein Programm zur Berechnung aller **Potenzen $p = b^k$ mit $0 \leq k \leq n$** mit a) b = 3 und n = 15 und b) b = 7 und n = 10.

2. Schreiben Sie ein Programm für die Berechnung der Summe aller ersten natürlichen Zahlen n bis n = 30. Das Programm soll alle Teilsummen ausgegeben. Sie können die Endsumme s auch direkt ohne Schleife berechnen. Nach C. F. Gauss gilt: s = (n*(n+1))/2.

3. Schreiben Sie ein Programm für die Berechnung der Summe aller ganzen Quadratzahlen x^2 bis zur Obergrenze x = 50 auf! Das Programm soll die Quadratzahlen und die berechneten Teilsummen ausgeben.

4. Ein Programm soll alle Vielfachen z von 7 ab 77 bis 217 ausgeben. Dabei soll auch bestimmt werden, mit welchem Faktor 7 in z auftritt.

5. Ein Programm soll die alle ersten 30 Glieder der Folge 6, 9, 14, 21, 30, ... berechnen. Tipp: Siehe Algorithmus Übung 4. in Kapitel 3.1!

6. Ein Programm soll alle für alle ganzzahligen x-Werte mit $-u \leq x \leq u$ die y-Werte des Polynoms $y = x^3 - b*x^2 - c^2*x + b*c^2$ berechnen, wobei die natürlichen Zahlen $b = 1$ und $c = 2$ sind und $u = 5$ ist. In jedem Schritt soll der x- und y-Wert ausgegeben werden.

4.5 Lernziele zu Kapitel 4

1. Die Hauptschritte der Entwicklung eines Java-Programms erklären können.
2. Den Java-Compiler und die JVM getrennt aufrufen können.
3. Die Ergebnisse des Java-Compilers und der JVM beschreiben können.
4. Den allgemeinen Aufbau eines Java-Programms (class XXX { ... } und main(...){ ... }) erklären können.
5. Ganzzahlige Variablen deklarieren und mit Konstanten initialisieren können. Den Wertebereich einer Variable vom Typ int kennen. Wissen, was eine Zuweisung ist.
6. Die fünf Operatoren für ganzzahlige arithmetische Ausdrücke, ihre Eigenschaften und die Regeln ihrer Verknüpfung kennen und auf einfache Aufgaben aus dem Bereich der vier Grundrechenarten für ganze Zahlen anwenden können.
7. Mathematische Bedingungen, die in Form von Gleichungen oder Ungleichungen für arithmetische Ausdrücke vorliegen, als Vergleichsausdrücke formulieren können.
8. Einfache Algorithmen, die Wiederholungen beinhalten, als while-Schleifen programmieren können.

5 Steueranweisungen und Struktogramme

5.1 Eine Methode zum Einlesen einer Integer-Zahl von der Tastatur

Bisher können wir noch keine Eingaben von der Tastatur verarbeiten. Bei vielen Algorithmen ist es von Interesse, dass ein Anwender Eingaben machen kann, die durch den Algorithmus verarbeitet werden können. Mit nachfolgender Methode können Integer-Zahlen von der Tastatur eingelesen werden:

Methodenname: IO1.einint()

Methodenaufruf: int a;

a=IO1.einint();

BSP. 1: In der main()-Methode der Beispielklasse Bsp5 soll eine ganze Zahl a eingelesen und anschließend ausgegeben werden:

```
public static void main(String args[])
  { int a;
    a = IO1.einint();
    System.out.println("Die eingegebene Zahl lautet: "+a);
  }
```

Hinweis zum Kompilieren: IO1 ist *keine* Java-Standardklasse! Damit es keine Probleme gibt, muss der Byte-Code IO1.class im aktuellen Arbeitsverzeichnis des Byte-Codes des ausführbaren Programms (zum Beispiel Bsp5.class) liegen (siehe Abbildung 5-1). Der Quelltext der Klasse IO1 kann unter folgender URL im WEB gefunden werden: http://www.nt.fh-koeln.de/fachgebiete/inf/buechel/io1.txt.

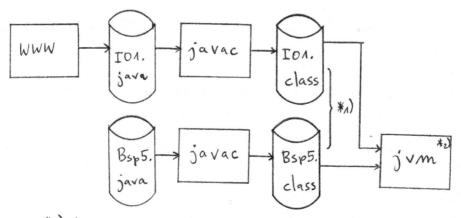

*₁) Beide class-Dateien stehen im gleichen Ver-
    zeichnis (z.B. in c:\user\)

*₂) Der Aufruf der JVM lautet als Zeilenkomman-
    do in diesem Verzeichnis: c:\user\>java Bsp5

Abbildung 5-1: Kompilieren und Ausführen der Klasse Bsp5 mit Tastatureingabe

5.2   Die If-Anweisung

Die *If-Anweisung* ist eine einfache Verzweigung: Die If-Anweisung prüft einen
logischen Ausdruck LOG_BED (LOG_BED ist eine logische Bedingung, zum Beispiel ein Vergleichsausdruck) auf Wahrheit. Wenn der logische Ausdruck *wahr* ist,
wird der Anweisungsblock, der auf die logische Bedingung folgt, ausgeführt.
Wenn der logische Ausdruck *falsch* ist, wird, falls vorhanden, der Anweisungsblock, der auf das Schlüsselwort **else** folgt, ausgeführt. Ist kein else-Block programmiert, unternimmt das Programm im Fall der Falschheit nichts.

Die *allgemeine Syntax* der If-Anweisung lautet:

```
if (LOG_BED)
{    Anw1;
     Anw2;
     ...
     AnwN;
}
else
{    eAnw1;
     ...
     eAnwM;
}
```

Der else { ... } – Block ist optional, das heißt, er kann im Bedarfsfall der Programmierung weggelassen werden.

BSP. 1: In der main()-Methode einer Beispielklasse Div1 sollen zwei ganze Zahlen a und b eingelesen und ganzzahlig dividiert werden, falls der Nenner b ungleich 0 ist:

```
public static void main(String args[])
{int a, b, q, r;
 System.out.println("Eingabe Zaehler a: ");
 a = IO1.einint();
 System.out.println("Eingabe Nenner b: ");
 b = IO1.einint();
 if (b!=0)
 {q=a/b;
  r=a%b;
  System.out.println("Quotient q="+q+" Rest r="+r);
 }
 else
 {    System.out.println("Keine Division, da Nenner="+b);
 }
}
```

Anm.1: Bestehen Blöcke nur aus *einer* Anweisung, können die geschweiften Klammern {...} weggelassen werden. Dieses gilt für beliebige Blöcke, insbesondere für alle Blöcke in if-Anweisungen oder für alle Schleifen. Aus diesem Grunde hätte der else-Block im obigen BSP.1 auch in folgender Form programmiert werden können:

```
else System.out.println("Keine Division, da Nen-
ner="+b);
```

5.3   Kopfgesteuerte Schleifen

Neben der **while**-Schleife, die wir im Kapitel 3 kennengelernt haben, ist die **for**-Schleife eine weitere kopfgesteuerte Schleife.

Def. 1: Eine Schleife heißt *kopfgesteuert*, wenn jeweils vor dem Schleifendurchlauf kontrolliert wird, ob die logische Bedingung der Schleife immer noch gültig ist. Ist die logische Bedingung von Anfang falsch, wird die Schleife nicht durchlaufen. Aus diesem Grunde werden kopfgesteuerte Schleifen auch *abweisend* genannt.

Def. 2: Eine for-Schleife ist eine Schleife, in der *vor* jedem Schleifendurchlauf die logische Bedingung LOG_BED kontrolliert, ob sie wahr ist. Weiterhin enthält die for-Schleife die Möglichkeit der Programmierung eines Zählers. Mit der Zuweisung **STARTW** wird dem Zähler ein Startwert zugewiesen und mit der Zuweisung **INDEKR** wird der Zählerwert in jedem Schleifendurchlauf erhöht (inkrementiert) oder erniedrigt (dekrementiert). Die *allgemeine Syntax* einer **for**-Schleife lautet:

```
for (STARTW;  LOG_BED; INDEKR)
    { ANW1;
      ANW2;
       ...
      ANWn;
    }
```

BSP. 1: Als Beispiel für die Programmierung einer for-Schleife wählen wir hier die Berechnung und Ausgabe der ersten 30 natürlichen Kubikzahlen. Die Schleife wird über einen Zähler **k** gesteuert, der von 1 bis 30 läuft. Er wird in jedem Schritt um 1 erhöht. Von **k** wird die dritte Potenz **u** berechnet. Das Programmstück mit der for-Schleife sieht folgendermaßen aus:

```
int k, u;
for (k=1; k<=30; k=k+1)
{ u=k*k*k;
   System.out.println(k+" hoch 3 = "+u);
}
```

Anm. 1: Die Inkrementierung k=k+1 kann auch durch den Kurzausdruck k++, die Dekrementierung k=k-1 kann durch den Kurzausdruck k-- ersetzt werden.

BSP. 2: Eine for-Schleife wird genutzt, um alle ungeraden Zahlen, die zwischen 990 und 1020 liegen, zu prüfen, welche durch 7, 11 oder 13 teilbar sind.

```
int n, q, u;
for (n=991; n<1020; n=n+2)
{ if (n%7==0)
  {q=n/7;
   System.out.println(n+"=7*"+q);
  }
  if (n%11==0)
  {q=n/11;
   System.out.println(n+"=11*"+q);
  }
  if (n%13==0)
  {q=n/13;
   System.out.println(n+"=13*"+q);
  }
}
```

BSP. 3: Die Quadratzahlen 625, 576, 529, ..., 25, 16, 9 sollen absteigend berechnet und ausgegeben werden.

```
int k, u;
for (k=25; k>=3; k--)
{ u=k*k;
   System.out.println(k+" hoch 2 = "+u);
}
```

5.4   Fußgesteuerte Schleifen

Def. 1: Eine Schleife heißt *fußgesteuert*, wenn jeweils erst am Ende eines Schleifen-durchlaufs kontrolliert wird, ob die logische Bedingung der Schleife noch gültig ist. Eine fußgesteuerte Schleife wird mindestens einmal durchlaufen. Aus diesem Grunde werden fußgesteuerte Schleifen *nicht abweisend* genannt.

Def. 2: Eine **do-while**-Schleife ist eine Schleife, in der *nach* jedem Schleifendurchlauf die logische Bedingung LOG_BED kontrolliert wird, ob sie wahr ist.

Die *allgemeine Syntax* einer **do-while**-Schleife lautet:

```
do
    { ANW1;
      ANW2;
      ...
      ANWn;
    } while (LOG_BED);
```

BSP. 1: do-while-Schleifen werden häufig bei der Kontrolle von Benutzereingaben eingesetzt. Hierbei ist das Prinzip, dass der Benutzer solange in einer Schleife festgehalten wird, bis er die verlangte richtige Eingabe gemacht hat. Innerhalb der Schleife wird im Fehlerfall eine Fehlermeldung erzeugt. Als Beispiel wird hier eine Eingabe darauf geprüft, ob der Benutzer eine *natürliche Zahl* eingegeben hat. Durch die Nutzung der Methode einint() ist bereits gesichert, dass die Eingabe eine ganze Zahl war. Zu prüfen bleibt, ob die Eingabe größer Null ist:

```
int n;
/* Pruefung, ob die Eingabezahl natuerlich ist */
do
{ System.out.println("Eingabe einer natuerlichen Zahl:");
  n=IO1.einint();
  if (n<=0) System.out.println("Eingabefehler!");
} while (n<=0);
```

5.5   Die Mehrfachverzweigung (switch-Anweisung)

Im Unterschied zur If-Anweisung, die eine einfache Verzweigung ist, bietet die **switch**-Anweisung die Möglichkeit der Programmierung einer Fallunterscheidung mit mehr als zwei Fällen. Gesteuert wird die mehrfache Fallunterscheidung durch den Wert einer **int**-Variablen **k**. Die Variable **k** kann unterschiedliche ganze Zahlen **w1, w2, ..., wM** als Werte annehmen. Jeder dieser Werte bestimmt einen Fall (**case**) der Fallunterscheidung. Falls k einen im Sinne der Fallunterscheidung ungültigen Wert annimmt, tritt der **default**-Fall ein.

Die *allgemeine Syntax* der **switch**-Anweisung lautet:

```
switch(k)
{case w1:    Anw11;
             Anw12;

             ...
             Anw1N1;
 case  w2:   Anw21;
             Anw22;

             ...
             Anw2N2;
 ...         ...
 case  wM:   AnwM1;
             AnwM2;

             ...
             AnwMNM;
 default:    AnwX1;
             AnwX2;

             ...
             AnwXNX;
}
```

Damit die Fälle gegeneinander abgeschlossen sind, ist es erforderlich, dass jeder **case** Block durch die Anweisung **break;** beendet wird.

BSP. 1: Ein Reiseveranstalter gewährt abhängig vom Quartal Abschläge oder Aufschläge auf den Grundpreis. Die Endpreise können mittels einer Fallunterscheidung über das Quartal berechnet werden:

```
int q, gpreis=890, epreis=-1;
System.out.println("Geben Sie bitte ein Quartal an:");
q=IO1.einint();
switch(q)
{case 1:    epreis=gpreis-gpreis/10;
            break;
 case 2:    epreis=gpreis-gpreis/20;
            break;
 case 3:    epreis=gpreis+gpreis/8;
            break;
 case 4:    epreis=gpreis-gpreis/15;
            break;
 default: System.out.println("Ungueltiges Quartal!");
}
if(epreis!=-1) System.out.println("Endpreis="+epreis);
```

5.6   Kontrollierte Abbrüche

In bestimmten Anwendungen kann es erforderlich sein, den aktuellen Schleifendurchlauf zu unterbrechen, aber die Schleife soll nach Prüfung der logischen Bedingung fortgesetzt werden. Dieses leistet die Anweisung **continue** („fortsetzen").

Allgemeine Syntax: **continue;**

BSP. 1: Alle ungeraden natürlichen Zahlen zwischen 12 und 120, die nicht durch 3,
5, 7, oder 11 teilbar sind, sind Primzahlen. Diese Primzahlen können mit folgendem Programm unter Verwendung der **continue**-Anweisung berechnet werden:

```
class Prim120
{public static void main(String args[])
 { int i;
   System.out.println("Primzahlen zwischen 12 und 120:");
   for (i=13;i<120;i=i+2)
   { if(i%3==0) continue;
     if(i%5==0) continue;
     if(i%7==0) continue;
     if(i%11==0) continue;
     System.out.print(i+" ");
   }
 }
}
```

Möchte man den unmittelbaren Abbruch der Ausführung einer Schleife, kann die
break-Anweisung, die auch schon in der switch-Anweisung benutzt wurde, verwendet werden. *Allgemeine Syntax*: **break;**

BSP. 2: Beenden einer einfachen Menüsteuerung mit break;

```
class Menue4
{public static void main(String args[])
 { int i,m=1;
   while(m==1)
   { System.out.println("Waehlen Sie:");
     System.out.println("(1) Sport");
     System.out.println("(2) Musik");
     System.out.println("(3) ENDE");
     i=IO1.einint();
```

```
if(i==1) System.out.println(">>>>>>>>>>Schalke!");
if(i==2) System.out.println(">>>>>>>>>>Beethoven!");
if(i==3) break;
if(i>3) System.out.println(">>>Ungueltige Eingabe.");
if(i<1) System.out.println(">>>Ungueltige Eingabe.");
    }
  }
}
```

5.7 Logische Ausdrücke und der Datentyp boolean

Bisher hatten wir nur Vergleichsausdrücke als logische Bedingungen kennengelernt. Wir erweitern nun dieses Konzept auf logische Ausdrücke.

Def. 1: Ein **logischer Ausdruck LOGA** hat die Form **VA LOP VB,** hierbei sind **VA** und **VB** Vergleichsausdrücke und **LOP** ist ein logischer Operator. Die logischen Operatoren sind durch die Aussagenlogik (AL) definiert. Die für Java relevanten logischen Operatoren sind durch Tabelle 5-1 gegeben.

Tabelle 5-1:   Logische Operatoren in Java

LOP	Engl. Bez.	Java-Kode	AL-Symbol	Beschreibung
UND	AND	&&	$\wedge$	VA $\wedge$ VB ist wahr genau dann, wenn VA *und* VB wahr ist.
ODER	OR	||	$\vee$	VA $\vee$ VB ist wahr genau dann, wenn VA *oder* VB wahr ist.
XOR	XOR	^	XOR()	XOR(VA,VB) ist wahr genau dann, wenn *entweder* VA *oder* VB wahr ist.
NICHT	NOT	!	$\neg$	$\neg$ VA ist wahr genau dann, wenn VA *falsch* ist.

Anm. 1: Während der UND-Operator direkt umgangssprachlich verständlich ist, ist das Wort „oder" in der Umgangssprache mehrdeutig. Es kann einschließend

oder ausschließend verwendet werden. BSP (*einschließend*): „Ich esse Gemüsepüree mit Gabel oder Löffel". Das „oder" ist einschließend, weil man das Püree auch mit Löffel *und* Gabel essen kann. Das einschließende Oder ist der Sinn der ODER-Operators.

BSP (*ausschließend*): „Ich esse mindestens einmal am Tag ausreichend oder ich hungere". Dieses „oder" ist ausschließend, weil man *nicht* gleichzeitig ausreichend essen *und* hungern kann. Das ausschließliche Oder beinhaltet das Verbot des „und"- Falls. In der deutschen Sprache wird das ausschließende Oder durch die Konstruktion „entweder … oder" unterstützt.

Anm. 2: Die Bedeutung der logischen Operatoren kann auch mit einer *Wahrheitstafel* erklärt werden (Tabelle 5-2).

Tabelle 5-2:   Logische Operatoren – Wahrheitstafel

VA	!VA	VB	VA&&VB	VA||VB	VA^VB
W	F	W	W	W	F
W	F	F	F	W	W
F	W	W	F	W	W
F	W	F	F	F	F

Mit *Wahrheitstafeln* können aussagenlogische Regeln bewiesen werden.

Def. 2: Zwei aussagenlogische Regeln AR1 und AR2 sind genau dann *äquivalent* (gleichbedeutend), wenn ihre zugehörigen Spalten in der Wahrheitstafel gleich sind. Man schriebt dann AR1 ⇔ AR2.

Wir betrachten im Folgenden den Beweis der *de Morgan'schen Regeln* der Negation von UND- und ODER-Aussagen:

Satz 1 (de Morgan):   (I) !(VA&&VB) ⇔ !VA \|\| !VB

                             (II) !(VA\|\|VB) ⇔ !VA && !VB

Beweis: Die Spalten zu !VA, !VB und zu !(VA&&VB) ergeben sich durch Negation der entsprechenden Spalten aus Anm. 2. Die Spalte !VA | | !VB errechnet sich aus den Spalten !VA und !VB durch Anwendung der ODER-Regel aus Def. 1. Die Spalte zu !(VA | | VB) ergibt sich durch Negation der entsprechenden Spalte aus Anm. 2. Die Spalte !VA&&!VB errechnet sich aus den Spalten !VA und !VB durch Anwendung der UND-Regel aus Def. 1.

Tabelle 5-3: **Beweis der de Morgan'schen Regel**

!VA	!VB	!VA		!VB	!(VA&&VB)	!VA&&!VB	!(VA | | VB)
F	F	F	F	F	F
F	W	W	W	F	F
W	F	W	W	F	F
W	W	W	W	W	W

Da die Spalten zu !VA | | !VB und zu !(VA&&VB) gleich sind, folgt die Behauptung (I).

Da die Spalten zu !VA&&!VB und zu !(VA | | VB) gleich sind, folgt die Behauptung (II).

BSP. 1: Gegeben ist ein *Intervall* **I** von ganzen Zahlen: **I** = {z∈ℤ | a ≤ z ≤ b}. Hierbei sind a, b ∈ ℤ mit a < b. Wenn man prüfen möchte, ob eine eingegebene ganze Zahl **u** zu diesem Intervall I gehört, muss geprüft werden, ob **u** die logische Bedingung LOG_BED **a ≤ u && u ≤ b** erfüllt. Bei einer Eingabekontrolle mittels einer fußgesteuerten Schleife, wird dann, wie bereits im BSP. 1 des Kapitel 4.4 gesehen, **u** gegen das *logische Gegenteil* **!LOG_BED** geprüft. !LOG_BED kann mittels der de Morgan Regel (I) bestimmt werden:

!LOG_BED ⇔ !(a ≤ u && u ≤ b)

⇔ !(a ≤ u) | | !(u ≤ b)

⇔ a > u | | u > b

⇔ u < a | | b < u

Mittels dieser aussagenlogischen Vorbereitungen, können wir eine main()-Metho-
de programmieren, in der eine beliebige Eingabezahl u geprüft wird, ob sie einem
gegebenen Intervall I angehört:

```
public static void main(String args[])
{int a=-5, b=17, u;
 do
 {System.out.println("Geben Sie eine ganze Zahl u mit ");
  System.out.println(a+" <= u <= "+b+"ein.");
  u=IO1.einint();
  if (u<a||b<u)
     System.out.println("Fehler! u liegt nicht in ["+a+","+b+"]");
 } while (u<a||b<u);
 System.out.println("OK: "+u+" liegt in ["+a+","+b+"]");
}
```

Def. 3: Mit dem Java-Schlüsselwort **boolean** wird ein Datentyp für die Speicherung von Wahrheitswerten festgelegt. Ein Wahrheitswert ist das Ergebnis der
Auswertung eines logischen Ausdrucks durch die JVM. Es gibt für die JVM nur
zwei Wahrheitswerte: **true** (wahr) und **false** (falsch). Diese beiden Werte sind Konstanten für den Datentyp boolean. **true** und und **false** sind Java-Schlüsselwörter.

Die *allgemeine Syntax der Deklaration* einer Variable **vnam** vom Datentyp **boolean**
lautet: **boolean vnam;**

Anm. 3: Zuweisung von Konstanten zu einer boolean-Variable:

```
boolean x, y;
x = true;
y = false;
```

Anm. 4: Einer boolean-Variablen kann der Wert eines logischen Ausdrucks zugewiesen werden:

```
boolean a, b, c;
int k=7, u=12, p=-3, r=8;
a = k<u;    /* dann ist a==true */
b = p>r;    /* dann ist b==false */
c = a||b;   /* dann ist c==true */
```

BSP. 4: Wir können nun ein Programm „Wahrheitsmaschine" (Klasse WahrMaschine) schreiben, in dem wir für jede Wertebelegung von zwei logischen Variablen (Variablen vom Typ boolean) x und y die zugehörigen Wahrheitswerte ihrer
aussagenlogischen Verknüpfungen x UND y, x ODER y, XOR(x,y), NICHT(x),

NICHT(y) ermitteln. Darüber hinaus werden die Wahrheitswerte der logischen Verknüpfungen WENN x, DANN y (Folgerung (Implikation), dargestellt durch die Variable **wd**) und x GENAU DANN, WENN y (Äquivalenz, dargestellt durch die Variable **gdw**) ermittelt.

5.7.1 Übung

Führen Sie die Klasse **WahrMaschine** für alle vier Fälle der Belegung von x und y mit Wahrheitswerten aus! Prüfen Sie, ob Sie damit als Ergebnis alle Informationen bekommen, die als Zeilen in der Wahrheitstafel zu Anm. 2 stehen!

Wenn man die Verknüpfungen WENN x, DANN y und x GENAU DANN, WENN y mit hinzunimmt, wird man feststellen, dass immer ein Ergebnis mindestens **falsch** ist[3].

```
class WahrMaschine
{public static void main(String args[])
 {boolean x,y,u,o,xo,n,wd,gdw;
  int a;
  do
  {System.out.println("Die Wahrheitsmaschine:");
   System.out.println("Eingabe fuer x: (1) wahr, (2) falsch");
   a=IO1.einint();
   if (a == 1) x=true; else x=false;
   n=!x;
   System.out.println("x = "+x+" NICHT x = "+n);
   System.out.println("Eingabe fuer y: (1) wahr, (2) falsch");
   a=IO1.einint();
   if (a == 1) y=true; else y=false;
   n=!y;
   System.out.println("y = "+y+" NICHT y = "+n);
   u=x&&y;
   o=x||y;
   xo=x^y;
   wd=!x||y;
```

---

3   Dieses zur Erklärung der Anspielung auf Mephistopheles: „Ich bin der Geist, der stets verneint!" (in: Goethe: „Faust – Der Tragödie Erster Teil": „Studierzimmer") in der letzten Zeile des Programms. Auf die Rolle der Negation als Erkenntnismittel wird im Vortrag der Vorlesung noch eingegangen.

```
    gdw=wd&&(!y||x);
    System.out.println("x UND y   = "+u);
    System.out.println("x ODER y  = "+o);
    System.out.println("XOR(x,y)  = "+xo);
    System.out.println("Wenn X, so Y = "+wd);
    System.out.println("x aequivalent y = "+gdw);
    System.out.println("Weiter? (ja=3)");
    a=IO1.einint();
  } while (a==3);
   System.out.println("Soweit zum Geist, der stets verneint.");
  }
}
```

5.7.2   Übung

Die Verknüpfungen WENN x, DANN y (Zeichen: →) und x GENAU DANN,
WENN y (Zeichen: ↔) sind nachfolgend durch eine Wahrheitstafel definiert (siehe
Tabelle 5-4). Die Zeichen → und ↔ sind aussagenlogische Zeichen und keine Java-
Operatoren.

Tabelle 5-4:   Wahrheitstafel

x	y	x → y	x ↔ y
W	W	W	W
W	F	F	F
F	W	W	F
F	F	W	W

Beweisen Sie mit Hilfe der Wahrheitstafel die folgenden aussagenlogischen Regeln
(Tipp: Sehen Sie sich noch einmal den Beweis von Satz 1 an!):

a) $x \rightarrow y \Leftrightarrow !x \;||\; y$

b) $x \leftrightarrow y \Leftrightarrow (x \rightarrow y) \;\&\&\; (y \rightarrow x)$

c) $x \leftrightarrow y \Leftrightarrow !XOR(x, y)$

d)   Erklären Sie mit Hilfe von a) und b) die Zuweisungen für die logischen Variab-
     len **wd** und **gdw** im Kode der Klasse WahrMaschine:

```
wd=!x||y;
gdw=wd&&(!y||x);
```

5.8   Struktogramme

Bisher haben wir einen Algorithmus durch einen Programmablaufplan beschrieben. Als Alternative dazu lernen wir nun Struktogramme kennen. *Struktogramme*
haben eine Blockstruktur, sie sind kompakter als Programmablaufpläne und benötigen keine Ablauflinien. Statt der Ablauflinie zwischen zwei Operationen hat man
im Struktogramm zwei Zeilen, die unmittelbar aufeinander folgen. Struktogramme
als Beschreibungsmittel für Algorithmen wurden von den Informatikern J. Nassi
und B. Shneidermann entwickelt und sind der DIN 66261 „Sinnbilder für Struktogramme nach Nassi-Shneidermann" normiert.

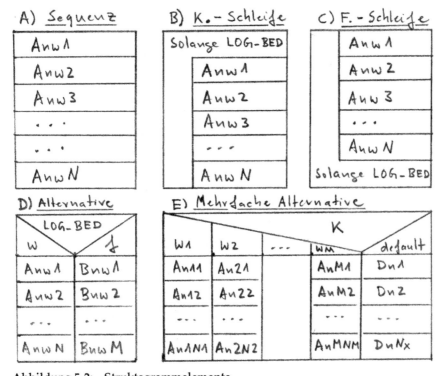

Abbildung 5-2:   Struktogrammelemente

Struktogrammelemente sind definiert A) für die Sequenz, B) für eine kopf-, C) für eine fußgesteuerte Schleife, D) für eine einfache und E) für eine mehrfache Alternative von elementaren Operationen, die als Kästchen notiert werden (siehe Abbildung 5-2).

BSP. 1: Struktogramm: Algorithmus zur Potenzrechnung

Wir stellen hier den gleichen Algorithmus zur Potenzrechnung, der in Kapitel 3, BSP. 4 als PAP beschrieben war, als Struktogramm dar (Abbildung 5-3).

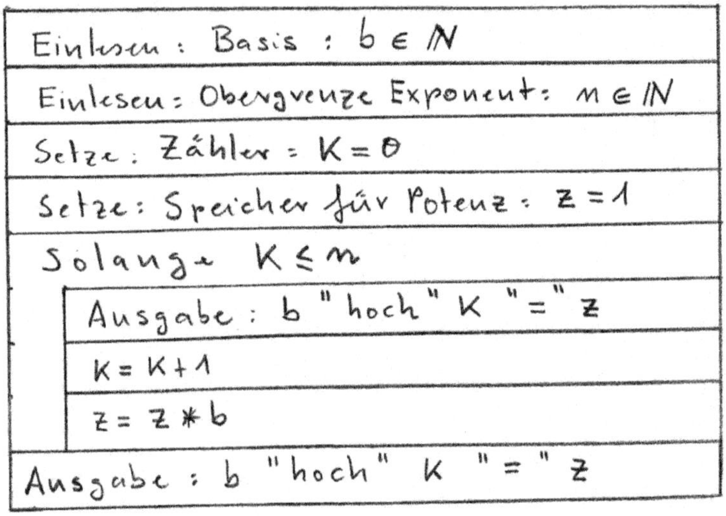

| Einlesen : Basis : $b \in N$ |
| Einlesen: Obergrenze Exponent: $m \in N$ |
| Setze : Zähler : $K = 0$ |
| Setze: Speicher für Potenz : $z = 1$ |
| Solange $K \leq m$ |
|　　Ausgabe : b "hoch" K "=" z |
|　　$K = K + 1$ |
|　　$z = z * b$ |
| Ausgabe : b "hoch" K "=" z |

Abbildung 5-3:　Algorithmus zur Potenzrechnung als Struktogramm

BSP. 2: Struktogramm: Eingabekontrolle mit einer fußgesteuerten Schleife

Wir stellen hier den Algorithmus zur Kontrolle, ob eine eingegebene ganze Zahl eine natürliche Zahl ist, die mit einer fußgesteuerten Schleife den Anwender zur korrekten Eingabe zwingt (siehe Kapitel 5.4, BSP. 1) als Struktogramm dar (Abbildung 5-4).

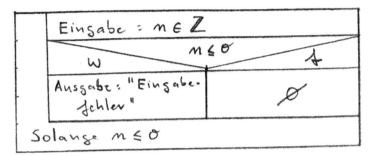

Abbildung 5-4: Algorithmus zur Eingabekontrolle

BSP. 3: Struktogramm: Berechnung aller Werte sin(m*π/2) für 0 ≤ m ≤ 100

Der Algorithmus zur Berechnung der Folge aller Sinuswerte y = sin(m*π/2) für 0 ≤ m ≤ 100 und m ∈ ℤ wird als Struktogramm mit kopfgesteuerter Schleife und mehrfacher Alternative dargestellt (Abbildung 5-5). Es gilt für die ganzzahligen Vielfachen von π/2: y = 0 ⇔ m%2 = 0, y = 1 ⇔ m%4 = 1 und y = -1 ⇔ m%4 = 3.

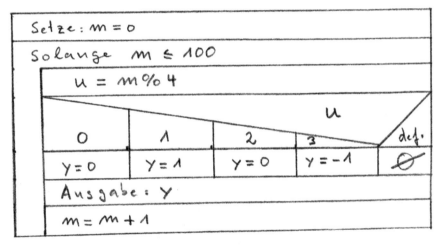

Abbildung 5-5: Algorithmus zur Berechnung der Folge aller Sinuswerte der Vielfachen von π/2

5.8.1   Übungen

1. Schreiben Sie ein Programm zur Berechnung aller Potenzen $p = b^k$ mit $0 \leq k \leq n$, wobei **b** und n als beliebige natürliche Zahlen eingegeben werden können.

2.–6. Beschreiben Sie die Algorithmen, die Ihnen in Übung 1–5 in Kapitel 3 gegeben sind, als Struktogramme.

7. Schreiben Sie ein Programm für die Berechnung der Summe aller ersten natürlichen Zahlen n, wobei n von der Tastatur kontrolliert eingelesen wird.

8. Schreiben Sie ein Programm für die Berechnung der Summe aller ganzen Quadratzahlen x^2 von einer Untergrenze a bis zur Obergrenze b, wobei a und b von der Tastatur eingelesen werden. Was geschieht, wenn der Anwender b mit $b < a$ eingibt? Das Programm soll die Quadratzahlen und die berechneten Teilsummen ausgeben.

9. Ein Programm soll für ein Intervall $I = [a,b]$ von ganzen Zahlen und einer ganzen Zahl z alle Zahlen d in I bestimmen und ausgeben, die durch z teilbar sind. Dabei soll auch bestimmt werden, mit welchem Faktor z in d auftritt.

10. Ein Programm soll alle für alle ganzzahligen x-Werte mit $-u \leq x \leq u$ die y-Werte des Polynoms $y = x^3 - b \cdot x^2 - c^2 \cdot x + b \cdot c^2$ berechnen, wobei die natürlichen Zahlen b und c eingegeben werden und $u = \max(b,c) + 2$ ist. In jedem Schritt soll der x- und y-Wert ausgegeben werden.

5.9   Der Euklidische Algorithmus zur Berechnung des größten gemeinsamen Teilers zweier ganzer Zahlen

Def. 1: Eine natürliche Zahl c heißt *größter gemeinsamer Teiler* von zwei ganzen Zahlen a, b, wenn c der *größte* gemeinsame Faktor von a und b ist. Ist c ein *gemeinsamer Faktor*, dann haben a und b die folgende Darstellung als Produkte: $a = x \cdot c$ und $b = y \cdot c$.

Hierbei sind x, y ganze Zahlen. Man schreibt für c: $c = ggT(a,b)$.

Anm. 1: Es gilt: c = ggT(a,b) = ggT(b,a).

Anm. 2: In der Schule lernt man für gewöhnlich, dass der ggT(a,b) mittels der Zerlegung von a und b in Primfaktoren berechnet wird. ggT(a,b) ist dann das Produkt der größten gemeinsamen Primzahlpotenzen von a und b.

BSP. 1: Berechnung von c = ggT(a,b) = ggT(576,42) mittels Primfaktorzerlegung:

$$576 = 64 * 9 = 2^6 * 3^2$$
$$42 \ = 6 * 7 = 2 * 3 * 7$$

Hieraus folgt: c = ggT(576,42) = 2 * 3 = 6.

Damit hat man die Produktdarstellung: 576 = 96 * 6 und 42 = 7 * 6.

Anm. 3: Dieses Verfahren zur Berechnung des ggT(a,b) ist sehr aufwendig. Man muss für beide ganze Zahlen ihre Zerlegung in Primfaktoren kennen, bevor man den ggT(a,b) berechnen kann. Der hohe Aufwand der Primfaktorzerlegung ist einer der Gründe, warum Verschlüsselungsverfahren mit Primfaktoren von sehr großen Zahlen sehr verbreitet sind, zum Beispiel bei elektronischen Geldgeschäften mittels EC-Karten.

Anm. 4: Gesucht ist nun ein anderes, einfaches Verfahren zur Berechnung von ggT(a,b). Das Verfahren enthält im Kern eine *Schleife*. Es ist der *euklidische Algorithmus* (Euklid von Alexandria verfasste ca. 325 vor unserer Zeitrechnung die aus 13 Büchern bestehenden „Elemente", die bedeutendste Zusammenfassung des mathematischen Wissens der Antike. Der nachfolgend in moderner Form beschriebene Algorithmus wird dort im siebten Buch als Lösung zur Aufgabe 1 des §2 vorgestellt. Die Aufgabe lautet: „Zu zwei gegebenen Zahlen, die nicht prim gegeneinander sind, ihr größtes gemeinsames Maß zu finden."[4] Mit Maß ist hier der gesuchte ggT(a,b) zweier natürlicher Zahlen gemeint.).

---

[4] Euklid: „Die Elemente", nach Heibergs Text aus dem Griechischen übersetzt und herausgegeben von Clemens Thaer, III. Teil, Leipzig (Reprint der Ausgabe von 1935) 1984, Buch VII, S. 3. Clemens Thaer war Mathematiker, Dozent und Gymnasiallehrer. Er bekam 1939 Berufsverbot von den Nationalsozialsozialisten, weil er Widerstand leistete.

Gegeben: Zwei natürliche Zahlen a und b.

Gesucht: Der *größte gemeinsame Teiler* von a und b: ggT(a,b).

Euklidischer Algorithmus (in einer einfachen modernen Form):

1. Man setzt als Dividend (Zähler) Z der Division die größere der beiden Zahlen a, b, als Divisor (Nenner) N die kleinere der beiden Zahlen.

2. Man teilt mit *Rest* und erhält den Quotienten q_0 und den Rest r_0:
    $Z : N = q_0$, Rest: r_0.

3. Ist $r_0 = 0$, dann ist man fertig, denn dann ist $a = q_0 * b$ und damit ist $b = ggT(a,b)$.

4. Ist $r_0 \neq 0$, so ist zu prüfen, ob r_0 und N einen gemeinsamen Faktor haben. Diese Prüfung ist eine erneute Division. Zu ihrer Vorbereitung setzt man $Z = b$ und $N = r_0$.

5. Man teilt wieder mit Rest: $Z : N = q_1$, Rest: r_1.

6. Ist $r_1 = 0$, dann ist man fertig, denn dann ist $b = q_1 * r_0$ und damit ist:
    $a = q_0 * b + r_0$
    $a = q_0 * q_1 * r_0 + r_0$
    $a = (q_0 * q_1 + 1) * r_0$
    Damit gilt in diesem Fall: $r_0 = ggT(a,b)$.

7. Im Fall von $r_1 \neq 0$ kann man wie in Schritt 4. die nächste Division vorbereiten: Man setzt man $Z = r_0$ und $N = r_1$.

8. Man teilt mit Rest: $Z : N = r_0 / r_1 = q_2$, Rest: r_2. Für diesen und alle eventuell folgenden Schritte ist zu unterscheiden, ob der aktuelle Rest gleich 0 (das heißt, fertig) oder ungleich 0 (das heißt, mindestens eine weitere Division mit Rest ausführen) ist.

9. Falls man dividieren muss, gilt allgemein: $Z : N = r_{k-1} / r_k = q_{k+1}$, Rest: r_{k+1}.

10. Dieses kann man fortsetzen, bis man zu einem Rest r_N mit $r_N = 0$ gelangt. Wir werden nachher noch begründen, warum immer irgendwann der Fall $r_N = 0$ eintritt. Ist dieser Fall eingetreten, dann gilt: $r_{N-1} = ggT(a,b)$.

BSP. 2: Berechnung von c = ggT(a,b) = ggT(576,42) mittels des euklidischen Algorithmus:

$$a : b = 576 : 42 = q_0 = 13, \text{ Rest: } r_0 = 30$$

$$b : r_0 = 42 : 30 = q_1 = 1, \text{ Rest: } r_1 = 12$$

$$r_0 : r_1 = 30 : 12 = q_2 = 2, \text{ Rest: } r_2 = 6$$

$$r_1 : r_2 = 12 : 6 = q_3 = 2, \text{ Rest: } r_3 = 0$$

$$\text{Also: } r_2 = ggT(576,42) = 6.$$

Anm. 5: Für das Teilen von natürlichen Zahlen Z durch einen Divisor N mit Rest r_0 gilt: $r_0 \in \{0, 1, 2, \ldots, N-1\}$. Das heißt, es gilt: $r_0 \leq N-1$. Im nächsten Schritt des euklidischen Algorithmus entsteht der Rest r_1 beim Teilen von N durch r_0. Deshalb gilt: $r_1 \leq r_0-1$. Das heißt, es gilt: $r_1 < r_0$. Wenn man dieses fortsetzt, sieht man, dass bei jedem Schritt der Rest echt kleiner wird. Alle Reste sind größer gleich 0. So erhält man als Ergebnis:

$$0 = r_N < r_{N-1} < \ldots < r_2 < r_1 < r_0$$

Hieraus folgt, wie in Schritt 10. des euklidischen Algorithmus behauptet, dass der Algorithmus abbricht. Für den Rest r_{N-1} gilt immer: $r_{N-1} \geq 1$.

Anm. 6: Die Zahlen a und b sind genau dann teilerfremd bzw. relativ prim zueinander, wenn $r_{N-1} = ggT(a,b) = 1$ ist. Diese Entscheidung kann also getroffen werden, ohne dass man die Zerlegung von a und b in Primfaktoren kennt.

BSP. 3: Die Zahlen 18 und 7 sind relativ prim zueinander. Berechnung von c = ggT(18,7) mittels des euklidischen Algorithmus:

$$a : b = 18 : 7 = 2, r_0 = 4$$

$$b : r_0 = 7 : 4 = 1, r_1 = 3$$

$$r_0 : r_1 = 4 : 3 = 1, r_2 = 1$$

$$r_1 : r_2 = 3 : 1 = 3, r_3 = 0$$

Also: $r_2 = ggT(18,7) = 1$. Also sind 18 und 7 teilerfremd.

Anm. 7: Mit den Überlegungen aus Anm. 4 und Anm. 5 sind wir in der Lage, den euklidischen Algorithmus zur Bestimmung des ggT(a,b) für zwei natürliche Zahlen als Struktogramm zu formulieren. Wir nennen dieses Struktogramm GGTNAT (Abbildung 5-6).

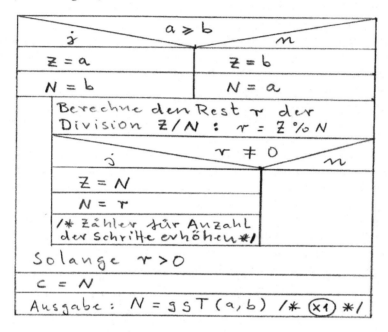

Abbildung 5-6:   **Das Struktogramm GGTNAT**

Anm. 8: Der Algorithmus zur Berechnung des ggT(a,b) soll nun auf *alle* ganze Zahlen a, b erweitert werden. Hierbei sind folgende besondere Fälle zu beachten:

Fall: a = 0. Dann gilt a = 0 = 0 * b für alle b $\in$ Z. Damit gilt: b = ggT(a,b).

Fall: b = 0. Dann gilt b = 0 = 0 * a für alle a $\in$ Z. Damit gilt: a = ggT(a,b).

Fall: a < 0. Dann ist a1 = (-1) * a > 0. Es gilt: ggT(a1,b) = ggT(a,b) für alle b $\in$ N.

Fall: b < 0. Dann ist b1 = (-1) * b > 0. Es gilt: ggT(a,b1) = ggT(a,b) für alle a $\in$ N.

Mit diesen Vorüberlegungen kann der Algorithmus zur Berechnung des ggT(a,b) auf alle ganze Zahlen erweitert werden (Struktogramm GGTZ, Abbildung 5-7).

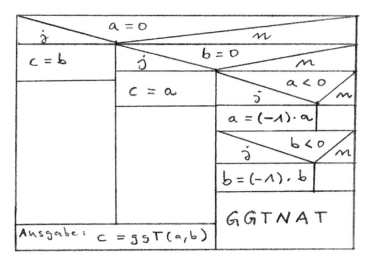

Abbildung 5-7: Das Struktogramm GGTZ

Im folgenden Java-Programm ist der im Struktogramm GGTZ spezifizierte Algorithmus zur Berechnung des ggT(a,b) von zwei ganzen Zahlen a und b programmiert:

```
/***********************************************************/
/* Verfasser: Prof. Dr. Gregor Büchel                      */
/* Source    : GGTZ1.java                                  */
/* Zweck     : Berechnung des ggT zu zwei eingegebenen     */
/*             ganzen Zahlen mittels des Euklidischen      */
/*             Algorithmus                                 */
/* Stand     : 24.10.2010                                  */
/***********************************************************/
class GGTZ1
{
 public static void main(String args[])
 {int a, b, z, n, q, r, c=-1, i=1;
   /* Ergebnis: c = ggT(a,b)           */
   /* Tastatureingabe von a und b      */
   System.out.println("Bitte a eingeben");
```

```
a=IO1.einint();
System.out.println("Bitte b eingeben");
b=IO1.einint();
/* Behandlung des Sonderfalls: a=0 oder b=0      */
if (a==0) c=b;
if (b==0) c=a;
/* Behandlung des regulären Falles               */
if (a!=0 && b!=0)
{if (a<0) a=-a;
 if (b<0) b=-b;
 /* Der größte Wert von a und b ist der Zähler   */
 if (a>=b)
 {z=a;
  n=b;
 }
 else
 {z=b;
  n=a;
 }
 /* Berechnung des ggT mit euklid. Algorithmus   */
 do
 {r=z%n;
  q=z/n;
  System.out.println(i+". Schritt z:n="+z+":"+n+"="+q+
                  ", \tRest:"+r);
  if (r!=0)
  {z=n;
   n=r;
   i=i+1;
  }
 } while (r>0);
 c=n;
}
/* Ergebnisausgabe                               */
System.out.println("ggT("+a+" , "+b+")= "+c);
System.out.println("[ "+i+" Rechenschritte]");
}
}
```

Wir betrachten nun zwei Anwendungsfälle:

a) Die Berechnung von ggT(576,42):

```
C:\gbTBFormat>java GGTZ1
Bitte a eingeben
576
Bitte b eingeben
42
1. Schritt z:n=576:42=13,          Rest:30
2. Schritt z:n=42:30=1,            Rest:12
3. Schritt z:n=30:12=2,            Rest:6
4. Schritt z:n=12:6=2,       Rest:0
ggT(576 , 42)= 6
[ 4 Rechenschritte]
```

b) Die Berechnung von ggT(610,377). 377 und 610 sind zwei aufeinander folgende Fibonacci-Zahlen (vgl. Übung **Ü11**). Für solche Zahlenpaare sind besonders viele Rechenschritte erforderlich, bis mit dem euklidischen Algorithmus der ggT(a,b) ermittelt ist[5]:

```
C:\gbTBFormat>java GGTZ1
Bitte a eingeben
610
Bitte b eingeben
377
1. Schritt z:n=610:377=1,          Rest:233
2. Schritt z:n=377:233=1,          Rest:144
3. Schritt z:n=233:144=1,          Rest:89
4. Schritt z:n=144:89=1,           Rest:55
5. Schritt z:n=89:55=1,            Rest:34
6. Schritt z:n=55:34=1,            Rest:21
7. Schritt z:n=34:21=1,            Rest:13
8. Schritt z:n=21:13=1,            Rest:8
9. Schritt z:n=13:8=1,              Rest:5
10. Schritt z:n=8:5=1,       Rest:3
11. Schritt z:n=5:3=1,       Rest:2
12. Schritt z:n=3:2=1,       Rest:1
13. Schritt z:n=2:1=2,       Rest:0
ggT(610 , 377)= 1
[ 13 Rechenschritte]
```

---

5 Vgl. Das Kapitel „Laufzeitanalyse" in: Wikipedia: „Euklidischer Algorithmus" (http://de.wikipedia.org/wiki/Euklidischer_Algorithmus). Version: 15.7.2011, 10:45 Uhr.

5.9.1 Übungen

1. *Fibonacci-Zahlen*: Programmieren Sie ein Java-Programm zur Berechnung von Fibonacci[6]-Zahlen **a**. Die Folge FZ aller Fibonacci-Zahlen **a** kann als folgende angeordnete Menge dargestellt werden: FZ = {1, 1, 2, 3, 5, 8, 13, 21, 34, 55, ..., 144, ...}. Zur Berechnung aller Fibonacci-Zahlen braucht man drei Speicher: Den Speicher **a** für die Fibonacci-Zahl, die im n. Schritt berechnet wird. Zum Beispiel für n=6 hat man den Wert a=8. Weiterhin braucht man die Speicher **av1** und **av2**, die die Fibonacci-Zahlen aus dem (n-1). und dem (n-2). Schritt speichern. Die ersten beiden Fibonacci-Zahlen **av1** und **av2** haben jeweils den Wert 1. Wenn man diesem Ansatz folgt, kann man jede beliebige Fibonacci-Zahl **a** durch die Zuweisung **a = av1 + av2;** berechnen. Die Schrittnummer **n** und **a** sollen jeweils ausgegeben werden. Bevor man zur Berechnung der nächsten Fibonacci-Zahl **a** schreitet, müssen die Speicher **av1** und **av2** geeignet gepflegt werden. Tipp: Zeichnen Sie erst ein Struktogramm und programmieren dann! Geben Sie die ersten 46 Fibonacci-Zahlen aus. Verständnisfrage: Warum ist es nicht mehr sinnvoll mit dem Datentyp **int** die 47. Fibonacci-Zahl zu berechnen? (Tipp: Abschätzung der Größe von a für n=47).

2. Ersetzen Sie im Programm GGTZ1.java die Berechnung des Rests **r = z % n;** durch eine Schleife, in der der Rest **r** durch fortgesetzte Subtraktion **s = s – n;** berechnet wird, solange **s ≥ 0** ist. Man startet mit **s = z;** Der Rest **r** ist dann der letzte nicht negative Wert von **s**.

---

6   *Fibonacci*, auch Leonardo von Pisa genannt, lebte von 1170 bis 1240 als Kaufmann und Mathematiker in dieser oberitalienischen Stadt. Er bürgerte die indisch-arabische Zahldarstellung in Europa ein, indem er die Überlegenheit dieser Darstellung (Stellensystem!) gegenüber der römischen Zahldarstellung durch die Veröffentlichung eines Mathematiklehrbuches („Liber abaci") nachwies (praktisch sollte es noch bis zum 16. Jahrhundert dauern, bis sich das indisch-arabische Ziffernsystem durchgesetzt hatte). Die numerische Untersuchung der monatlichen Vermehrung von Kaninchenpaaren ohne Todesfälle veranlasste Fibonacci zur Definition der obigen Zahlenfolge.

5.10   Lernziele zu Kapitel 5

1. Die Steuerungsanweisungen von Java syntaktisch beschreiben können und ihren Zusammenhang mit den algorithmischen Prinzipien Alternative, mehrfache Alternative, kopf- und fußgesteuerte Schleife erklären können. Diese Prinzipien und die Sequenz als Struktogrammelemente darstellen können.

2. Ein PAP in ein Struktogramm und ein Struktogramm in einen PAP übertragen können.

3. Algorithmen mit einfachen arithmetischen Operationen und logischen Ausdrücken, die in Form eines PAP oder eines Struktogramms gegeben sind, in Java programmieren können.

4. Den Unterschied der Anweisungen continue; und break; erklären können.

5. Den Aufbau von logischen Ausdrücken in Java erklären und ihren Zusammenhang mit aussagenlogischen Formeln beschreiben können.

6. Die Äquivalenz einfacher aussagenlogischer Formeln mit Wahrheitstafeln beweisen können.

7. Den Datentyp **boolean**, seine Konstanten und seine Verwendung zur Auswertung von logischen Ausdrücken erklären und anwenden können.

8. Einfache Algorithmen, die Sequenzen, Schleifen und Alternativen verschiedener Arten beinhalten, programmieren können.

9. Den euklidischen Algorithmus zur Berechnung des ggT(a,b) programmieren können.

6 Gleitpunktzahlen, mathematische Funktionen, weitere ganzzahlige Datentypen

6.1 Gleitpunktzahlen, die Datentypen float und double

Nachdem wir ausführlich die ganzen Zahlen studiert haben, wenden wir uns der nächst größeren Zahlenmenge, der Menge der rationalen Zahlen $\mathbb{Q}$ zu. Damit erreichen wir auch die größte eindimensionale Zahlenmenge, die auf einem Digitalrechner verarbeitbar ist. Denn die Menge der reellen Zahlen $\mathbb{R}$, die neben den rationalen auch die irrationalen Zahlen enthält, beinhaltet damit Zahlen, die wegen ihrer unendlichen Ziffernfolge, wie $\sqrt{2} = 1.41421\ldots$ nicht mit einem Datentyp *exakt* dargestellt werden können. Es gibt zwar *Annäherungsverfahren* zu Berechnung bestimmter irrationaler Zahlen, die wir auch bald kennenlernen werden, aber dabei werden nur rationale Zahlen verwendet.

Rationale Zahlen q werden als Dezimalbrüche geschrieben. Zum Beispiel q = 3/4 = 0.75.

Wenn die Dezimalbruchdarstellung bezüglich der Multiplikation mit 10er-Potenzen variieren kann, spricht man von *Gleitpunktzahlen*: Zum Beispiel q = 0.75 = $750.0 * 10^{-3} = 0.075 * 10 = 0.0075 * 10^2$ ist stets die gleiche Zahl. Um Gleitpunktzahlen zu speichern, benötigt man zwei Informationen:

a) den variierenden Dezimalbruch (Dezimalpunktzahl, diese nennt man die Mantisse) und b) den *Exponenten* zur Basis 10. BSP.: Bei q = $0.0075 * 10^2$ ist 0.0075 die Mantisse und 2 ist der Exponent.

Def. 1: Datentypen für rationale Gleitpunktzahlen sind **float** als 32-Bit-Datentyp (= 4 Byte) und **double** als 64-Bit-Datentyp (= 8 Byte) gemäß IEEE-745-1985-Standard. Die *allgemeine Syntax der Deklaration* von *Variablen für Gleitpunktzahlen* lautet:

```
float x;
double z;
```

Anm. 1: Die Wertebereiche WF und WD der mit einer float-Variablen bzw. der mit einer double-Variablen speicherbaren rationalen Zahlen sind hinsichtlich der *Größenordnung* die folgenden Mengen:

$$WF = \{\, q \in \mathbb{Q} \mid |q| \leq 3.4 * 10^{38} \,\}$$
$$WD = \{\, w \in \mathbb{Q} \mid |w| \leq 1.79 * 10^{308} \,\}$$

Die *Zifferngenauigkeit* beträgt:

bei float-Zahlen: ca. 7 Dezimalziffern

bei double-Zahlen: ca. 15 Dezimalziffern

Mit Variablen vom Typ float oder double können Gleitpunktkonstanten, das heißt konstante rationale Dezimalzahlen, gespeichert werden.

Allgemeine Syntax einer *Gleitpunktkonstanten*: **vZZZ...ZZ.NNN...NNpvHHHs** mit:

1) v: Vorzeichen: $v \in \{+, -\}$

2) Z, N, H: Dezimalziffern: $Z, N, H \in \{0, 1, 2, \ldots, 9\}$

3) p: Symbol für 10er-Potenz: $p \in \{e, E\}$

4) s: Suffix: $s \in \{f, F, d, D\}$

Die Mindestangabe einer Gleitpunktkonstante besteht aus einer Mantisse mit mindestens einer Vor- bzw. einer Nachpunktziffer: **Z.** oder **.N**

Ganzzahlige Mantissen werden akzeptiert, aber intern direkt in float- bzw. double-Zahlen konvertiert.

BSP. 1: Folgende Zuweisungen von Gleitpunktkonstanten sind zulässig: double q;
1) q=17.4;
2) q=12.93e-3; /* q = 0.01293 */
3) q=-7.805;
4) q=-0.012e-1;
5) q=27; /* Achtung: Zulässig, aber hier findet Konvertierung int -> double statt! */
6) q=3E-1; /* Achtung: Ganzzahlige Mantisse wird in double-Zahl konvertiert. */

BSP. 2: *Gegenbeispiele*: Folgende Zuweisungen sind syntaktisch *falsch*:
1) q=e-3; /* Falsch: Mantisse fehlt! */
2) q=.e2; /* Falsch: Mindestens eine Ziffer in der Mantisse fehlt */
3) q=-e-3; /* Falsch: Dezimalpunkt fehlt */

Def. 2: Ein *arithmetischer Ausdruck* für Gleitpunktzahlen ist ein Ausdruck in der Form **A1 op A2** , hierbei sind **A1** und **A2** Gleitpunktzahlkonstanten oder Variablen vom Typ **float** oder **double**. Die Operanden **A1** und **A2** können auch aus anderen arithmetischen Ausdrücken zusammengesetzt werden. Als *Operator* **op** kann für Gleitpunktzahlen einer der vier folgenden Operatoren eingesetzt werden:

+ : Addition: BSP.: Der Ausdruck 19.3 + 7.8 erzeugt den Wert 27.1

- : Subtraktion: BSP.: Der Ausdruck 19.3 – 7.8 erzeugt den Wert 11.5

* : Multiplikation: BSP.: Der Ausdruck 19.3 * 7.8 erzeugt den Wert 150.54.

/ : *Rationale* Division: BSP.: Der Ausdruck 19.3 / 7.8 erzeugt den Wert q=2.4743589… Hierbei ist das exakte Ergebnis ein periodischer Dezimalbruch mit der Periode 743589. Berechnet man q in einem Java-Programm mit: double q; q = 19.3/7.8; erhält man: q = 2.4743589743589745. Dieses Ergebnis ist auf mindestens 15 Dezimalstellen genau. Während die ganzzahlige Division durch 0 einen *Laufzeitfehler* bewirkt, führt die rationale Division zum Wert **Infinity**.

%: *Rationaler Rest* bezüglich des *ganzzahligen Anteils des Quotienten*: BSP.: Der Ausdruck 19.3 %7.8 erzeugt den Wert 3.7 , denn es gilt: 19.3 : 7.8 = 2 Rest: 3.7 ⇔ 19.3 – 2 * 7.8 = 19.3 – 15. 6 = 3.7

Im Folgenden wird eine Methode zur Tastatureingabe von rationalen Zahlen vorgestellt:

Methodenname: IO1.eindouble()
Methodenaufruf: double x;
                    x=IO1.eindouble();

BSP. 3: Mit diesen Vorbereitungen sind wir in der Lage, ein schönes Programm zur annähernden Berechnung von Quadratwurzeln zu programmieren, das auf den griechischen Mathematiker *Heron* von Alexandria (1. Jh. v. u. Z.) zurückgeht. Geometrisch ist die Wurzel w von a die Kantenlänge eines Quadrats mit Flächeninhalt a. Man konstruiert eine Folge von Näherungswerten x_n für w, in der x_n aus dem Vorgängerwert x_{n-1} gemäß folgender Iterationsformel berechnet wird:

$x_n = 0.5 * (x_{n-1} + a/x_{n-1})$. Der Startwert dieser Folge ist $x_0 = a$.

Das Bildungsgesetz dieser Folge ist geometrisch begründet (vgl. Abb.6-1: Illustration: Berechnungsschritte von $\sqrt{5}$ mit dem Heron Verfahren):

a) Man beginnt mit einem Rechteck mit den Kanten $x0 = a$ und $y0 = 1 = a / a = a / xo$. Der Flächeninhalt dieses Rechtecks ist a.

b) Man errechnet eine neue Kante $x1$ als Mittelwert von $x0$ und $y0$: $x1 = 0.5 * (x0 + y0) = 0.5 * (x0 + a / x0)$. Setzt man $y1 = a / x1$, so hat auch das neue Rechteck den Flächeninhalt a.

c) Im nächsten Schritt kann man schon gut die Iterationsformel erkennen: $x2$ wird wieder als Mittelwert von $x1$ und $y1$ berechnet. Dann gilt $x2 = 0.5 * (x1 + a/x1)$.

d) Dieses Verfahren setzt man für jeden beliebigen n. Schritt fort und erhält für x_n die folgende Iterationsformel: $x_n = 0.5 * (x_{n-1} + a/x_{n-1})$

Die Folge der Werte x_n und y_n nähert sich dann jeweils dem Grenzwert $\sqrt{a}$ an.

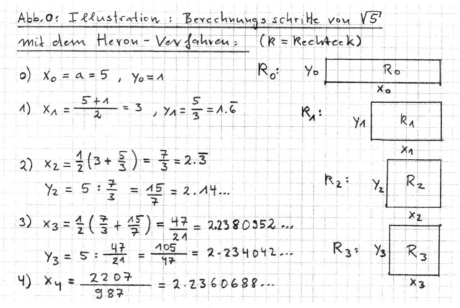

Abbildung 6-1:   Illustration der Berechnungsschritte von $\sqrt{5}$ mit dem Heron-Verfahren

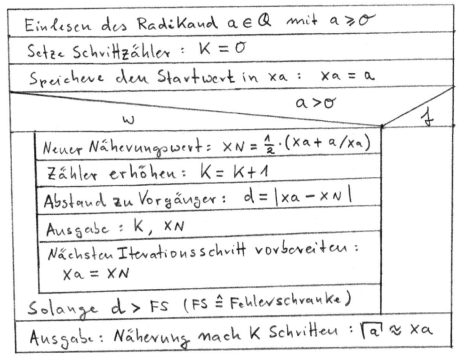

Einlesen des Radikand $a \in \mathbb{Q}$ mit $a \geqslant 0$

Setze Schrittzähler: $K = 0$

Speichere den Startwert in xa: $xa = a$

$a > 0$

w $\neq$

Neuer Näherungswert: $xN = \frac{1}{2} \cdot (xa + a/xa)$

Zähler erhöhen: $K = K + 1$

Abstand zu Vorgänger: $d = |xa - xN|$

Ausgabe: K, xN

Nächsten Iterationsschritt vorbereiten: $xa = xN$

Solange $d >$ FS (FS $\hat{=}$ Fehlerschranke)

Ausgabe: Näherung nach K Schritten: $\sqrt{a} \approx xa$

Abbildung 6-2: Heron-Algorithmus zur Wurzelberechnung (Struktogramm)

Dieser Algorithmus zur Wurzelberechnung ist in der Klasse **Heron1** programmiert:

```
/**************************************************************/
/* Verf.:   Prof. Dr. Gregor Büchel                          */
/* Zweck:   Heron-Verfahren zur Berechnung von Quadrat-      */
/*          wurzeln                                           */
/* Quelle:  Heron1.java                                      */
/* Stand:   23.10.2010                                       */
/**************************************************************/
class Heron1
{public static void main(String args[])
  { double a;  /* Zahl,aus der die Wurzel zu ziehen ist. */
    int k=0;   /* Schrittzähler */
```

```
double xa; /* Alter Annaeherungswert */
double xn; /* Neuer Annaeherungswert */
double d=1.;
System.out.println("Heron-Verfahren zur Wurzelberechnung");
/*Eingabekontrolle: Radikand >= 0 */
do
{System.out.println("Geben Sie einen Radikand >=0 ein:");
 a=IO1.eindouble();
 if (a<0) System.out.println("FEHLER!");
} while(a<0);
xa=a;
if (xa!=0.)
{do
 {xn=0.5*(xa+a/xa);
  k=k+1;
  d=xa-xn;
  if (d<0) d=-d; /* Betrag der Fehlerschranke */
  System.out.println(k+". Schritt: xn="+xn);
  xa=xn;
 } while(d>0.5e-14);/* Fehlerschranke = 0.5e-14 */
 }
 System.out.println(k+" Schritte");
 System.out.println("Naeherung: Wurzel("+a+")="+xa);
}
}
```

6.2 Konvertierung: int-Variablen ↔ float-/double-Variablen

Nachdem wir nun Variablen für ganze Zahlen und für Gleitpunktzahlen kennengelernt haben, stellt sich die Frage, wie diese Werte wechselseitig übertragen werden können. Zur Kontrolle dieser Werteübertragung hat Java das Konzept der *Konvertierung* von Datentypen entwickelt:

6.2.1 Explizite Konvertierung

Def. 3: Die explizite Konvertierung wird mit dem *CAST*-Operator ausgeführt. Der CAST-Operator (cast:= (engl.) Rolle) weist einem Wert, der mittels eines Datentyps DTA gespeichert ist, einen neuen Datentyp DTB zu: Die *allgemeine Syntax des CAST-Operators* lautet: **DTB v; v=(DTB)w;** /* w war vom Typ DTA */

BSP. 4: a) Konvertierung int→double: Geg.: **int a=135; double z; z=(double)a;** Das Ergebnis ist: z=135.0. Diese Konvertierung findet ohne Informationsverlust statt.

b) Konvertierung double→int: Geg.: **double b=17.75; int x; x=(int)b;** Das Ergebnis ist: x=17. Diese Konvertierung führt zu einem Informationsverlust. Der Nachkommaanteil 0.75 geht verloren.

6.2.2   Implizite Konvertierung

Die explizite Konvertierung verlässt sich auf eine Datentypinklusion. Hierbei wird davon ausgegangen, dass jede int-Zahl ohne Informationsverlust als float- oder double-Zahl dargestellt werden kann. Diese Annahme ist durch die Größenordnung maximaler int- bzw. float- und double-Zahlen begründet und sie ist auch wegen der Inklusion $\mathbb{Z} \subset \mathbb{Q}$ mathematisch richtig. Die implizite Konvertierung *kann* zu einem *Verlust an Ziferngenauigkeit* führen und sie ist *im Gegensinn zur Inklusionsrichtung nicht möglich*.

BSP. 5: a) Konvertierung int→float und int→double: Geg.: **int c=1101202721; float v; double p; v=c; p=c;** Das Ergebnis ist: c= 1101202721, v = 1.10120269E9 und p = 1.101202721E9. Man sieht den Verlust an Ziferngenauigkeit bei der float-Zahl v!

b) Die implizite Konvertierung double→int bzw. float→int ist nicht möglich! Versuche dieser Art führen zu Syntaxfehlern. Geg.: **double y = 959.75; int b;** Die Zuweisung **b = y;** führt zu folgender Fehlermeldung des Kompilers:

```
possible loss of precision
found    : double
required: int
b = y;
   ^
1 error
```

Anm. 2: In Folge von *flüchtiger Programmierung* kann eine unbewusste Nutzung der impliziten Konvertierung zu Laufzeitfehlern führen. Dieses geschieht häufig bei der Verwechslung von rationaler und ganzzahliger Division. Die *rationale* Division (Gleitpunktdivision) wird erzwungen, wenn der Dividend oder (OR) der Divisor Gleitpunktwerte sind. Wenn Dividend *und* Divisor ganzzahlig sind, wird der Quotient ganzzahlig berechnet.

BSP. 6: Ein Programm soll folgende Rechnungen ausführen:

```
int a=3, b=4;
double y=7.5;
y=y+a/b;
```

Erwartet wird, trotz flüchtiger Programmierung: y = 8.25

Tatsächlich wird berechnet, da a/b (ganzzahlig) = 0 ist: y = 7.5

Die korrekte Programmierung arbeitet *explizit*:   y = y + (double)a/b;

BSP. 7 (noch schlimmer als BSP. 6): Ein Programm soll folgende Rechnungen ausführen:

```
int a=3, b=4;
double y=1.5;
y=y/(a/b);
```

Erwartet wird, trotz flüchtiger Programmierung: y = 2.0

Da der Nenner *ganzzahlig* **0** ist, setzt die JVM: y = **Infinity**

Die korrekte Programmierung arbeitet *explizit*:   y = y /((double)a/b);

Anm. 3: In BSP. 7 haben wir gesehen, dass eine Gleitpunktdivision eines Zählers, der ungleich Null ist, durch Null zum Wert **Infinity** führt. Sind Zähler und Nenner einer Gleitpunktdivision Null, ist das Ergebnis **NaN** (**N**ot **a N**umber). **NaN** kann zum Beispiel mit dem folgenden Programmstück erzeugt werden:

```
double y=0.;
y=y/y;
System.out.println("0./0.="+y);
```

6.3   Mathematische Funktionen

Die Schnittstelle der JVM für die Anwendungsprogrammierung (Application Programmer's Interface =: API) bietet eine große Zahl von Klassen, um Standardalgorithmen und Dienstprogramme auszuführen. Eine dieser Klassen, die Klasse **System** für Methoden der Standardein- und Standardausgabe, haben wir bereits kennengelernt. Nun lernen wir die Klasse **Math** kennen, deren Methoden die bekannten mathematischen Funktionen der Differentialrechnung implementieren. Die meisten dieser Methoden haben Gleitpunktzahlen als Argumente.

6.3.1 Mathematische Konstanten

In der Klasse **Math** sind Gleitpunktzahlkonstanten hinterlegt, die die mathematischen Konstanten π und **e** (Euler-Zahl) mit 15-stelliger Genauigkeit annähern:

double x, y; x=Math.PI; y=Math.E;

Ausgabe: System.out.printl("PI="+x+" Euler-Zahl e="+y);

6.3.2 Potenzfunktionen

Im Folgenden werden zu den Methoden der Klasse **Math** jeweils drei Angaben gemacht: a) der *Prototyp* (=: **P.**): Der Prototyp beinhaltet selber auch drei Informationen: Er benennt den Datentyp des *Rückgabewerts* der Methode, den *Methodennamen* und die *Folge der Argumente (Übergabeparameter) mit ihren jeweiligen Datentypen.* Die Methoden sind *statisch*, das heißt, sie existieren nur einmal und werden unter Angabe des Klassennamens **Math** aufgerufen.

b) der *Aufruf* (=: **A.**): Hier werden Beispiele angegeben, wie in einem Java-Programm diese Methoden aufgerufen werden.

c) der *mathematische* Hintergrund (=: **M.**): Hier werden mathematische Eigenschaften der Funktionen diskutiert, die bei der Programmierung zu beachten sind, damit keine Laufzeitfehler auftreten.

6.3.2.1 Die allgemeine Potenzfunktion

P.: double pow(double x, double y)

A.: double x=6.25, y=1.5, z;   z=Math.pow(x,y);   /* z = 15.625 */

M.: Mit pow() werden sowohl algebraische Funktionen wie $y = x^n$ (für $x \in \mathbb{Q}$ und $n \in \mathbb{N}$) und $y = x^{p/q}$ (für $p \in \mathbb{Z}$, $q \in \mathbb{N}$, $x \geq 0$) als auch transzendente Funktionen wie $y = a^x$ (für $x \in \mathbb{Q}$ und $a > 0$) berechnet. Wird gegen die genannten Definitionsbereichsbedingungen verstoßen, gibt die JVM als Wert für y NaN oder Infinity zurück.

6.3.2.2 Die Quadratwurzelfunktion

P.: double sqrt(double x)

A.: double x=2.89; y=Math.sqrt(x);   /* y = 1.7 */

M.: sqrt() berechnet y = +$\sqrt{x}$ (für x $\in$ $\mathbb{Q}$ und x $\geq$ 0).

6.3.2.3 Die Exponentialfunktion

P.: double exp(double x)

A.: double x=2.5; y=Math.exp(x);   /* y = 12.182... */

M.: exp() berechnet die Euler'sche e-Funktion y = e^x (für alle x $\in$ $\mathbb{Q}$).

6.3.3 Trigonometrische Funktionen

Die trigonometrischen Methoden sin(), cos(), tan() der Klasse **Math** zur Berechnung der gleichnamigen trigonometrischen Funktionen erwarten die Argumentwerte im Bogenmaß.

6.3.3.1 Die Sinusfunktion

P.: double sin(double x)

A.: double x=Math.PI/2.; y=Math.sin(x);   /* y = 1.0 */

6.3.3.2 Die Cosinusfunktion

P.: double cos(double x)

A.: double x=Math.PI/3.; y=Math.cos(x);   /* y = 0.5 */

6.3.3.3 Die Tangensfunktion

P.: double tan(double x)

A.: double x=Math.PI/4.; y=Math.tan(x);   /* y = 1.0 */

M.: y=tan(x)=sin(x)/cos(x) ist für alle x $\in$ $\mathbb{R}$ mit x $\neq$ (2*m+1)*π/2 für m $\in$ $\mathbb{Z}$ definiert.

6.3.3.4 Übung

Die Klasse **Math** hat keine Methode zur Berechnung des Cotangens $y = \cot(x)$. Wie kann man die Berechnung der Cotangensfunktion programmieren? Für welchen Wert von x können Laufzeitfehler auftreten? Tipp: Wie lautet der Definitionsbereich der Cotangensfunktion?

6.3.4 Die Logarithmusfunktion

P.: double log(double x)

A.: double x=12.182493; y=Math.log(x); /* y = 2.4999... */

M.: Die Methode log(x) berechnet für alle x mit x > 0 den natürlichen Logarithmus $y = \ln(x)$, das heißt, die Umkehrfunktion der Euler'schen e-Funktion. Beachtet man den Definitionsbereich des Logarithmus nicht, werden irreguläre Werte zurückgegeben:

x = 0.0 => y=Math.log(x) = -Infinity

x = -1.5 => y=Math.log(x) = NaN

6.3.4.1 Übungen

1. Die Klasse **Math** hat keine Methode zur Berechnung der übrigen bekannten Logarithmusfunktionen, wie zum Beispiel $y = \lg(x)$ (Logarithmus zur Basis B=10) oder $y = \operatorname{ld}(x)$ (Logarithmus zur Basis B=2). Wie kann man die Berechnung einer Logarithmusfunktion $y = \log_B(x)$ zu einer Basis B mit B > 1 programmieren?

Tipp: Mit Hilfe des natürlichen Logarithmus kann man unter Kenntnis von Logarithmusregeln andere Logarithmen berechnen. Es gilt für alle x > 0: $\log_B(x) = \ln(x)/\ln(B)$. Warum gilt diese Rechenregel?

2. Programmieren Sie eine Klasse LogAnw1 zur Berechnung einer Wertetabelle der Funktion y=f(x)=ln(x-a) für x-Werte aus dem Intervall [a+d, 2*e+a+d]. Hierbei werden die rationalen Zahlen a, d und m von der Tastatur eingelesen. Für alle x mit x=a+d+k*(2*e/m), wobei 0≤k≤m ist und für x=a+1 und x=a+e wird jeweils y berechnet und zusammen mit x ausgegeben. Welchen Definitionsbereich hat f(x)?

6.3.5   Betrag, Minimum und Maximum

Die Java-Methoden abs(), min() und max() zur Berechnung des Betrags, des Minimums und des Maximums sind für jeden numerischen Datentyp **DTYP** mit **DTYP = int, float, double, ...** definiert:

P.:   Betrag: DTYP abs(DTYP x)

          Minimum: DTYP min(DTYP x, DTYP y)

          Maximum: DTYP max(DTYP x, DTYP y)

A.: double x=17.61, y=9.45, z;   z=Math.max(x,y);   /* z = 17.61 */

6.3.5.1   Übung

Programmieren Sie eine Klasse BeMiMa, die den Betrag, das Maximum und das Minimum von zwei über die Tastatur eingegebenen Zahlen **nicht** mit den Methoden abs(), min(), max(), sondern mit **if**-Anweisungen berechnet.

6.3.6   Abschneiden und Runden

Insbesondere beim kaufmännischen Rechnen kann es erforderlich sein, dass man für eine gegebene rationale Zahl x (zum Beispiel x=3.49) die nächst kleinere (y=3.) oder die nächst größere ganze Zahl (y=4.) oder die kaufmännisch gerundete Zahl (y=3.) bestimmen kann. Für Zahlen $x \in \mathbb{Q}$ und $x \geq 0$ ist die kaufmännisch gerundete Zahl z definiert durch:

$$z := \max\{y \in \mathbb{N}_0 \mid y \leq x + 0.5\}$$

6.3.6.1 Die nächst kleinere ganze Zahl (Abschneiden)

P.: double floor(double x)

A.: double x=4.79, y;   y=Math.floor(x);   /* y = 4.0 */

6.3.6.2 Die nächst größere ganze Zahl (Abschneiden + 1)

P.: double ceil(double x)

A.: double x=4.31, y;   y=Math.ceil(x);   /* y = 5.0 */

Anm.: Das Kürzel „ceil" kommt von „ceiling"(engl.): „Decke".

6.3.6.3 Kaufmännisches Runden

P.: double rint(double x)

A.: double x=4.5, y;   y=Math.rint(x);   /* y = 5.0 */

Anm.: Die Methode arbeitet zuverlässig für positive Gleitpunktzahlen. Bei negativen Gleitpunktzahlen läuft das Runden in bestimmten Fällen nicht exakt: Während zum Beispiel rint(-3.5)=-4.0, rint(-5.5)=-6.0, rint(-7.5)=-8.0 korrekt ist, werden die Gleitpunktzahlen mit geraden Vorpunktzahlen falsch gerundet: rint(-2.5)=-2.0, rint(-4.5)=-4.0, rint(-6.5)=-6.0.

6.3.7 Arcusfunktionen

Die Arcusfunktionen sind die Umkehrfunktionen der trigonometrischen Funktionen.

6.3.7.1 Arcussinus

P.: double asin(double x)

A.: double x=0.5, y;   y=Math.asin(x);   /* y = $\pi/6$ */

M.: Die Beschreibung des Arcussinus als Abbildung lautet:

asin: [-1, 1] → [-π/2, π/2] mit z → y = asin(z). Es gilt: asin(sin(x))=x.

6.3.7.2 Arcuscosinus

P.: double acos(double x)

A.: double x=Math.sqrt(2.)/2., y; y=Math.acos(x);   /* y = π/4 */

M.: Die Beschreibung des Arcuscosinus als Abbildung lautet:

acos: [-1, 1] → [0, π] mit z → y = acos(z). Es gilt: acos(cos(x))=x.

6.3.7.3 Arcustangens

P.: double atan(double x)

A.: double x=Math.sqrt(3.), y;   y=Math.atan(x);   /* y = π/3 */

M.: Die Beschreibung des Arcustangens als Abbildung lautet:

arctan: $\mathbb{R}$ →]-π/2. π/2[mit z → y = arctan(z). Es gilt: arctan(tan(x))=x.

6.3.7.4 Die Argumentfunktion

Die obigen Arcusfunktionen ordneten gegebenen reellen Zahlen einen Winkel zu. Die Argumentfunktion ordnet einem Vektor (x,y) $\in \mathbb{R}^2$ ebenfalls einen Winkel zu und zwar den Winkel, den der gegebene Vektor mit der x-Achse einschließt (vgl. Abbildung 6-3). Hierbei ist die Zuordnung des Winkels quadrantenweise definiert.

P.: double atan2(double y, double x) [Implementierung der Argumentfunktion]

A.: double x=0.5, y=Math.sqrt(3.)/2., z; z=Math.atan2(y,x);   /* z = π/3 */

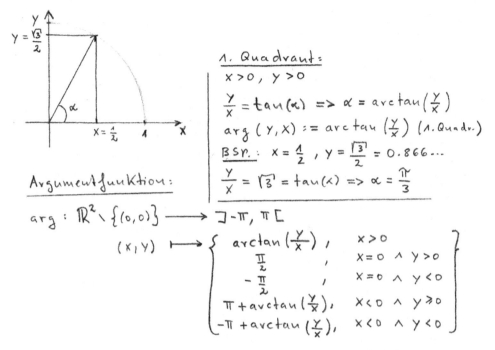

Abbildung 6-3: Definition und Veranschaulichung der Argumentfunktion arg

6.3.8 Pseudozufallszahlen

Eine echte Zufallszahl ist eine Zahl, die rein zufällig, das heißt, ohne Verwendung einer Regel gegeben ist. Immer dann, wenn eine Regel gegeben ist, zum Beispiel in Form eines Algorithmus, könnte eine Zahl theoretisch, wenn die Regel bekannt ist, rekonstruiert werden. Alles das, was konstruierbar ist, ist nicht zufällig. Auf einem Rechner, der seine Ergebnisse immer mit einem Algorithmus produziert, gibt es deshalb in der Theorie keine echten Zufälle, insbesondere keine echten Zufallszahlen. Es gibt aber die Möglichkeit, den Zufall „zu simulieren", indem man unter Verwendung der *Systemzeit* und der Verwendung von *Zahldarstellungsfehlern*, die bei Gleitpunktzahlen vom Datentyp double entstehen, wenn man sich jenseits der

Zifferngenauigkeit von 15 Stellen bewegt, praktisch zufällige Zahlen (Pseudozufallszahlen, engl. random numbers) erzeugt.

P.: double random()

A.: double z; z=Math.random(); Die Methode random() gibt eine Gleitpunktzahl z mit $0.0 \leq z \leq 1.0$ zurück. Möchte man eine ganze Zahl m als Pseudozufallszahl daraus berechnen, empfiehlt es sich, die pseudozufällige Ziffernfolge von z auszunutzen, indem man z mit einer großen ganzen Zahl multipliziert.

BSP. 1: In der folgenden Klasse LottoZ1 soll eine pseudozufällige *Lottozahl* **m** mit $1 \leq m \leq 49$ gezogen werden. Die Zahl m ist zunächst eine große ganze Zahl. Damit m auf den Wertebereich von 1 bis 49 eingeschränkt wird, wird **modulo 49 + 1** gerechnet:

```
/*************************************************************/
/* Verf.:   Prof. Dr. Gregor Büchel                        */
/* Zweck:   Lottozahl m als Pseudozufallszahl berechnen.   */
/* Quelle:  LottoZ1.java                                   */
/* Stand:   27.10.2006                                     */
/*************************************************************/
class LottoZ1
{public static void main(String args[])
 { int m;
   double z;
   z=Math.random();
   z=z*14500300;
   m=(int)z;
   m=m%49+1;
   System.out.println("Ziehung einer Pseudo-Lottozahl:"+m);
 }
}
```

6.3.8.1 Übungen

1. Erklären Sie jede Anweisung der Klasse LottoZ1!
2. Programmieren Sie eine Klasse MuenzW, mit der ein Münzwurf simuliert wird. Der Wurf einer Münze führt entweder zum Ereignis „Kopf"(=1) oder „Zahl"(=2).
3. Programmieren Sie eine Klasse KniffelW, mit der ein Wurf mit 5 Würfeln simuliert wird!

6.4   Weitere ganzzahlige Datentypen

Ganzzahlige Datentypen belegen M Byte Speicherplatz. Man hat damit $p = M * 8$ Bit Speicherplatz. Ganze Zahlen haben ein Vorzeichen, negative Zahlen werden mit dem 2er-Komplement berechnet. Das 1. Bit b1 wird zur Verwaltung des 2er-Komplements benötigt. Es gilt: b1=0 => die gespeicherte Zahl ist nicht negativ. b1=1 => die gespeicherte Zahl ist negativ. Die größte positive ganze Zahl, die mit (p-1) Bits dargestellt werden kann, ist die Zahl OGR (Obergrenze):

$$OGR = 1 * 2^{p-2} + 1 * 2^{p-3} + \ldots + 1 * 2^2 + 1 * 2^1 + 1 * 2^0 = (2^{p-1} - 1)/(2 - 1) = 2^{p-1} - 1$$

BSP. 1: Ist p=8, so ist $OGR = 64 + 32 + 16 + 8 + 4 + 2 + 1 = 127 = 2^7 - 1$

6.4.1   Übung

Die Formel, dass $OGR = (2^{p-1} - 1)/(2 - 1)$ ist, folgt aus der allgemeinen Formel für die Potenzsumme: $\sum_{m=0}^{N} q^m = (q^{N+1} - 1)/(q - 1)$.

Diese Formel gilt für jede beliebige feste ganze Zahl q und für alle $N \in \mathbb{N}$. Beweisen Sie mit vollständiger Induktion, dass diese Formel gilt! Wählen Sie zum Beispiel als Induktionsverankerung den Fall für N=1.

Die Programmiersprache Java kennt als elementare Datentypen für ganze Zahlen die folgenden vier Datentypen für M = 1, 2, 4, und 8 Byte. Es sind die Datentypen **byte**, **short**, **int** und **long**, die im Folgenden tabellarisch dargestellt sind.

Tabelle 6-1:   Ganzzahlige Datentypen in Java

Datentyp	M	p	OGR
byte	1	8	$2^7 - 1 = 127$
short	2	16	$2^{15} - 1 = 32.767$
int	4	32	$2^{31} - 1 = 2.147.483.647$
long	8	64	$2^{63} - 1 = 9.223.372.036.854.775.807$ (9 Trillionen. 223 Billiarden. 372 Billionen. 36 Milliarden. 854 Millionen. 775 Tausend. 807)

Def. 1: Die Deklaration von Variablen dieser Datentypen lautet:

    byte x; **short** y; **int** z; **long** w;

BSP. 1: In folgender Klasse Fakultaet1 werden die Zahlen n! für alle n mit $0 \le n \le 20$ mit dem Datentyp long berechnet. Mit dem Datentyp int hätte n! höchstens bis n = 12 berechnet werden können (siehe Runtime Protokoll). 20! Liegt in der Größenordnung von 2 Trillionen: 20! = 2.432.902.008.176.640.000.

```
/***********************************************************/
/* Verf.:   Prof. Dr. Gregor Büchel                      */
/* Zweck:   n! mit Datentyp long berechnen.              */
/* Quelle:  Fakultaet1.java                              */
/* Stand:   27.10.2006                                   */
/***********************************************************/
class Fakultaet1
{public static void main(String args[])
 { int m=0; long n=1;
   while (m<21)
   { System.out.println(m+"! = "+n);
     m=m+1;
     n=n*m;
   }
 }
}
```

Runtime Protokoll der Klasse Fakultaet1:

```
C:\gbjavat>java Fakultaet1
0! = 1
1! = 1
2! = 2
3! = 6
4! = 24
5! = 120
6! = 720
7! = 5040
8! = 40320
9! = 362880
10! = 3628800
11! = 39916800
12! = 479001600
13! = 6227020800
14! = 87178291200
15! = 1307674368000
```

```
16! = 20922789888000
17! = 355687428096000
18! = 6402373705728000
19! = 121645100408832000
20! = 2432902008176640000
C:\gbjavat>
```

Anm. 1: Mit den Datentypen **byte, short, int, long, float** und **double** haben wir nun **alle** elementaren numerischen Datentypen von Java kennengelernt.

6.5   Lernziele zu Kapitel 6

1. Den mathematischen Unterschied von rationalen Zahlen und ganzen Zahlen erklären können. Die Darstellung von rationalen Zahlen mit Gleitpunktzahlen erläutern können und damit die Syntax von Gleitpunktzahlkonstanten begründen können.

2. Variablen für Gleitpunktzahlen mit den Datentypen `float` und `double` programmieren können. Die numerischen Eigenschaften dieser Datentypen (Zifferngenauigkeit, maximale Größenordnung) kennen. Den Unterschied von rationalen und ganzzahligen arithmetischen Operationen (Division!) erklären können.

3. Das Konvertieren `int` ↔ {`float` / `double`} korrekt programmieren können (explizite Konvertierung mit dem cast-Operator kennen).

4. Elementare mathematische Funktionen mit Methoden der Klasse `Math` programmieren können. Dabei sollten Sie in der Lage sein, die Wirkung des mathematischen Definitionsbereichs einer Funktion auf das Laufzeitverhalten der entsprechenden Java-Methode einschätzen zu können (zum Beispiel: Wann kann `NaN` oder `Infinity` auftreten?).

5. Pseudozufallszahlen mit der Methode random() für einfache zufällige Ereignisse (zum Beispiel in Spielen) programmieren können.

6. Alle elementaren ganzzahligen Datentypen von Java kennen und dabei ihre Wertebereiche abschätzen können.

7 Felder (Arrays)

7.1 Grundlegende Eigenschaften

Def. 1: Ein **Feld** ist ein Datentyp für einen *zusammenhängenden Speicherbereich*, der aus N *Speicherzellen* besteht, die *alle* den *gleichen Datentyp* haben. Diese Speicherzellen nennt man die *Komponenten* des Feldes. Die einzelnen Speicherzellen (Komponenten) werden durch einen *Index* i angesprochen, für den gilt: $0 \leq i \leq N-1$.

Anm. 1: Mit Feldern lernen wir die ersten *höheren* Datentypen kennen. *Höhere Datentypen* sind aus *einfacheren Datentypen* aufgebaut. Beispiele für einfache Datentypen sind die *elementaren Datentypen*, die wir in Java bereits kennengelernt haben: byte, short, int, long, float, double, boolean. Dieses sind Datentypen für die Komponenten von Feldern. Alle höheren Datentypen in Java sind *Referenzdatentypen*. Was dieses für Felder bedeutet, werden wir nachher sehen.

7.2 Arbeitsschritte zur Verarbeitung von Feldern

Wir werden im Folgenden alle notwendigen Arbeitsschritte zur Verarbeitung von Feldern durchgehen. Dabei werden wir die allgemeine Syntax der Ausdrücke für Felder kennenlernen. Als Beispiel dafür werden die Erfassung von Vektoren und die Berechnung ihrer Längen (Beträge) behandelt. Der Algorithmus für das Beispiel wird durch ein Struktogramm gegeben:

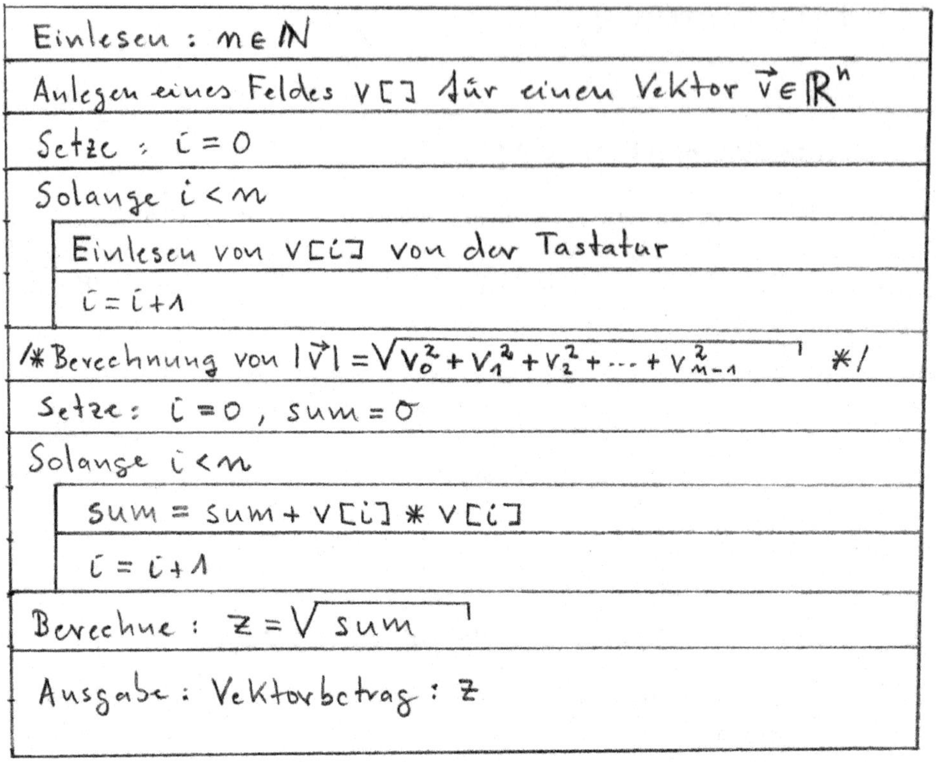

Einlesen : $m \in \mathbb{N}$
Anlegen eines Feldes $v[\ ]$ für einen Vektor $\vec{v} \in \mathbb{R}^n$
Setze : $i = 0$
Solange $i < m$
Einlesen von $v[i]$ von der Tastatur
$i = i + 1$
/* Berechnung von $\|\vec{v}\| = \sqrt{v_0^2 + v_1^2 + v_2^2 + \cdots + v_{m-1}^2}$ */
Setze: $i = 0$, sum $= 0$
Solange $i < m$
sum $=$ sum $+ v[i] * v[i]$
$i = i + 1$
Berechne : $z = \sqrt{\text{sum}}$
Ausgabe : Vektorbetrag : z

Abbildung 7-1:   Struktogramm einer Vektorerfassung und seiner Betragsberechnung

7.2.1   (S1) Deklaration eines Feldes

Allgemeine Syntax: **DTYP feldname[];**

Hierbei ist **DTYP** der Datentyp der Feldkomponenten.

Anm. 2: Es gibt auch die folgende syntaktische Variante der Deklaration:

DTYP [] feldname;

BSP. 1: Deklaration von Feldern:

a) für einen Vektor $\mathbf{v} \in \mathbb{R}^n$:   **double v[];**

b) für eine endliche Folge von ganzen Zahlen: **long seq[];**

c) für eine Spalte in einer Wahrheitstafel: **boolean sp[];**

Anm. 3: Bei Referenzdatentypen ist die Deklaration nur die Vereinbarung eines Datentyps für eine Variable. Sie ist keine Beschaffung von Speicherplatz. Das ist ein Unterschied zu elementaren Datentypen. Hier war eine Deklaration (zum Beispiel long u;) immer eine Beschaffung von Speicherplatz (für u wurde damit 8 Byte Speicherplatz festgelegt).

7.2.2   (S2) Speicherplatzbeschaffung für ein Feld

Allgemeine Syntax: **feldname=new DTYP[n];**

Hierbei ist **n** mit $n \geq 1$ die Anzahl der Feldkomponenten. Das Schlüsselwort **new** bezeichnet die Speicherplatzbeschaffung.

BSP. 2: Speicherplatzbeschaffung für Felder:

a) Das Feld v[] soll **n** Komponenten haben (zum Beispiel int n=5;): **v = new double[n];**

b) Für eine endliche Folge von ganzen Zahlen: **seq = new long[100];**

c) Für eine Spalte in einer Wahrheitstafel: **sp = new boolean[4];**

7.2.3   (S3) Wertzuweisung an eine Feldkomponente

Allgemeine Syntax: **feldname[i]=WERT;**

Anm. 4: Felder werden immer **komponentenweise** verarbeitet. Damit in allen Komponenten eine Aktion gleicher Qualität stattfindet, wird die Verarbeitung von Feldern standardmäßig in Schleifen durchgeführt.

BSP. 3: Die n Komponenten des Feldes v[] werden von der Tastatur eingelesen:

```
int i;
for (i=0; i<n; i=i+1)
{ v[i]=IO1.eindouble();
}
```

BSP. 4: Die Summe der Quadrate der Komponenten von v[] wird berechnet:

```
double sum=0.;
for (i=0; i<=n; i=i+1)
{ sum=sum+v[i]*v[i];
}
```

Anm. 5: Die Anzahl der Komponente (= Länge des Feldes) kann nachträglich nicht mehr vergrößert oder verkleinert werden.

Anm. 6: Jedes Feld a[] verfügt über ein Attribut **length,** das die *Anzahl* der Komponenten des Feldes speichert. *Allgemeine Syntax*, um den Wert des Attributs **length** auszulesen: **int n; n=a.length;**

Die Programmierung des Zugriffs auf das Attribut erfolgt mittels Punktnotation:

feldname.length

Der Name **length** ist ein Java **Schlüsselwort.**

BSP. 5: Klasse VekBet zur Vektorerfassung und Berechnung des Vektorbetrags

```
/****************************************************************/
/* Verf.:   Prof. Dr. Gregor Büchel                          */
/* Zweck:   Vektorerfassung und Berechnung des Vektor-       */
/*          betrags                                          */
/* Quelle: VekBet.java                                       */
/* Stand:   27.10.2006                                       */
/****************************************************************/
class VekBet
{public static void main(String args[])
 { int i,n=0;
   double v[];/* Deklaration eines Felds fuer den Vektor */
   /* Speicher für Betrag bzw. Quadratsumme */
    double z, sum=0.;
   /* Kontrolle zur Eingabe einer natuerlichen Zahl    */
   System.out.println("VEKTORRECHNUNG:");
   do
   {System.out.println("Geben Sie die Vektorlaenge n ein:");
    n=IO1.einint();
    if (n<=0) System.out.println("FEHLER! Eingabe n>0 !");
   } while(n<1);
   /* Speicherplatzbeschaffung fuer das Feld v[] */
   v=new double[n];
   System.out.println("Erfassung des Vektors:");
   for (i=0; i<v.length; i++)
```

```
{System.out.println("Eingabe v["+i+"]:");
 v[i]=IO1.eindouble();
}
/* Berechnung des Vektorbetrags */
for (i=0; i<v.length; i++)
{sum=sum+v[i]*v[i];
}
z=Math.sqrt(sum);
System.out.println("Vektorbetrag: "+z);
}
}
```

Anm. 7: Man kann die Schritte der Felddeklaration (S1), der Speicherplatzbeschaffung für ein Feld (S2) und die Wertzuweisung für jede Feldkomponente (S3), die in einer Initialisierung stattfindet, zusammenfassen.

Allgemeine Syntax: **DTYP a[]={ w1, w2, w3, ... , wN};**

Hierbei müssen die Werte w1, w2, ..., wN zulässige Werte gemäß Datentyp **DTYP** sein. Im späteren Verlauf des Programms können die Werte der Komponenten a[i] noch geändert werden. Die *Feldlänge* kann nicht mehr geändert werden.

BSP. 6: Felddeklaration, Speicherplatzbeschaffung und Initialisierung:

a) Für eine Folge von vier Zahlen: **int zf[] = {-7, 12, 51, 77};**

b) Für eine Wahrheitstafelspalte: **boolean b[] = {true, false, true, false};**

Anm. 8: *Felder als Referenzdatentypen*

Eine Feldvariable a[] speichert die Adresse, ab der im RAM die Speicherzellen a[0], a[1], a[2], ..., a[N-1] als *zusammenhängender* Speicherbereich abgelegt sind. Adressen sind *Referenzen*. Sie zeigen auf andere Speicherbereiche. In anderen Programmiersprachen wie zum Beispiel in der Programmiersprache **C** werden solche Referenzen durch besondere Variablen, sogenannte *Pointer (Zeiger)*, verwaltet. In Java dienen dazu *Referenzvariablen*. Kurz: Referenzvariablen sind Variabeln, die Adressen speichern.

Ein Feld a[] speichert eine Referenz auf einen zusammenhängenden RAM-Bereich. Um diesen zu verwalten, braucht a[] darüber drei Informationen: a) die Startadresse, b) den Datentyp der Komponenten und c) die Anzahl der Komponenten

(= length). In nachfolgender Abbildung 7-2 wird gezeigt, wie nach und nach die Informationen a) und c) und der zusammenhängende Speicherbereich gefüllt werden:

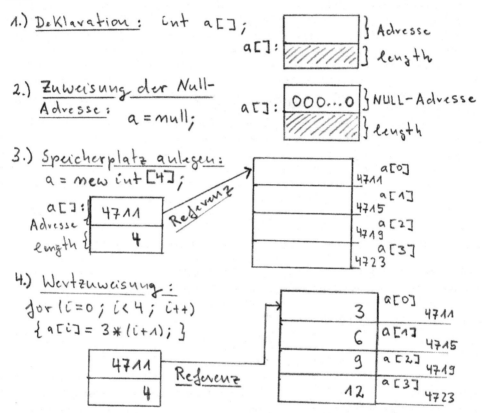

Abbildung 7-2: Darstellung eines Feldes a[] als Referenzdatentyp

Anm. 9: Erläuterungen zur Abbildung 7-2:

1) *Arbeitsschritt (S1): Deklaration eines Feldes:* Wenn ein Feld a[] *nur* deklariert wurde, hat es noch *keine* Referenz auf einen RAM-Bereich und *keine* Information über

die *Länge* des RAM-Bereichs. Der Speicher für die Adresse ist in einem *undefinierten* Zustand.

2) Möchte man nach bzw. bei der Deklaration aber *noch vor* der Speicherplatzbeschaffung den Speicher für die Adresse in einen *definierten* Zustand versetzen, kann man ihm die *NULL-Adresse* zuweisen. Allgemeine Syntax: a=null;

Diese Zuweisung ist nützlich, wie wir später noch sehen werden, wenn Felder von Methoden zurückgegeben werden sollen.

3) *Arbeitsschritt (S2): Speicherplatzbeschaffung*: In dem Moment, wo durch die Anweisung a=new DTYP[N]; dem Feld a[] ein zusammenhängender RAM-Bereich zugewiesen wird, bekommt der Adressenspeicher von a[] die Startadresse des RAM-Bereichs (in Abb.2 die fiktive Adresse 4711). Weiterhin erhält das length-Attribut den Wert N. a[] verwaltet nun die *Referenz* auf den zusammenhängenden RAM-Bereich.

4) *Arbeitsschritt (S3): Wertezuweisung*: Die Zuweisung von Werten zu den Speicherzellen a[0], a[1], a[2], …, a[N-1] bzw. das Lesen von Werten aus diesen Speicherzellen sind Aktionen, die ausschließlich auf dem zusammenhängenden RAM-Bereich stattfinden.

Anm. 10: Im Zustand eines Feldes a[] vor dem Arbeitsschritt (S2) Speicherplatzbeschaffung führt ein Zugriff auf a.length zur Laufzeitfehlermeldung NullPointer-Exception.

7.3   Mehrfach indizierte Felder

Wenn man einen nicht nur einfach indizierten RAM-Bereich wie zum Beispiel für Vektoren, sondern einen mehrfach indizierten RAM-Bereich zum Beispiel für Tabellen, Matrizen oder Schachbretter benötigt, hat man die Möglichkeit, mehrfach indizierte Felder anzulegen:

7.3.1   (S1) Deklaration eines mehrfach indizierten Feldes

Allgemeine Syntax: **DTYP feldname[][];**

Hierbei ist **DTYP** der Datentyp der Feldkomponenten. Der erste Index ist der *Zeilenindex*, der zweite Index ist der *Spaltenindex*.

BSP. 1: Deklaration von mehrfach indizierten Feldern:

a) für ein Schachbrett: **int schachb[][];**

b) für eine Koordinatenliste: **double koordl[][];**

c) für eine Euroliga Tabelle: **int eulig[][];**

7.3.2   (S2) Speicherplatzbeschaffung für ein mehrfach indiziertes Feld

Allgemeine Syntax: **feldname=new DTYP[n][m];**

Dadurch ist ein Feld mit n Zeilen und m Spalten als RAM-Bereich angelegt.

BSP. 2: Speicherplatzbeschaffung für Felder:

a) für das Schachbrett: **schachb = new int[8][8];**

b) für eine Koordinatenliste mit 17 Elementen: **koordl = new double[17][2];**

7.3.3   (S3) Wertzuweisung an eine Feldkomponente

Allgemeine Syntax: **feldname[i][j]=WERT;**

Anm. 1: Man sieht also, dass mehrfach indizierte Felder vom Grundkonzept her genauso wie einfach indizierte Felder verarbeitet werden.

Anm. 2: Man kann die Schritte der Deklaration, der Speicherplatzbeschaffung und der initialisierenden Wertzuweisung auch für mehrfach indizierte Felder zusammenfassen.

Allgemeine Syntax: **DTYP a[]={ {w11, w12, ..., w1M}, {w21, w22, ..., w2M}, ..., {wN1, wN2, ... , wNM}};**

BSP. 3: Das mehrfach indizierte Feld el[][] verwaltet den Stand der Gruppe B der Europa League vom 5.11.2010. Pro Zeile sind die Platznummer, das Torverhältnis und die Punktezahl notiert: int el[][]={{1,6,1,8},{2,6,3,7},{3,2,3,4},{4,3,10,3}}; Mit der Java Klasse EuroLiga wird diese Tabelle ausgewertet:

```
/************************************************************/
class EuroLiga
{public static void main(String args[])
  { int el[][]={{1,6,1,8},{2,6,3,7},{3,2,3,4},{4,3,10,3}};
    int i;
    for (i=0; i<el.length; i++)
    {System.out.println("Mannschaft B"+el[i][0]+":");
     System.out.println("Punkte: "+el[i][3]+" Tore:
"+el[i][1]+":"+el[i][2]);
     System.out.println("------------------------------");
    }
  }
}
```

7.4   Feldbasierte Algorithmen

Eine Vielzahl bekannter Algorithmen benutzen Felder als zusammenhängende Speicherbereiche. Beispiele hierfür sind die folgenden Algorithmen:

Ein effektiver Algorithmus zum Berechnen von Polynomwerten: *Das Horner Schema* (William G. Horner, 1768–1837, Mathematiker (Algebra), Bristol/Bath, England. Eigentlicher Urheber des Algorithmus: Paolo Ruffini 1768–1822, Mathematiker (Algebra), Modena, Italien).

Ein Algorithmus zum Sortieren von Feldern: *Der Bubble-Sort.*

Ein Algorithmus zum Bestimmen von Primzahlen: Das *Sieb des Eratosthenes.* (Eratosthenes, 276–195 v. u. Z., griechischer Mathematiker, Kyrene und Alexandria).

Nachfolgend wird das Horner-Schema diskutiert. Der Bubble-Sort und das Sieb des Eratosthenes werden wir im Zusammenhang mit statischen Methoden (Kapitel 8) behandeln.

7.4.1 Das Horner Schema

Das Horner Schema ist ein effektives Verfahren, mit möglichst wenigen Multiplikationen den Wert $y = p(x)$ eines Polynoms p vom Grad n an einer Stelle x zu berechnen. Die Koeffizienten von p sind in einem Feld gespeichert. Hierbei ist a[k] der Koeffizient der k. Potenz von x (für alle k mit $0 \leq k \leq n$, $n \in \mathbb{N}$). Man sieht also, dass man ein Feld der Länge (n+1) benötigt, um alle Koeffizienten eines Polynoms vom Grad n zu speichern.

$$y = p(x) = a[n] * x^n + a[n-1] * x^{n-1} + \ldots + a[k] * x^k + \ldots + a[1] * x + a[0] \quad (F1)$$

In dieser Formel benötigt man $MF1 = n + (n-1) + \ldots + k + \ldots + 2 + 1 + 0 = (n+1)*n/2$ Multiplikationen um y auszurechnen. Gegenüber Additionen benötigen Multiplikationen auf einem Digitalrechner deutlich mehr Rechenzeit auf einer CPU. Man sagt Multiplikationen sind wesentlich „teurer" als Additionen.

Die Idee des Horner Schemas ist das Ausklammern der Potenzen von x:

$$y = p(x) = ((\ldots((a[n] * x + a[n-1]) * x + a[n-2]) * x + \ldots) * x + a[1]) * x + a[0] \quad (F2)$$

In dieser Formel des Horner Schemas benötigt man $MF2 = n$ Multiplikationen. Man sieht sofort, dass MF2 deutlich kleiner als MF1 ist. Es gilt nämlich:

$$MF2 = n < (n+1)*n/2 = MF1$$

Damit ist das Horner Schema effektiver als das Berechnungsverfahren gemäß Formel F1.

BSP. 1: Im Folgenden illustrieren wir die zentrale Idee des Ausklammerns beim Horner Schema an einem Polynom vom Grad n = 4:

$$y = p(x) \quad = \quad a[4] * x^4 + a[3] * x^3 + a[2] * x^2 + a[1] * x + a[0]$$
$$= \quad (((a[4] * x + a[3]) * x + a[2]) * x + a[1]) * x + a[0]$$

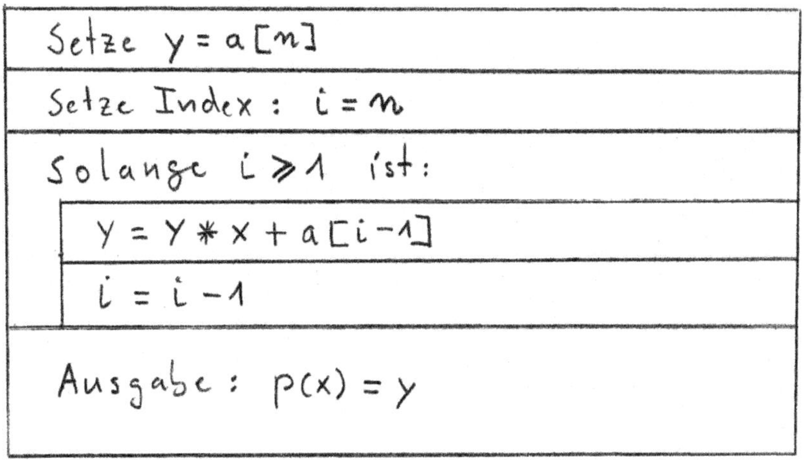

```
Setze y = a[n]
Setze Index: i = n
Solange i ≥ 1 ist:
    y = y * x + a[i-1]
    i = i - 1
Ausgabe: p(x) = y
```

Abbildung 7-3:   Struktogramm des Horner Schemas

7.4.2   Erläuterung zum Struktogramm des Horner Schemas

Gegeben: Das Feld a[] mit den Koeffizienten von p und die Stelle x (zum Beispiel x ∈ ℝ).

Gesucht: Der Wert y = p(x)

Zum Verfahren: Zuerst wird der Wert der inneren Klammer berechnet und einer Speicherzelle mit Namen y zugewiesen: y = a[n] * x + a[n-1];

Dann wird die nächst äußere Klammer berechnet: y = y * x + a[n-2];

Die Schleife wird fortgesetzt, bis man bei i = 1 angekommen ist: y = y * x + a[0].

Durch diese letzte Zuweisung enthält die Speicherzelle y den Wert des Polynoms p(x).

7.5   Übungen

1. Programmieren Sie eine Klasse MessWF, die Folgendes leistet: a) Ein Feld mw[] von n Messwerten wird von der Tastatur eingelesen. b) Mittels einer Schleife wird das Minimum, das Maximum und die Summe der Messwerte berechnet. c) Nach der Schleife wird der Mittelwert berechnet. Das Feld mw[], das Minimum, das Maximum und der Mittelwert werden ausgegeben.
2. Programmieren Sie eine Klasse Kniffel, mit dem Sie den zufälligen Wurf von 5 Würfeln simulieren. Hierbei können mehrere Würfel die gleiche Augenzahl haben.
3. Programmieren Sie eine Klasse LottoZ, mit der Sie die Ziehung von 6 verschiedenen Lottozahlen und einer Zusatzzahl simulieren.

7.6   Lernziele zu Kapitel 7

1. Felder mit N Komponenten zu jedem elementaren Datentyp von Java deklarieren, als Speicherbereich anlegen und mit Werten füllen können. Wissen, wie man auf jede Komponente eines Feldes zugreift und was das Feldattribut length bedeutet.
2. Das Speichermodell von Feldern als Referenzdatentyp erklären können. Den Unterschied von elementaren Datentypen und von Referenzdatentypen hinsichtlich der Speicherplatzbeschaffung nennen können.
3. Ein mehrfach indiziertes Feld deklarieren, als Speicherbereich anlegen und verarbeiten können.
4. Das Horner Schema für Polynome als Beispiel eines feldbasierten Algorithmus erklären und programmieren können.

8 Statische Methoden

8.1 Grundlagen

Methoden helfen, ein Programm zu gliedern. Methoden sind „Unterprogramme". Methoden sind *Module*, das heißt, sie sind kleine Programmstücke für häufig wiederkehrende Aufgaben, die auch in andere Klassen eingebaut werden können.

Def. 1: Ein *Modul* ist ein Algorithmus zur Bearbeitung einer in sich abgeschlossenen Aufgabe. Die Verwendung eines Moduls erfordert keine Kenntnis seines inneren Aufbaus (Black Box Prinzip). Ein Modul hat eine definierte Folge von Übergabewerten und einen definierten Rückgabewert.

Def. 2: In Java werden Module durch *Methoden* implementiert. Eine Methode ist nach **außen** durch ihren *Prototyp* (Methodenkopf) bestimmt. Der *Prototyp* beinhaltet drei Informationen: Er benennt den Datentyp des *Rückgabewerts* der Methode, den *Methodennamen* und die *Folge der Argumente (Übergabeparameter)* mit ihren jeweiligen Datentypen.

Allgemeine Syntax eines Prototyps:

[QUAL] DTR methN(d1 v1, d2 v2, ..., dN vN)

Hierbei ist:

QUAL : ein Qualifizierer, ob die Methode *statisch* ist (**static**) oder nicht (kein Qualifizierer).

DTR : der Datentyp des Rückgabewerts der Methode.

methN : der Name der Methode (Java Konvention: Methodennamen sind Bezeichner, die mit einem kleinen Buchstaben beginnen).

di : Datentyp der *Übergabevariable* **vi** (für alle i mit $1 \leq i \leq N$).

Anm. 1: Wir betrachten zunächst nur statische Methoden. Im übernächsten Kapitel wenn wir das Klassenkonzept einer objektorientierten Programmiersprache kennenlernen werden, werden vorrangig *nicht statische* Methoden untersucht. Während der Ausführung existieren im RAM statische Methoden nur einmal pro Klasse, während von nicht statischen Methoden beliebig viele Kopien im RAM existieren können.

BSP. 1: Mit folgender Methode soll ein Winkel im Gradmaß in einen Winkel im Bogenmaß umgerechnet werden: Methodenname: **grad2Bog()**, Übergabeparameter: Der Winkel **a** im Gradmaß (das heißt, **a** speichert eine ganze Zahl mit -360 ≤ a ≤ 360), Datentyp des Rückgabewerts: **double**, da ein Winkel im Bogenmaß ein reelles Vielfaches von π ist und daher in bester Annäherung durch eine Gleitpunktzahl beschrieben wird. Mit dieser Überlegung können wir den **Prototyp** der gesuchten Methode aufstellen: **static double grad2Bog(int a)**

Anm. 2: Im *Inneren* ist eine Methode wie ein Java-Programm aufgebaut, das wir bisher nur in Form von **main()**-Methoden programmiert hatten. Die einzige Anweisung, die nun neu hinzu kommt, ist die **return** Anweisung: *Allgemeine Syntax:* **return var;**

Hierbei ist **var** eine Variable bzw. ein Wert vom Datentyp **DTR**, der der Datentyp des Rückgabewerts der Methode ist. Eine **return** Anweisung beendet sofort die Ausführung der Methode und gibt den angegebenen Wert an die aufrufende Methode zurück.

BSP. 1 (Fortsetzung)**:** Der Quelltext der Methode **grad2Bog()** lautet:

```
static double grad2Bog(int a)
 {double x;
  x=a;
  x=(x/360.)*2.0*Math.PI;
  return x;
 }
```

Anm. 3: Wenn man eine Methode von einer anderen Methode (zum Beispiel einer main()-Methode) aus aufrufen möchte, muss man die Übergabeparameter der aufzurufenden Methode mit Werten gefüllt haben. Den Rückgabewert empfängt man dann durch Zuweisung in einer Variablen, die vom Datentyp des Rückgabewerts der aufzurufenden Methode ist.

Allgemeine Syntax des *Aufrufs einer statischen Methode*:

a) Die aufgerufene statische Methode liegt in der gleichen Klasse wie die aufrufende Methode: DTR x;

x = methN(w1,w2, ..., wN);

Hierbei sind alle wi Werte vom Datentyp di (siehe Prototyp der Methode methN()).

b) Die aufgerufene statische Methode liegt gegenüber der aufrufenden Methode in einer anderen Klasse A: DTR x;

x = A.methN(w1,w2, ..., wN);

Hierbei sind alle wi Werte vom Datentyp di (siehe Prototyp der Methode methN()).

BSP. 1 (Fortsetzung): Aus der main()-Methode einer Klasse Winkel1 heraus wird die Methode grad2Bog() aufgerufen, die in der gleichen Klasse liegt. Es handelt sich also um einen Aufruf gemäß Anm. 3a). Der *Aufruf* lautet:

```
double wb;
wb=grad2Bog(a);
```

Vor dem Aufruf wurde die Variable a mit einem zulässigen Integerwert gefüllt.

BSP. 2: Die Methode **einint()** liegt in der Klasse **IO1**. Wenn diese Methode von einer anderen Methode, die in einer anderen Klasse liegt, zum Beispiel aus der **main()** Methode der Klasse **Winkel1**, heraus aufgerufen wird, handelt es sich um einen Aufruf gemäß **Anm. 3b)**. Der *Aufruf* lautet:

```
int a;
a=IO1.einint();
```

BSP. 1 (Fortsetzung): Der vollständige Quelltext der Klasse **Winkel1** lautet:

```
/************************************************************/
/* Verf.:   Prof. Dr. Gregor Büchel                        */
/* Zweck:   Umrechnung von Gradmass ins Bogenmass          */
/* Quelle:  Winkel1.java                                   */
/* Stand:   27.10.2004                                     */
/************************************************************/
class Winkel1
{public static void main(String args[])
```

```
{ int a;
  double wb;
  do
  { System.out.println("Eingabe eines Winkels a im Gradmass");
    System.out.println("mit -360<=a<=360:");
    a = IO1.einint();
    if (a<-360||a>360) System.out.println("Falscher Wert!");
  } while (a<-360||a>360);
  wb=grad2Bog(a);
  System.out.println("Winkel: "+a+"° = "+wb+ "(Bogenmass)");
}

static double grad2Bog(int a)
{double x;
 x=a;
 x=(x/360.)*2.0*Math.PI;
 return x;
}
}
```

Anm. 4: An der Methode einint() hatten wir gesehen, dass es Methoden gibt, die *keine Übergabeparameter* haben. Die *allgemeine Syntax* des Prototyps einer solchen Methode lautet: **[QUAL] DTR methN()**

BSP. 3: Typische Beispiele für Methoden ohne Übergabeparameter sind Eingabe-methoden, die ihre Daten von der Tastatur einlesen, wie zum Beispiel die folgende Methode einnat() zum Einlesen einer natürlichen Zahl $n \in \mathbb{N}$:

```
static int einnat()
{int n;
 do
 {System.out.println("Bitte geben Sie eine natuerliche Zahl ein:");
  n = IO1.einint();
  if (n<1) System.out.println("Eingabefehler: "+n+" < 1 !");
 } while (n<1);
 return n;
}
```

Anm. 5: Ein anderer wichtiger Spezialfall von Methoden sind Methoden *ohne Rückgabewert*. Der Datentyp dieser Methoden ist **void**. Das Schlüsselwort **void** steht für *leerer Datentyp*. Die *allgemeine Syntax* des Prototyps einer solchen Methode lautet: **[QUAL] void methN(d1 v1, d2 v2, ..., dN vN)**

Eine solche Methode benötigt keine return Anweisung.

BSP. 4: Beispiel für eine Methode ohne Rückgabewert ist eine reine Ausgabemethode wie die Methode wurzTab(), die eine Tabelle von Wurzelwerten $\sqrt{k}$ für alle k mit $1 \leq k \leq n$ ausgibt, wobei die natürliche Obergrenze n an die Methode wurzTab() übergeben wird. Der Prototyp dieser Methode lautet: static void wurzTab(int n)

Im Folgenden ist der Quelltext der Klasse WurzAnw1 angegeben, die die statische Methode wurzTab() enthält und die die natürliche Zahl mit einer statischen Methode einnat() einliest, die in einer anderen Klasse Nat1 enthalten ist:

```
/********************************************************/
/* Verf.:   Prof. Dr. Gregor Büchel                    */
/* Zweck:   Ausgabe einer Tabelle von Wurzelwerten     */
/* Quelle:  WurzAnw1.java                              */
/* Stand:   29.10.2004                                 */
/********************************************************/
class WurzAnw1
{public static void main(String args[])
 {int x;
  System.out.println("Tabelle von Wurzeln natuerlicher Zahlen:");
  System.out.println("Bitte geben Sie eine Obergrenze ein:");
  x=Nat1.einnat();
  wurzTab(x);
 }


 static void wurzTab(int n)
 {double x,y;
  int i;
  for(i=1; i<=n; i++)
  {x=(double)i;
   y=Math.sqrt(x);
   System.out.println("Quadratwurzel("+x+")="+y);
  }
 }
}
```

8.1.1 Übung

Programmieren Sie eine neue Klasse **Winkel3,** die gegenüber der Klasse Winkel1 neu strukturiert und vollständig modularisiert ist: In der main() Methode wird dem Anwender, solange er möchte, ein Menü angeboten, das drei Menüpunkte kennt: (1) Umrechnen Winkel: Gradmaß -> Bogenmaß; (2) Umrechnen Winkel: Bogenmaß -> Gradmaß; (3) ENDE.

Die main()-Methode dient nur der Steuerung und ruft andere Methoden auf. In der main()-Methode werden keine Rechnungen, keine Ein- und Ausgaben vorgenommen. Dieses wird alles auf statische Methoden delegiert: Neben der Methode grad2Bog() sind die Methoden bog2Grad(), wGradE() für die Eingabe des Winkels im Gradmaß, wBogE() für die Eingabe des Winkels im Bogenmaß und wAus() für die Ausgabe des Winkels im Grad- und Bogenmaß vorzusehen. Stellen Sie vor dem Programmieren erst die Prototypen der Methoden auf!

8.2   Modulübersichtsdiagramme

Um in einem größeren Programmsystem, das aus mehreren Methoden besteht, die Übersicht zu behalten, welche Methode welche anderen Methoden aufrufen, ist es nützlich, das Aufrufverhalten zu dokumentieren. Ein Beschreibungsmittel dafür ist das *Modulübersichtsdiagramm*. Ein Modulübersichtsdiagramm besteht aus zwei Diagrammelementen: a) Einem Rechteck für jeden selbstentwickelten Modul (selbstprogrammierte Methode) mit Angabe des Methodennamens (**methN()**). Umfasst das Programmsystem mehrere Klassen, kann man in Punktnotation den Klassennamen mit angeben (**KlassenName.meth()**). b) Ein Pfeil, der von der aufrufenden Methode zur aufgerufenen Methode führt.

BSP. 1: *Modulübersichtsdiagramm*, wenn eine Methode mx() einer Klasse A eine Methode mz() einer Klasse B aufruft.

Im Modulübersichtsdiagramm braucht man keine Übergabe- und Rückgabewerte zu dokumentieren, da diese durch die Prototypen der Methoden dokumentiert sind und die Prototypen zur Legende des Modulübersichtsdiagramms gehören.

Abbildung 8-1:   Modulübersichtsdiagramm

BSP. 2: Modulübersichtsdiagramm zur Klasse **Winkel3** (vgl. **Übung 1** Kapitel 8.1):

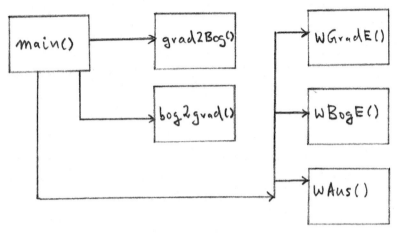

Abbildung 8-2:   Modulübersichtsdiagramm zur Klasse Winkel

8.3   Felder und Methoden

Genauso wie einfache Datentypen Datentyp des Rückgabewerts oder Datentypen der Übergabewerte einer Methode sein können, können Felder verwendet werden:

a) Ein Feld ist Datentyp des Rückgabewerts: *Syntax* eines Prototyps:

static DTR[] methN(d1 v1, d2 v2, ..., dN vN)

b) Ein Feld ist Datentyp eines Übergabewerts: *Syntax* eines Prototyps:

static DTR methN(d1 v1[], d2 v2, ..., dN vN)

BSP. 1: Eine Methode **vekein1()** soll einen Vektor mit **n** Komponenten von der Tastatur einlesen und zurückgeben. vekein1() erfasst selber die natürliche Zahl n von der Tastatur. Prototyp: **static double[] vekein1()**

BSP. 2: Eine Methode **vekein3()** soll einen Vektor mit **n** Komponenten von der Tastatur einlesen und zurückgeben. vekein3() bekommt die Komponentenanzahl übergeben: Prototyp: **static double[] vekein3(int n)**

BSP. 3: Eine Methode **vekaus()** soll einen Vektor mit **n** Komponenten auf der Konsole (Standardausgabe) ausgeben. Diese Methode hat einen leeren Rückgabewert:

Prototyp: **static void vekaus(double x[])**

BSP. 4: Eine Methode **vekadd()** soll die Vektorsumme von zwei Vektoren mit gleicher Komponentenanzahl **n** ausführen und den Summenvektor zurückgeben:

Prototyp: **static double[] vekadd(double x[], double y[])**

Anm. 1: Beim Aufruf einer Methode, die Felder als Übergabeparameter oder als Rückgabeparameter hat, wird *nur* der *Feldname* angegeben.

BSP. 5: In einer main()-Methode sollen zwei Vektoren gleicher Länge n=5 eingelesen und dann soll von ihnen die Vektorsumme berechnet werden. Die statischen Methoden vekein3() und vekadd() gehören zur gleichen Klasse:

```
double x[], y[], z[];
x=vekein3(5);
y=vekein3(5);
z=vekadd(x,y);
```

8.3.1 Übungen

Programmieren Sie folgende statische Methoden zur Vektorrechnung und eine Klasse **VekAnw**, aus deren main()-Methode diese statischen Methoden aufgerufen werden.

1. Programmieren Sie eine Methode der skalaren Multiplikation eines Vektors **x** mit einer reellen Zahl **w**. Ergebnis ist ein gestreckter oder gestauchter Vektor **y**. Der Vektor y wird folgendermaßen berechnet:

   y=(y1, y2, ..., yn)=w*(x1, x2, ..., xn):=(w*x1, w*x2, ..., w*xn)

   Die Methode der skalaren Multiplikation soll gemäß dem folgenden Prototyp programmiert werden:

   Prototyp: **static double[] vekSkalMul(double x[], double w)**

2. Programmieren Sie eine Methode zur Berechnung des Vektorbetrags. Diese Methode der skalaren Multiplikation soll gemäß dem folgenden Prototyp programmiert werden:

Prototyp: **static double vekBet(double x[])**

3. Programmieren Sie eine Methode zur Berechnung des Vektorprodukts <x,y> (auch Skalarprodukt genannt) von zwei Vektoren **x** und **y** mit gleicher Komponentenanzahl **n**. Das Vektorprodukt ist die Summe der Produkte der Komponenten der beiden Vekroren. Es ist definiert durch die folgende Formel:

$$< x, y > = \sum_{i=1}^{n} x_i * y_i$$

Das Vektorprodukt soll gemäß dem folgenden Prototyp programmiert werden:

Prototyp: **static double vekSKP(double x[], double y[])**

4. Mit den obigen Methoden sind Sie nun in der Lage, den Winkel zu berechnen, der von zwei Vektoren **x** und **y** eingeschlossen wird. Beide Vektoren müssen ungleich dem mathematischen Nullvektor sein. |**x**| und |**y**| sind die Beträge der beteiligten Vektoren. Der gesuchte Winkel a ist durch folgende Formeln bestimmt:

z = cos(a) = <x,y>/(|x|*|y|). a = arcos(z). Der Winkel ist Rückgabewert der zu programmierenden Methdode vekWink(), die folgenden Prototyp haben soll:

Prototyp: **static double vekSKP(double x[], double y[])**

8.4 Der Bubble Sortieralgorithmus

Gegeben ist ein Feld **s1[]** der Länge **n** mit n ≥ 2 und eine *Anordnungsrelation* „≤" („kleiner gleich") für die Komponenten des Feldes. Je nach Art des Feldinhaltes (Zahlen oder Zeichenketten) sollen die Komponenten des Feldes bezüglich der Anordnungsrelation numerisch aufsteigend oder alphabetisch aufsteigend angeordnet, das heißt *sortiert*, werden.

Ziel: Nach dem *Sortieren* soll gelten: **s1[i] ≤ s1[i+1]** für alle i mit 0 ≤ i < n-1

Verfahren: Das Verfahren ist der Bubble Sort Algorithmus. Zunächst wird geprüft, ob das Feld s1[] bereits in der gewünschten sortierten Form vorliegt. Für diese

Prüfung wird ein *Schalter* **zs** eingeführt. Mit **zs** wird gemerkt, ob das Feld s1[] noch zu sortieren ist. Es gilt folgende Definition:

zs = 1 ⇔ s1[] ist noch zu sortieren

zs = 0 ⇔ s1[] ist sortiert.

Wenn s1[] *nicht* sortiert ist, das heißt, wenn es Indizes i mit s1[i] > s1[i+1] gibt, müssen die betreffenden Wertepaare (s1[i], s1[i+1]) zyklisch vertauscht werden. Dieser Tausch benutzt einen Hilfsspeicher h:

h=s1[i];
s1[i]=s1[i+1];
s1[i+1]=h;

Nach diesem Tausch gilt für das Wertepaar: s1[i] ≤ s1[i+1]. Das Feld s1[] wird solange mit einer Schleife, die unter der Bedingung **zs == 1** steht, kontrolliert, bis alle Wertepaare die Anordnungsrelation erfüllen.

BSP. 1: Sortieren eines Feldes s1[] mit 5 Komponenten.

Tabelle 8-1:   Sortieren eines Feldes

Komponente	Schritte der Kontrollschleife (Zustand von s1[])			
	vor 1. Schritt	nach 1. Schritt	nach 2. Schritt	nach 3. Schritt
0	3.1	2.5	-1.2	-1.2
1	2.5	-1.2	1.3	-0.5
2	-1.2	1.3	-0.5	1.3
3	1.3	-0.5	2.5	2.5
4	-0.5	3.1	3.1	3.1

Anm. 1: Man sieht, dass bestimmte Komponenten bei diesem Sortierverfahren (hier in BSP. 1 (Startwert): s1[4] = -0.5) „langsam" nur Schritt für Schritt in die richtig sortierte Position kommen. Diese „langsame" Sortierbewegung wurde von Informatikern mit dem Aufsteigen von Luftblasen („bubble") in einem Aquarium verglichen. Dieses gab dem Algorithmus den Namen.

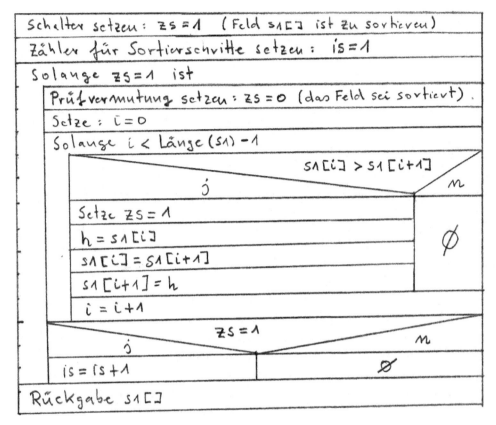

Abbildung 8-3: **Struktogramm des Bubble Sort Algorithmus**

8.4.1 Übung

Programmieren Sie eine Klasse **VekSort** zum Sortieren von Eingabevektoren, so dass im Ergebnis die Komponenten des Vektors numerisch aufsteigend angeordnet sind. Die **main()** Methode soll folgendes leisten: a) Solange der Anwender es will, kann er mit der Methode **vekein1()** (vgl. BSP. 1, Kapitel 8.3) Vektoren von der Tastatur einlesen. b) Jeder dieser Vektoren wird mit der Methode **bubbleVek()**

gemäß des Bubble Sort Algorithmus sortiert. c) Nach der Sortierung wird der sortierte Vektor mit der Methode **vekaus()**(vgl. BSP. 3, Kapitel 8.3) ausgegeben.

Die Methode **bubbleVek()** soll gemäß dem folgenden Prototyp programmiert werden:

static double[] bubbleVek(double x[], boolean d)

Mit: d == true   ⇔   nach jedem Sortierschritt wird der x[] ausgegeben.

             d == false   ⇔   keine Ausgabe.

8.5   Das Sieb des Eratosthenes zur Bestimmung von Primzahlen

Def. 1: Eine natürliche Zahl **p** heißt *Primzahl*, wenn sie nur sich selber und die 1 als Teiler hat.

Die Idee des Siebs des Eratosthenes liegt darin, dass man in der Folge aller natürlichen Zahlen bis zu einer Zahl N ab 2 alle die Zahlen streicht, die Vielfache einer vorhergehenden Zahl sind. Das heißt, man streicht alle Vielfachen von 2, dann von 3. Wenn man zur 4 kommt, ist diese als Vielfache von 2 bereits gestrichen. Dann streicht man die Vielfachen von 5, von 7, von 11, von 13, von 17 usw. Mit dem gleichen Argument wie bei der 4 brauchten die 6, die 8, die 9, die 12, die 14, die 15 usw. mit ihren Vielfachen nicht mehr betrachtet zu werden. Nachdem alle Vielfachen gestrichen sind, bleiben nur noch die Primzahlen übrig. Wir illustrieren dieses an der Berechnung der Primzahlen bis N = 80 (s. Abbildung 8-4).

Die Menge **MP** der *nicht gestrichenen Zahlen* sind die Zahlen, die keine Vielfachen einer kleineren natürlichen Zahl sind, das heißt, sie sind die *gesuchten Primzahlen*. Für N = 80 ist

MP = { 2, 3, 5, 7, 11, 13, 17, 19, 23, 29, 31, 37, 41, 43, 47, 53, 59, 61, 67, 71, 73, 79}.

2   3   4̸   5   6̸   7   8̸   9̸   1̸0̸

11 1̸2̸ 13 1̸4̸ 1̸5̸ 1̸6̸ 17 1̸8̸ 19 2̸0̸

2̸1̸ 2̸2̸ 23 2̸4̸ 2̸5̸ 2̸6̸ 27 2̸8̸ 29 3̸0̸

31 3̸2̸ 3̸3̸ 3̸4̸ 3̸5̸ 3̸6̸ 37 38 3̸9̸ 4̸0̸

41 4̸2̸ 43 44 4̸5̸ 4̸6̸ 47 4̸8̸ 4̸9̸ 5̸0̸

5̸1̸ 5̸2̸ 53 5̸4̸ 5̸5̸ 5̸6̸ 5̸7̸ 5̸8̸ 59 6̸0̸

61 6̸2̸ 6̸3̸ 64 6̸5̸ 6̸6̸ 67 6̸8̸ 6̸9̸ 7̸0̸

7̸1̸ 7̸2̸ 73 7̸4̸ 7̸5̸ 7̸6̸ 7̸7̸ 7̸8̸ 79 8̸0̸

71 7̸2̸ 73 7̸4̸

Vielfache von 2 : /   Vielfache von 3 : —
Vielfache von 5 : \   Vielfache von 7 : |

Abbildung 8-4: Das Sieb des Eratosthenes für die Primzahlen unter N = 80

Anm. 1: Die vier Primzahlen i = 2, 3, 5 und 7 reichen aus, um alle Primzahlen bis N = 120 zu bestimmen. Erst die Zahl N = 121 = 11 * 11, die ein reines Vielfaches von 11 ist, erfordert, dass man i = 11 als weiteren Geber von Vielfachen hinzu nimmt.

Der Algorithmus des Siebs des Eratosthenes ist ein *feldbasierter Algorithmus*, weil für jede Prüfung der Vielfachen das Feld der natürlichen Zahlen bis N immer wieder erneut durchlaufen werden muss. Für dieses Feld, im weiteren erat[] genannt, gilt folgende *Konvention*:

k ist Primzahl ⇔ erat[k] = 1   bzw. k ist *Vielfaches* einer Zahl i ⇔ erat[k] = 0

Aufgrund dieser Vorüberlegungen sind wir nun in der Lage, den Algorithmus des Siebs des Eratosthenes als Struktogramm zur Bestimmung aller Primzahlen unter einer gegebenen natürlichen Zahl N zu beschreiben (s. Abbildung 8-5).

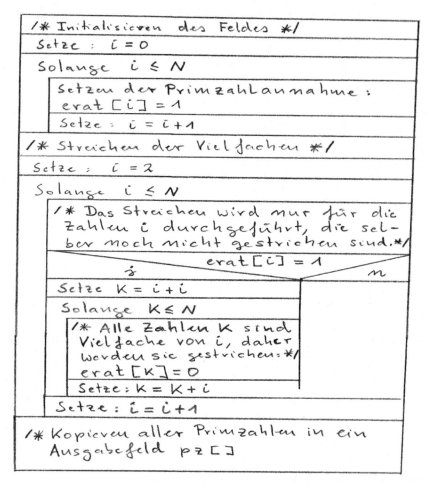

Abbildung 8-5: **Struktogramm des Siebs des Eratosthenes für eine gegebene Zahl N**

Der Algorithmus des Siebs des Eratosthenes wird durch eine statische Methode **sieb()** programmiert, die einer Klasse **Era** angehört und folgenden Prototyp hat:

static int[] sieb(int N)

Die Methode sieb() bekommt die natürliche Zahl N übergeben, bis zu der alle Primzahlen bestimmt werden sollen, die kleiner oder gleich N sind. Die Methode sieb() gibt das Feld der gefundenen Primzahlen zurück.

Die Klasse Era enthält neben der Methode sieb() eine **main()**-Methode und eine Methode zur Ausgabe eines Primzahlenfeldes **alleaus()** mit Prototyp **static void alleaus(int p[])**. Weiterhin könnte die Klasse **Era** weitere Methoden zur Primzahlverarbeitung enthalten, zum Beispiel eine Methode **zwilling()** (siehe unten: Übung Ü1), mit der alle Primzahlzwillinge im Feld der gefundenen Primzahlen bestimmt und zurückgegeben werden. Die Klasse Era **besitzt** daher folgendes konzeptionelle Modulübersichtsdiagramm:

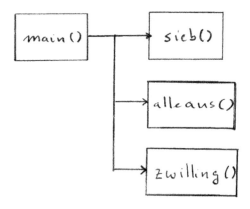

Abbildung 8-6: **Modulübersichtsdiagramm der Klasse Era**

BSP. 1: Der Quelltext der Klasse **Era** ohne die noch in Übung **Ü1** zu programmierende Methode zwilling() lautet:

```
/*****************************************************************/
/* Verfasser: Prof. Dr. Gregor Büchel                          */
/* Source    : Era.java                                        */
/* Zweck     : Berechnung von Primzahlen mit dem Sieb          */
/*             des Erathostenes.                               */
/* Stand     : 18.11.2005                                      */
/*****************************************************************/
```

```
class Era
{
 public static void main(String args[])
 {int i, k, n=0, m, r=1;
  int p[], pzw[];
  System.out.println("Bis zu welcher Zahl einschliesslich sollen Primzah-
len berechnet werden?");
  n=IO1.einint();
  p=sieb(n);
  System.out.println("Prinmzahlen kleiner gleich "+n+" sind:");
  alleaus(p);
 }

 static void alleaus(int p[])
 {int i;
  for(i=0; i<p.length; i++)
  {System.out.print(p[i]+" ");
   if ((i+1)%7==0) System.out.println(" ");
  }
  System.out.println(" ");
 }

 static int[] sieb(int N)
 {int i, k, j, erat[], pz[]=null;
  if (N<1)
  { System.out.println("Array-Dimension N falsch: N="+N+" !!!");
    return pz;
  }
  erat = new int[N+1];
  /* Primzahlannahme setzen */
  for (i=0; i<=N; i=i+1)
  { erat[i]=1;
  }
  /* Sieb */
  for (i=2; i<=N; i=i+1)
  { if (erat[i]==1)
    { for (k=i+i; k<=N; k=k+i)
      { erat[k]=0;
      }
    }
  }
  /* Ergebnisausgabe */
  k=0;
  for (i=2; i<N; i=i+1)
  { if (erat[i]==1) k=k+1;
  }
```

```
    System.out.println(k+" Primzahlen gefunden.");
    pz = new int[k];
    j=0;
    for (i=2; i<N; i=i+1)
    { if (erat[i]==1)
      { pz[j]=i;
        j=j+1;
      }
    }
    return pz;
  }
}
```

Nachfolgend ist das RUNTIME Protokoll des obigen Programms für den Testfall N=1000 angegeben:

```
C:\gbTBFormat>java Era
Bis zu welcher Zahl einschliesslich sollen Primzahlen berechnet werden?
1000
168 Primzahlen gefunden.
Prinmzahlen kleiner gleich 1000 sind:
2 3 5 7 11 13 17
19 23 29 31 37 41 43
47 53 59 61 67 71 73
79 83 89 97 101 103 107
109 113 127 131 137 139 149
151 157 163 167 173 179 181
191 193 197 199 211 223 227
229 233 239 241 251 257 263
269 271 277 281 283 293 307
311 313 317 331 337 347 349
353 359 367 373 379 383 389
397 401 409 419 421 431 433
439 443 449 457 461 463 467
479 487 491 499 503 509 521
523 541 547 557 563 569 571
577 587 593 599 601 607 613
617 619 631 641 643 647 653
659 661 673 677 683 691 701
709 719 727 733 739 743 751
757 761 769 773 787 797 809
811 821 823 827 829 839 853
857 859 863 877 881 883 887
907 911 919 929 937 941 947
953 967 971 977 983 991 997
```

8.6   Aufrufprinzipien für Methoden: Call by Value, Call by Reference

Def. 1: Wenn eine Methode **mb()** von einer Methode **ma()** aufgerufen wird, unterscheidet man zwei *Aufrufrufprinzipien*:

Die Methode **mb()** enthält in der Signatur ihrer Übergabeparameter *nur einfache Datentypen*, dann werden beim Aufruf auch nur Werte von diesen Datentypen übergeben. Man spricht dann vom *Aufruf durch Wertübergabe (Call by Value =: CbV)*.

Die Methode **mb()** enthält in der Signatur ihrer Übergabeparameter *mindestens einen Referenzdatentyp*. Der Aufruf der Methode wird für die Referenzvariable mit Übergabe eines Referenzwerts, das heißt mit einem Adresswert ausgeführt. Man spricht dann vom *Aufruf durch Referenzübergabe (Call by Reference =: CbR)*. Beim Aufruf durch Referenzübergabe wird mindestens eine *Adresse* an die Methode **mb()** übergeben.

Anm. 1: Im Fall des Call by Value sind alle Übergabeparameter der Methode mb() von einem einfachen Datentyp EDT. Man kann daher den Prototyp[7] dieser Methode in Java unter Kenntnis aller einfachen Datentypen in folgender Form beschreiben:

[static] DTR mb(EDT1 v1, EDT2 v2, …, EDTm vm)

Für alle Datentypen der Übergabeparameter **EDTi (1 ≤ i ≤ m)** gilt daher in Java:

EDTi ∈{byte, short, int, long, float, double, boolean, char}[8]

Anm. 2: Als grundlegende Eigenschaft von Feldern (Arrays) hatten wir kennengelernt, dass diese *Referenzdatentypen* sind. Das heißt, bei einer Methode, die ein Feld übergeben bekommt, liegt der Fall Call by Reference vor.

---

[7]   Im Prototyp ist hier der Qualifizierer static in eckigen Klammern gesetzt, da die Prinzipien CbV und CbR sowohl für statische als auch, wie wir später noch sehen werden, für nicht statische Methoden gelten.

[8]   Zum Datentyp char, der zur Veraltung einzelner Zeichen dient, vgl. das folgende Kapitel „Zeichen und Zeichenketten".

BSP. 1: Die Methode vekBet(), die für einen Vektor $\mathbf{x} \in \mathbb{R}^n$ den Vektorbetrag ausrechnet, hat folgenden Prototyp: **static double vekBet(double x[])**

Der Aufruf der Methode vekBet() unterliegt dem Prinzip Call by Reference, da der Vektor durch ein Feld x[] verwaltet wird. Beim Aufruf von vekBet() wird die Adresse übergeben, wo das Feld im RAM gespeichert ist. In nachfolgender Abbildung 8-7 ist die Adresse des Feldes x[] fiktiv mit dem Adresswert 4711 angenommen. Die Adresse eines Feldes ist die Adresse des ersten Bytes der ersten Feldkomponente x[0]. Die Referenz = Adresse des Feldes wird beim Methodenaufruf durch den *Feldnamen* repräsentiert. Nachfolgend dokumentieren wir den **CbR** Aufruf der Methode **vekBet()** aus der main()-Methode einer Klasse VekBetAnw:

      double x[] = {-1.3, 1.5, 2.0, 2.5};   /* Anlegen von x[] (A)*/

      double w;

      w = vekBet(x);   /* CbR Aufruf (B) */

      System.out.println("Der Betrag: |x| = "+w);

Dieser Aufruf produziert folgendes Laufzeitverhalten:

C:\gbTBFormat>java VekBetAnw

Der Betrag: |x| = 3.7669616403674726

Für jeden Aufruf einer Methode wird in einem besonderen RAM Segment, dem STACK (engl.: Stapel) eine Zeile angelegt, die alle Übergabewerte, die an die aufgerufene Methode übergeben werden, enthält. Die Stackzeile kennt zwei Zustände: a) beim Start der Methode, das heißt, beim Aufruf der Methode, b) bei Ende der Methode, wenn die return Anweisung ausgeführt wurde. Beide Zustände sind nachfolgend angegeben:

a) Beim Aufruf der Methode **vekBet()**:

	4711	vekBet(4711)

b) Beim Ende der Methode **vekBet()**:

3.766961...	4711	vekBet(4711)

Nachfolgend ist der Quelltext der Klasse VekBetAnw, deren main()-Methode die Methode vekBet() als CbR aufruft, angegeben:

```
/**********************************************************/
/* Verf.:   Prof. Dr. Gregor Büchel                      */
/* Zweck:   Berechnung des Vektorbetrags (cbR) mit Methode*/
/*          vekBet()                                     */
/* Quelle: VekBetAnw.java                                */
/* Stand:   27.10.2006                                   */
/**********************************************************/
class VekBetAnw
{public static void main(String args[])
 {double x[] = {-1.3, 1.5, 2.0, 2.5};      /* Anlegen von x[] (A)*/
  double w;
  w = vekBet(x);                   /* CbR Aufruf (B) */
  System.out.println("Der Betrag: |x| = "+w);
 }

 static double vekBet(double x[])
 {double sum=0.;
  int i;
  /* Berechnung des Vektorbetrags */
  for (i=0; i<x.length; i++)        /* (C) */
  {sum=sum+x[i]*x[i];
  }
  sum=Math.sqrt(sum);
  return sum;                           /* (D) */
 }
}
```

Anm. 2: Beim CbV Aufruf werden Werte, beim CbR Aufruf werden Adressen übergeben. Das, was übergeben wird, sind Kopien von Werten bzw. Adressen der aufrufenden Methode. Änderungen an diesen Kopien in der aufgerufenen Methode haben keine Wirkung auf die ursprünglichen Werte bzw. Adressen in der aufrufenden Methode. Es besteht ein wichtiger Unterschied zwischen dem CbV und CbR Aufruf: Der Speicherbereich, auf den beim CbR durch die Adressübergabe referenziert wird, kann in seinem Wertebestand durch die aufgerufene Methode *über die Laufzeitdauer der Methode* hinaus *geändert* werden. Beim CbV Aufruf können zwar innerhalb der aufgerufenen Methode die Übergabewerte geändert werden, aber diese Änderung ist nach Laufzeitende der aufgerufenen Methode *nicht* mehr wirksam. Dieses unterschiedliche Verhalten dokumentieren wir an Hand der Methoden **mCbV()** und **mCbR()** einer Klasse CVR1, die intern Werteänderungen vornehmen, aber nur bei der CbR Methode ist diese Änderung nach Laufzeitende noch wirksam.

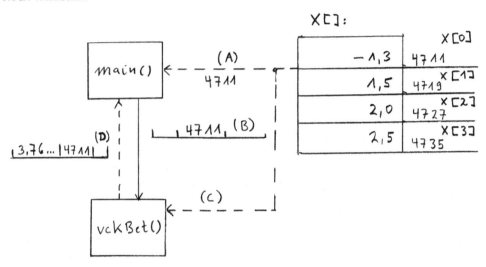

Abbildung 8-7: CbR Aufruf der Methode vekBet()

Die Methode **mCbV()** hat den Prototyp: **static int mCbV(int a, int b, int c)**.

Die Methode **mCbR()** hat als Übergabeparameter eine Referenzvariable x[], ihr Prototyp lautet: **static int mCbR(int x[])**.

Beide Methoden berechnen Quadratzahlen aus den übergebenen Werten, speichern diese in den Übergabevariablen und geben die Summe der Quadrate zurück. Der Unterschied ist, wie man im nachfolgenden RUNTIME-Protokoll sieht, dass in der main()-Methode nach Ausführung der Methode **mCbV()** die *Änderungen* an **a**, **b** und **c** *nicht wirksam* sind, während Sie nach Ausführung von **mCbR()** im Feld **x[]** *wirksam bleiben*.

Der Quelltext der Klasse CVR1 lautet:

```
/*******************************************************/
/* Verf.:   Prof. Dr. Gregor Büchel                    */
/* Zweck:   Die Methoden mCbV() (CbV Aufruf) und mCbR() */
/*          (CbR Aufruf) bewirken unterschiedliches Ver- */
/*          halten im Speicherbereich der Übergabeparame- */
/*          ter nach Ende der Laufzeit der aufgerufenen  */
/*          Methoden in der aufrufenden Methode (hier ist */
/*          die main() Methode).                         */
/* Stand:   27.10.2006                                   */
/*******************************************************/
class CVR1
{public static void main(String args[])
 {int a=3, b=4, c=5;
  int x[] = {3, 4, 5};
  int q;
  q = mCbV(a,b,c); /* CbV Aufruf */
  System.out. println("Ergebnis nach CbV Aufruf: Summe: "+q);
  System.out.println("Zustand der Uebergabewerte: "+a+" "+b+" "+c);
  q = mCbR(x);              /* CbR Aufruf */
  System.out. println("Ergebnis nach CbR Aufruf: Summe: "+q);
  System.out.println("Zustand des Uebergabefelds: "+x[0]+" "+x[1]+"
"+x[2]);
 }

 static int mCbV(int a, int b, int c)
 {int s=0;
  a=a*a;
  b=b*b;
  c=c*c;
  System.out.println("mCbV(): Zustand der Uebergabewerte: "+a+" "+b+"
"+c);
  s=a+b+c;
  return s;
 }

 static int mCbR(int x[])
 {int s=0, i;
  for (i=0; i<x.length; i++)
  {x[i]=x[i]*x[i];
   s=s+x[i];
  }
  return s;
 }
}
```

Zustand des Stacks beim Start Methode **mCbV()**:

	3, 4, 5	mCbV(3,4,5)

Zustand des Stacks beim Start Methode **mCbR()**. Hierbei ist angenommen, dass die **Startadresse** des Feldes **x[]** im RAM die symbolische Adresse **4950** sei.

	4950	mCbR(4950)

Das RUNTIME Protokoll während der Ausführung der main()-Methode der Klasse CVR1:

C:\gbTBFormat>java CVR1

mCbV(): Zustand der Uebergabewerte: 9 16 25

Ergebnis nach CbV Aufruf: Summe: 50

Zustand der Uebergabewerte: 3 4 5

Ergebnis nach CbR Aufruf: Summe: 50

Zustand des Uebergabefelds: 9 16 25

8.7 Lernziele zu Kapitel 8

1. Den Modulbegriff verstanden haben und erklären können.
2. Wissen, dass und wie man die Modularisierung in Java mit Methoden implementiert.
3. Statische Methoden programmieren können. Hierbei sollen die typischen Arbeitsschritte beherrscht werden: a) Definition einer Methode durch einen Prototyp. b) Programmierung der Aufrufe von Methoden. c) Programmierung von statischen Methoden gemäß Prototyp.
4. Den Zweck von void als Datentyp des Rückgabewerts einer Methode erklären können. In bestimmten Anwendungsfällen Methoden ohne Übergabewerte programmieren können.

5. Die Fähigkeit haben, den modularisierten Entwurf eines Programmsystems durch ein Modulübersichtsdiagramm beschreiben zu können.

6. Methoden, die Felder als Übergabewerte oder als Rückgabewert haben, programmieren können.

7. Den Bubble Sortieralgorithmus programmieren können.

8. Das Sieb des Eratosthenes zur Primzahlbestimmung programmieren können.

9. Die Unterschiede eines CbV Aufrufs einer Methode gegenüber dem CbR Aufruf einer Methode erklären können.

9 Zeichen und Zeichenketten

Bisher haben wir numerische Daten wie ganze und rationale Zahlen oder logische Daten wie die Wahrheitswerte **true** und **false** betrachtet. In diesem Kapitel wollen wir lernen, wichtige *nicht numerische Daten* zu verarbeiten: Hierzu zählen *Zeichen*, wie 'A', 'w' oder '#' und Zeichenketten, wie "Kondensator", "Otto der Große" und "Rechnungsbetrag: 12.95 EUR".

9.1 Zeichen: Der Datentyp char

Zeichen gehören einem Zeichensatz, das heißt, einem *Alphabet* **AZ** an. Wir betrachten folgende Beispiele von Zeichensätzen:

1. Das Alphabet der Binärziffern: **A2** = {0,1}.
2. Das Alphabet der Dezimalziffern: **A10** = {0,1,2,3, …,8,9}
3. Das Alphabet der Hexadezimalziffern: **A16** = {0,1,2,3, …, 8,9,a,b,c,d,e,f}
4. Das Alphabet der großen lateinischen Buchstaben: **A26** = {A,B,C, …, X,Y,Z}
5. Der erweiterte ASCII-Zeichensatz: **A256** = {Z0, Z1, …, Z254, Z255}

   ASCII steht für American Standard Code for Information Interchange. Dieser Zeichensatz wurde in den 70er Jahren festgelegt und bildete eine Grundlage für die Programmiersprache C. Der erweiterte ACSII Zeichensatz (= ISO 8859-1 Zeichensatz[9]) ist ein 1 Byte Zeichensatz: Mit einem Byte lassen sich $256 = 2^8$ verschiedene vorzeichenlose ganze Zahlen, die Nummern der ASCII-Zeichen darstellen. Zwischen der internen Darstellung eines ASCII-Zeichens als Nummer und der externen Darstellung als „druckbares" Zeichen besteht eine 1:1-Beziehung. Zum Beispiel gilt: **A26** ⊂ **A256** (das Alphabet der großen lateinischen Buchstaben ist Teilmenge des ASCII-Zeichensatzes. Jedem großen latei-

---

[9] Vgl.: http://en.wikipedia.org/wiki/ISO-8859-1#ISO-8859-1

nischen Buchstaben ist genau eine ASCII-Nummer i mit $65 \leq i \leq 90$ zugeordnet. Es gilt: Z65 = 'A', Z66 = 'B', ..., Z90 = 'Z'.

Der ASCII-Zeichensatz lässt sich in zwei Teilmengen zerlegen **A256 = A128 ∪ E128**. Hierbei ist **A128** der ursprüngliche ASCII-Zeichensatz (ISO-7-BIT-Code) und **E128** = {Z128, Z129, ..., Z255} der obere Zeichensatz, der zum Beispiel Sonderzeichen wie Z169 = '©', Z196= 'Ä' oder Z248='ø' enthält.

Während der ursprüngliche ASCII-Zeichensatz überall identisch (auf der Tastatur, in der Konsole, im Editor, in einem Textverarbeitungsprogramm) dargestellt wird, kann es passieren, dass Zeichen des oberen Zeichensatzes in der Darstellung auf der Konsole von der Darstellung im Editor abweicht.

6.   Der UNICODE-Zeichensatz: **AU** = {Z0, Z1, ..., Z255, ..., ZM}

Der UNICODE-Zeichensatz wurde in den 90er Jahren festgelegt und bildet eine Grundlage für neuere PC-Betriebssysteme und die Programmiersprache Java. Er ist ein 2 Byte Zeichensatz: Mit zwei Byte lassen sich $65536 = 2^{16}$ verschiedene vorzeichenlose ganze Zahlen, die Nummern der UNICODE-Zeichen darstellen (M=65535). Zwischen der internen Darstellung eines UNICODE-Zeichens als Nummer und der externen Darstellung als „druckbares" Zeichen besteht wie bei den ASCII-Zeichen eine 1:1-Beziehung. Es gilt: **A256 ⊂ AU**, das heißt, der erweiterte ASCII-Zeichensatz ist die Teilmenge der ersten 256 Zeichen im UNICODE-Zeichensatz[10].

Der UNICODE hat zur Internationalisierung des Internets beigetragen. Während der erweiterte ASCII-Zeichensatz nur die Buchstaben der west- und mitteleuropäischen Sprachen darstellt, ist es mit dem UNICODE möglich, viele andere der in der Welt relevanten Schriftsprachen (Arabisch, Chinesisch, Japanisch, Russisch u.v.a.m.) darzustellen.

Nachfolgend dokumentieren wir die Teilmengen des ursprünglichen ASCII-Zeichensatzes **A128**.

---

10   Vgl.: http://www.unicode.org/charts/

Tabelle 9-1: **Teilmengen des ASCII-Zeichensatzes**

Teilmenge	Zeichenbereich	Zeichen
Steuerzeichen	Z0 – Z31	<nicht druckbar>
Sonderzeichen 1	Z32 – Z47	' ' │ '!' │ '"' │ '#' │ '$' │ '%' │'&' │ ''' │ '(' │ ')' │ '*' │ '+' │',' │ '-' │ '.' │ '/' │
Dezimalziffern	Z48 – Z57	'0' │ '1' │ '2' │ '3' │ '4' │ '5' │'6' │ '7' │ '8' │ '9' │
Sonderzeichen 2	Z58 – Z64	':' │ ';' │ '<' │ '=' │ '>' │ '?' │'@' │
Große lateinische Buchstaben	Z65 – Z90	'A' │ 'B' │ 'C' │ 'D' │ 'E' │ 'F' │'G' │ 'H' │ 'I' │ 'J' │ 'K' │ 'L' │'M' │ 'N' │ 'O' │ 'P' │ 'Q' │ 'R' │'S' │ 'T' │ 'U' │ 'V' │ 'W' │ 'X' │'Y' │ 'Z' │
Sonderzeichen 3	Z91 – Z96	'[' │ '\' │ ']' │ '^' │ '_' │ ''' │
Kleine lateinische Buchstaben	Z97 – Z122	'a' │ 'b' │ 'c' │ 'd' │ 'e' │ 'f' │'g' │ 'h' │ 'i' │ 'j' │ 'k' │ 'l' │'m' │ 'n' │ 'o' │ 'p' │ 'q' │ 'r' │'s' │ 't' │ 'u' │ 'v' │ 'w' │ 'x' │'y' │ 'z' │
Sonderzeichen 4	Z123 – Z127	'{' │ '|' │ '}' │ '~' │ '⌂' │

Anm. 1: Das ASCII-Zeichen Z127 (DEL) gilt auch als nicht druckbares Steuerzeichen.

Anm. 2: Zwischen der ASCII-Nr. **ig** eines großen Buchstabens ($65 \leq ig \leq 90$) und der ASCII-Nr. **ik** des zugehörigen kleinen Buchstabens ($97 \leq ik \leq 122$) besteht immer die Beziehung: **ik = ig + 32**.

Def. 1: Der Datentyp zur Verwaltung einzelner UNICODE-Zeichen ist der 2 Byte Datentyp **char**. Die *allgemeine Syntax* der Deklaration einer Variable **x** vom Datentyp **char** lautet: **char x;**

Def. 2: Eine *Zeichenkonstante* ist ein Zeichen **Z**, das in ein Paar von einfachen Hochkommata eingeschlossen ist. *Allgemeine Syntax*: **'Z'.** Hierbei ist **Z** ein beliebiges im Editor darstellbares Zeichen.

Anm. 1: Zeichenkonstanten können einer Variablen vom Typ **char** zugewiesen werden. Zum Beispiel: char x ,y, z, w;

$$x='a';$$
$$y='Z';$$
$$z='7';$$
$$w='\#';$$

Anm. 2: Die Klasse **IO1** verfügt über eine Methode **einchar()**, mit dem Zeichen von der Tastatur eingelesen werden können:

char x;

x=IO1.einchar();

Anm. 3: Jedes Zeichen kann entweder über seine UNICODE-Nummer oder als *darstellbares Zeichen* angesprochen werden. Um diesen Zweck in einem Java-Programm zu erreichen, nutzen wir die *Konvertierung* eines Werts vom Typ **char** in einen Wert vom Typ **int** und *umgekehrt*. Die Konvertierung wird jeweils mit dem *cast* Operator ausgeführt. Diese Konvertierung in beide Richtungen wird in dem nachfolgenden Programmstück ausgeführt:

```
char x, y;
int a,b;
/* Konvertierung: char -> int */
/* Geg.: x, Ges.: a */
x='D';
a=(int)x;
System.out.println("Darstellbares Zeichen: "+x);
System.out.println("Seine UNICODE-Nr.     : "+a);
/* Konvertierung: int -> char */
/* Geg.: b, Ges.: y */
b=119;
y=(char)b;
System.out.println("UNICODE-Nr. des Zeichens: "+b);
System.out.println("Darstellbares Zeichen    : "+y);
```

Übungen

1. Programmieren Sie eine Klasse **Uzeich**, die aus einer main()-Methode und einer Methode **uniTab()** besteht. In der **main()**-Methode werden die natürlichen Zahlen a und b als Grenzen eines Intervalls [a,b] von UNICODE-Nummern eingelesen. Diese Grenzen werden an die Methode **uniTab()** übergeben. Diese Methode gibt daraufhin die Tabelle der UNICODE-Zeichen von a bis b aus. Die Methode **uniTab()** hat folgenden Prototyp:

   static void uniTab(int a, int b)

2. Programmieren Sie eine Klasse **UniZahl**, deren main()-Methode folgendes leisten soll: a) Zunächst wird eine Konvertierungsrichtung eingelesen: 1 für char -> int, 2 für int -> char. b) Gemäß der Auswahl von a) wird von der Tastatur ein Wert eingelesen (Zeichen oder Zahl). c) Dann wird gemäß a) konvertiert und der eingelesene und der konvertierte Wert ausgegeben. Die Aktionen a) – c) können solange wiederholt werden, wie der Anwender es will.

Def. 3: Auf der Menge der Zeichenausdrücke (char Variablen oder Zeichenkonstanten) sind die *Relation der Gleichheit* == und die *Anordnungsrelationen* < und > definiert: Sind **a** und **b** zwei Zeichenausdrücke und sind **uca** und **ucb** ihre UNICODE-Nummern, dann gilt:

$$a == b \quad \Leftrightarrow \quad uca == ucb$$
$$a < b \quad \Leftrightarrow \quad uca < ucb$$
$$a > b \quad \Leftrightarrow \quad uca > ucb$$

BSP. 1: Für ein eingegebenes Zeichen x soll in einem Programmstück geprüft werden, ob es ein Großbuchstabe ist:

```
char x;
int ux;
x=IO1.einchar();
ux=(int)x;
if ((int)'A'<=ux && ux<=(int)'Z')
   System.out.println(x+" ist Großbuchstabe.");
```

BSP. 2: Für ein eingegebenes Zeichen x soll in einem Programmstück geprüft werden, ob es *kein* Buchstabe, das heißt, weder ein Groß- noch ein Kleinbuchstabe ist:

```
char x;
int ux;
boolean nb;
x=IO1.einchar();
ux=(int)x;
nb= ux<(int)'A'||((int)'Z'<ux && ux<(int)'a')||(int)'z'<ux;
if (nb)
    System.out.println(x+" ist kein Buchstabe. Unicode-Nr.:"+ux);
```

Übung

Begründen Sie folgende Äquivalenz von logischen Ausdrücken:

nb ⇔ !g && !k. Hierbei ist:

$$g = ('A' <= x \&\& x <= 'Z') \text{ und}$$

$$k = ('a' <= x \&\& x <= 'z')$$

Anm. 4: Genauso wie bei anderen elementaren Datentypen können Felder vom Typ char deklariert, angelegt und verarbeitet werden. Deklaration: **char w[];**

Verarbeitungsbeispiele

BSP. 3: Deklaration mit Speicherplatzbeschaffung und Initialisierung:

char w[]={'z', 't', 'i', 'r', 'f'};

BSP. 4: Deklaration, Speicherplatzbeschaffung und Füllen eines Feldes mit den 17 ASCII-Zeichen Z48 – Z64 (Dezimalziffern und Sonderzeichengruppe 2):

char w[];

int i;

w=new char[17];

for(i=48; i<=64; i++)

{ w[i]=(char)i;

System.out.println(" "+w[i]);

}

BSP. 5: Mit einer Klasse SpiegelS sollen Zeichenfelder von der Tastatur eingelesen werden (Methode: **einCF()**). Dann werden alle Nichtbuchstaben durch das Zeichen '-' ersetzt (Methode: **niBErs()**). Dann wird das Feld in Spiegelschrift geschrieben (Methode: **spiegel()**). Zur Probe wird auf das gespiegelte Feld noch einmal die Methode **spiegel()** angewandt. Was ist dann das Ergebnis? Nach jedem Verarbeitungsschritt der **main()**-Methode wird der Zustand des Feldes durch eine Ausgabe dokumentiert (Methode: **ausCF()**). Das Aufrufverhalten der Methoden untereinander ist durch das nachfolgende Modulübersichtsdiagramm beschrieben (Abbildung 9-1). Die Methoden sollen gemäß den folgenden Prototypen programmiert werden:

static char[] einCF(int n)

static char[] niBErs(char w[])

static char[] spiegel(char w[])

static void ausCF(char w[])

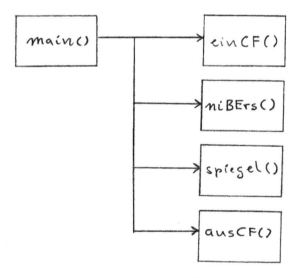

Abbildung 9-1:   Modulübersichtsdiagramm der Klasse SpiegelS

Quelltexte zu ausgewählten Methoden der Klasse SpiegelS:

a) Die Methode **einCF()** zum Einlesen von Zeichenfeldern von der Tastatur:

```
static char[] einCF(int n)
 { char w[];
   int i;
   w=new char[n];
   for (i=0; i<n; i++)
   { System.out.println("Eingabe: w["+i+"]:");
     w[i]=IO1.einchar();
   }
   return w;
 }
```

b) Die Methode **niBErs()** zum Ersetzen von Nichtbuchstaben in einem Zeichenfeld durch das Minuszeichen '-':

```
static char[] niBErs(char x[])
 { char w[];
   int i, ux;
   boolean nb;
   w=new char[x.length];
   for (i=0; i<x.length; i++)
   { w[i]=x[i];
     ux=(int)x[i];
     nb= ux<(int)'A'||((int)'Z'<ux &&  ux<(int)'a')||(int)'z'<ux;
     if (nb) w[i]='-';
   }
   return w;
 }
```

c) Die Methode **spiegel()** zum Schreiben einer Zeichenfolge in Spiegelschrift:

```
static char[] spiegel(char x[])
 { char w[];
   int i, n;
   n=x.length;
   w=new char[n];
   for (i=0; i<n; i++)
   { w[i]=x[n-i-1];
   }
   return w;
 }
```

9.2 Die Klasse String als Datentyp für Zeichenketten

Typische Beispiele für nicht numerische Daten sind Texte, die in einer natürlichen Sprache, zum Beispiel Deutsch, Französisch, Englisch oder Arabisch abgefasst sind. Buchstaben, mit denen die Wörter des Textes geschrieben sind, werden als Zeichen, wie wir gesehen haben, mit dem Datentyp **char** verwaltet. Doch durch welchen Datentyp können die *Wörter* verwaltet werden?

Def. 1: Eine endliche Folge von Zeichen, die als eine Einheit betrachtet wird, heißt *Zeichenkette*.

BSP. 1: Wörter einer natürlichen Sprache werden als Einheiten betrachtet. Ein Wort ist mehr als die Folge seiner Buchstaben, es hat grammatische Eigenschaften, es kann eine oder mehrere Bedeutungen haben, es hat phonetische Eigenschaften (Silben, Betonung, Aussprache). Ein *Wort einer natürlichen Sprache* wird durch eine *Zeichenkette* dargestellt.

Def. 2: Eine *Zeichenkettenkonstante* in Java ist eine endliche Folge von UNICODE-Zeichen, die in ein Paar von Anführungszeichen ("...") eingeschlossen ist: "$w_1w_2w_3...w_N$".

BSP. 2: "Pause", "Algebra", "1077", "fraternité", "<NAME>", "30.11.2010" und "Z" sind Zeichenkettenkonstanten.

Def. 3: *Zeichenkettenkonstanten* werden in Java mit *Instanzen* der Klasse **String** verwaltet. Die Klasse **String** ist ein Referenzdatentyp. Die *allgemeine Syntax* der Deklaration einer Variable **w** vom Datentyp **String** lautet: **String w;**

Anm. 1: Eine Variable **w** vom Datentyp **String** kann auf zwei Arten Speicherplatz zugeordnet bekommen:

a) Durch *Zuweisung* einer Zeichenkettenkonstanten.

b) Durch Aufruf eines *Konstruktors* der Klasse String. Eigenschaften von Konstruktoren:

- Konstruktoren sind das wesentliche Mittel, um für Instanzen von Klassen Speicherplatz zu beschaffen.

- Konstruktoren tragen den Namen der Klasse.
- Ihnen können Parameter übergeben werden.
- Sie werden mit dem Schlüsselwort **new** aufgerufen.

Wir werden im Folgenden den *Standardkonstruktor* der Klasse String betrachten, der Speicherplatz für eine konstante leere Zeichenkette anlegt. *Allgemeine Syntax* des *Aufrufs* des Standardkonstruktors der Klasse String, wenn x eine Variable vom Typ String ist (Deklaration: **String x;**):

$$x = \text{new String();}$$

Nachfolgend wird für Instanzen w1 und u1 der Klasse String Speicherplatz mit beiden Verfahren angelegt:

a)   String w1;

w1="Fritz";

System.out.println("w1="+w1+".");

b)   String u1;

u1=new String();

System.out.println("u1="+u1+".");

Def. 4: Variablen vom Typ einer Klasse, für die Speicherplatz angelegt wird, heißen *Instanzen* der Klasse.

Anm. 2: Die Klasse **IO1** verfügt über eine Methode **einstring()**, mit dem eine Zeichenkette von der Tastatur eingelesen werden kann:

String x;

x=IO1.einstring();

Anm. 3: Die Klasse **String** ist Datentyp und sie ist wie die Klasse **Math** Methodeninventar. Der Unterschied ist nur, dass die Klasse **Math** statische Methoden beinhaltete, während die Klasse **String** *nicht statische Methoden* enthält. *Nicht statische Methoden* werden mit einer Instanz der Klasse String aufgerufen. Diese Instanz kann als Übergabewert für die nicht statischen Methoden genützt werden.

Die *allgemeine Syntax des Aufrufs* einer *nicht statischen Methode* lautet, falls die Methode **K** Übergabewerte verlangt und einen Rückgabewert vom Typ **DTYP** hat:

    DTYP u;

    u=instanzvariable.methodenname(w1, w2, ..., wK);

BSP. 3: Wir betrachten die nicht statische Methode **length()** der Klasse **String** zur Ermittlung der Länge einer Stringinstanz: Ihr Prototyp lautet: **int length()**

Diese Methode hat keine Übergabeparameter. Sie ermittelt die Länge von der aufrufenden Instanz: Ist zum Beispiel ein String s1 gegeben, so führt die Methode **length()** zu folgendem Ergebnis:

    String s1="Langenfeld";

    int u;

    u=s1.length();   /* => u = 10 */

BSP. 4: Der Aufruf der nicht statischen Methode **length()** erfolgt nun für eine Zeichenkette, die von der Tastatur eingelesen wird:

    String s3;

    int u;

    s3=IO1.einstring();

    u=s3.length();

    System.out.println("Laenge("+s3+")="+u);

9.2.1   Vergleichen von Zeichenketten

Def. 5: Der Vergleich von zwei Zeichenketten s1, s2 wird gemäß der Folge der UNICODE-Nummern der in s1 und s2 enthaltenen Zeichen[11] vorgenommen. Ist s1="u1u2u3...uN" und s2="w1w2...wM", dann gilt:

s1 ist *gleich* s2 :⇔ es ist N=M und für alle i mit $1 \leq i \leq N$ gilt ui == wi.

---

11 Zur *Gleichheit* bzw. zur *Anordnung* von UNICODE-Zeichen vgl. Def. 3, Kapitel 9.1.

s1 ist *kleiner* s2 :⇔ es gibt ein i mit $1 \leq i \leq \min(N,M)$ für das gilt: ui < wi.

s1 ist *größer* s2 :⇔ es gibt ein i mit $1 \leq i \leq \min(N,M)$ für das gilt: ui > wi.

Dieses nennt man die UNICODE-*Anordnung* von s1 und s2. Zur Feststellung von „größer" oder „kleiner" nimmt man jeweils das erste i, auf das die jeweilige obige Bedingung zutrifft.

Anm. 4: In der Klasse **String** prüfen die nicht statischen Methoden **compareTo()** und **equals()** die UNICODE-Anordnung. equals() prüft nur, ob s1 gleich s2 (Rückgabewert true) oder ungleich (Rückgabewert false) sind. compareTo() berechnet für alle i mit $i \leq \min(N,M)$ die Differenz di der UNICODE-Nummern der Zeichen ui von s1 und wi von s2: di= ui – wi. compareTo() endet, wenn ein erstes di mit di!=0 gefunden wird oder wenn N=M und di==0 für alle i mit $1 \leq i \leq N$ ist.

Prototypen: boolean equals(String s2)

                 int compareTo(String s2)

Diese beiden Methoden werden mit der Instanz s1 aufgerufen. Lautet der Aufruf:

int u;

u=s1.compareTo(s2);

Dann gilt:

               s1 kleiner s2   ⇔ u < 0

               s1 gleich s2   ⇔ u = 0

               s2 größer s2   ⇔ u > 0

Für den Aufruf u=s1.compareTo(s2); werden folgende Anwendungsfälle betrachtet (Tabelle 9-2).

Tabelle 9-2:   Anwendungsfälle

s1	Aal	Franz	Hans	Hand	Handtuch	Segeln
s2	Aachen	Fritz	Hans	Handwerker	Hand	segeln
u	9	-8	0	-6	4	-32

Diese Anwendungsfälle können mit folgender Klasse untersucht werden:

```
class StringComp
{public static void main(String args[])
 { String s1, s2;
   int u;
   boolean x;
   System.out.println("Eingabe String s1:");
   s1=IO1.einstring();
   System.out.println("Eingabe String s2:");
   s2=IO1.einstring();
   u=s1.compareTo(s2);
   x=s1.equals(s2);
   System.out.println("Anordnung("+s1+","+s2+")="+u);
   System.out.println(" Gleich? : "+x);
 }
}
```

9.2.2 Felder von Zeichenketten

Bisher haben wir nur Felder von einfachen Datentypen kennengelernt, zum Beispiel double vektor[]; Nun werden wir sehen, dass es auch möglich ist, Felder zu bilden, deren Komponenten einen Referenzdatentyp haben. Wir werden hier Felder von Zeichenketten betrachten.

Anm. 5: Die Arbeitsschritte zur Verarbeitung der Felder von Zeichenketten sind die gleichen, wie wir sie bisher für Felder ausgeführt haben (vgl. Kapitel 7.2 (S1) – (S3) und Anm. 7):

9.2.2.1 (S1) Deklaration eines Zeichenfeldes:

Allgemeine Syntax: **String feldname[];**

Es gibt auch die folgende syntaktische Variante der Deklaration:

String [] feldname;

BSP. 5: Deklaration eines Feldes von Vornamen: **String vnam[];**

9.2.2.2 (S2) Speicherplatzbeschaffung für ein Zeichenfeld:

Allgemeine Syntax: **feldname=new String[n];**

Hierbei ist **n** mit n ≥ 1 die Anzahl der Feldkomponenten, die jeweils eine Zeichenkette enthalten.

BSP. 6: Speicherplatzbeschaffung für das Feld mit den Vornamen:

vnam = new String[n]; (zum Beispiel int n=4;):

9.2.2.3   (S3) Wertzuweisung an eine Feldkomponente:

Allgemeine Syntax: **feldname[i]=WERT;**

Hierbei ist WERT eine Zeichenkettenkonstante oder eine String-Instanz (das heißt, eine Variable vom Typ String, die bereits einen Speicherplatz besitzt).

BSP. 7: Wertzuweisung von Vornamen:

String u="Paul", w="Maria";

vnam[0]="Heidi";

vnam[1]=w;

vnam[2]="Fitz";

vnam[3]=u;

Anm. 6: Man kann die Schritte der Felddeklaration (S1), der Speicherplatzbeschaffung für ein Feld (S2) und die Wertzuweisung für jede Feldkomponente (S3) in einer Initialisierung zusammenfassen.

Allgemeine Syntax: String a[]={ w1, w2, w3, … , wN};

Hierbei müssen die Werte w1, w2, …, wN Zeichenketten sein. Die Feldlänge ist dann N = Anzahl der Werte wi.

BSP. 8: Ein Stringfeld von Ortsnamen:

String orte[] = {"Aachen", "Bonn", "Essen", "Köln", "Solingen"};

Anm. 7: Der Übergabeparameter args[] der main()-Methode ist ein Stringfeld. Wir betrachten hierzu den *Prototyp* der main()-Methode:

public static void main(String args[])

Die Zeichenketten, die die Komponenten des Stringfelds args[] sind[12], werden beim Aufruf der JVM, um eine Klasse auszuführen, auf der *Betriebssystemkommandozeile* übergeben. Beispiel: Aufruf der Klasse StFeld1 mit einer unsortierten Folge von Ortsnamen, die sortiert werden sollen und im Parameter args[] an die main()-Methode übergeben werden:

C:\gbjavat>java StFeld1 Porz Bonn Koeln Kalk Poll Buxtehude

BSP. 9: In der Klasse StFeld1 wird entweder, falls es vorhanden ist, das Stringfeld args[] oder ein erfasstes Eingabefeld mit dem Bubble-Sort sortiert und ausgegeben. Zur Dokumentation des Programmsystems der Klasse ist ein Modulübersichtsdiagramm und ein Struktogramm der main()-Methode angegeben. Neben der main()-Methode enthält die Klasse die Methoden stFEin() zur Erfassung, stFBubble() zum Sortieren und stFAus() zur Ausgabe eines Stringfeldes. Beim Sortieren wird die compareTo() Methode der Klasse String (vgl. Anm. 4) angewandt.

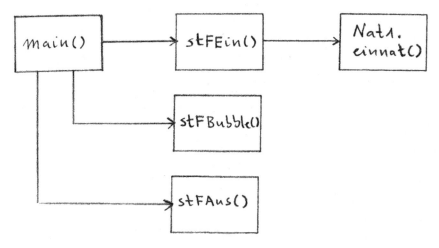

Abbildung 9-2:   Modulübersichtsdiagramm der Klasse StFeld1

---

12 Der festgelegte Feldname **args** steht für „arguments" (Argumente).

Die Prototypen der Methoden der Klasse StFeld1 außer der main()-Methode sind:

static String[] stFEin()

static String[] stFBubble(String se[])

static void stFAus(String x[])

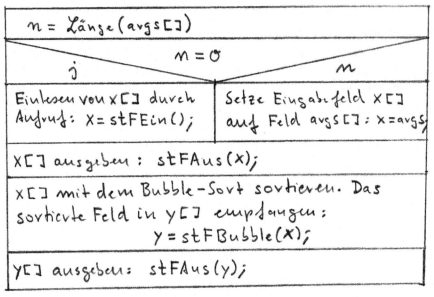

Abbildung 9-3: **Struktogramm der main()-Methode der Klasse StFeld1**

Quelltext der Klasse StFeld1:

```
/****************************************************************/
/* Verf.:   Prof. Dr. Gregor Büchel                          */
/* Zweck:   Den Parameter args[] auswerten oder, falls er    */
/*          nicht gefuellt ist, Stringfelder von der Ta-     */
/*          statur einlesen. Die Stringfelder werden sor-    */
/*          tiert und ausgegeben.                            */
/* Quelle:  StFeld1.java                                     */
/* Stand:   27.10.2010                                       */
/****************************************************************/
class StFeld1
```

```
{public static void main(String args[])
 {String x[], y[];
  int m=1,n;
  /* x[] aus args[] oder durch Eingabe fuellen: */
  n=args.length;
  if (n==0)
  {System.out.println("Stringfeld x[] eingeben:");
   System.out.println("Anzahl der Komponenten :");
   x=stFEin();
  }
  else x=args;
  /* x[] ausgeben: */
  System.out.println("Das ein- oder uebergebene Stringfeld:");
  stFAus(x);
  /* x[] mit dem Bubble-Sort sortieren: */
  y=stFBubble(x);
  /* Das sortierte Feld y[] ausgeben: */
  System.out.println("Das sortierte Stringfeld:");
  stFAus(y);
 }

 static String[] stFBubble(String se[])
 {String sfs[], h;
  int n, zs=1, i, k;
  n=se.length;
  sfs=new String[n];
  for (i=0; i<n; i++) sfs[i]=se[i];
  h=new String();
  /* Bubble-Sort */
  while (zs==1)
  {zs=0;
   for (i=0; i<n-1 ; i++)
   {k=sfs[i].compareTo(sfs[i+1]);
    if (k>0)
    { zs=1;
      h=sfs[i];
      sfs[i]=sfs[i+1];
      sfs[i+1]=h;
    }
   }
  }
  return sfs;
 }

 static String[] stFEin()
 { String e[];
   int i, n;
   n=Nat1.einnat();
```

```
    e=new String[n];
    for (i=0; i<n; i++)
    { System.out.println("Eingabe: e["+i+"]:");
      e[i]=IO1.einstring();
    }
    return e;
  }

  static void stFAus(String x[])
  { int i, n;
    n=x.length;
    for (i=0; i<n; i++)
    { System.out.print(" "+x[i]);
    }
    System.out.println("");
  }
}
```

9.2.3   Zeichenketten und Zeichenfelder

Es gibt Anwendungen, in denen einzelne Zeichen oder Zeichenfolgen innerhalb
einer Zeichenkette durch andere Zeichen ersetzt werden sollen. Hierzu ist es erforderlich, dass man Zeichenketten in Zeichenfelder und Zeichenfelder in Zeichenfolgen transformieren kann.

9.2.3.1   Transformation einer Zeichenkette in ein Zeichenfeld

Verfahren: Anwendung der Methode **toCharArray()** der Klasse String.

Prototyp: **char[] toCharArray()**

BSP. 9: String u="Sonnenblume";   /* eine gegebene Zeichenkette */

      char b[];   /* Senke der Transformation */

      b=u.toCharArray(); /* b enthält nun die Folge der Zeichen von u */

9.2.3.2   Transformation eines Zeichenfelds in eine Zeichenkette

Verfahren: Anwendung eines besonderen Konstruktors der Klasse String, der ein
Zeichenfeld als Übergabeparameter hat:

Prototyp: **String(char x[])**

BSP. 10:   char x[]={'x', 'i', 'l', 'e', 'f'};   /* ein gegebenes Zeichenfeld */

String s;   /* Senke der Transformation */

s=new String(x); /* s enthält nun die Zeichenkette "xilef" */

BSP. 11: Die statische Methode **spiegel()** schreibt jede übergebene Zeichenkette **w** in Spiegelschrift auf und gibt die Zeichenkette in Spiegelschrift zurück:

```
static String spiegel(String w)
 { String r;
   char x[], m[];
   int i, n;
   x=w.toCharArray();
   n=x.length;
   m=new char[n];
   for (i=0; i<n; i++)
   { m[i]=x[n-1-i];
   }
   r=new String(m);
   return r;
 }
```

BSP. 12: Die statische Methode **sondErs()** ersetzt alle Zeichen, die keine lateinischen Buchstaben sind (insbes. Sonderzeichen) durch Leerzeichen:

```
static String sondErs(String e)
 {String r;
  char x[];
  boolean a,b,c;
  int i, n, k;
  x=e.toCharArray();
  n=e.length();
  for (i=0; i<n; i++)
  { k=(int)x[i];
    a=(int)'A'<=k && k<=(int)'Z';
    b=(int)'a'<=k && k<=(int)'z';
    c= !a&&!b;
    if(c) x[i]=' ';
  }
  r=new String(x);
  return r;
 }
}
```

9.2.3.3 Übung

Programmieren Sie eine Klasse **StrMan** (Stringmanipulation), deren main()-Methode Zeichenketten von der Tastatur einliest und diese durch Aufruf der Methode spiegel() in Spiegelschrift schreiben lässt. Die main()-Methode macht jeweils die Probe, in dem sie die gespiegelte Zeichenkette mit der Methode spiegel() erneut in Spiegelschrift schreiben lässt. Hierbei muss die ursprüngliche Zeichenkette wieder herauskommen. Weiterhin wird von der main()-Methode für eingelesene Zeichenketten mit Sonderzeichen die Methode sondErs() aufgerufen. Die Ergebniszeichenkette wird von der main()-Methode ausgegeben.

9.2.4   Verketten und Zerschneiden von Zeichenketten

Wichtige Operationen auf Zeichenketten sind das Verketten und Zerschneiden von Zeichenketten. Dieses sind Operationen, die man zum Beispiel bei Wörtern der deutschen Sprache beobachten kann: Aus der Präposition „nach" und dem Verb „denken" entsteht durch Verkettung das neue Verb „nachdenken", aus „Haus" und „Meister" das neue Substantiv „Hausmeister" usw. Das Zerschneiden ist die Umkehroperation: Eine Zeichenkette wird in mehrere Teilketten zerlegt, zum Beispiel „Notbremse" in „Not" und „bremse".

9.2.4.1 Verketten

Für das Verketten von Zeichenketten ist ein zweistelliger Operator + definiert, der aus zwei Zeichenketten eine in Leserichtung verkettete Zeichenkette erzeugt. Dieser Operator ist uns bereits aus der Programmierung der Methode println() bekannt.

Allgemeine Syntax des Verkettungsoperators: u = W1 + W2;

Hierbei ist u eine Variable vom Typ String, *entweder* ist W1 *oder* W2 ein Ausdruck vom Typ String. Der Ausdruck, der kein String ist, wird durch den Verkettungsoperator in einen String konvertiert.

Anm. 8: Alle Variablen, die von einfachen Datentyp (byte, short, int, long, float, double, char, boolean) sind, werden durch Anwendung des Verkettungsoperators in einen Teilstring konvertiert.

BSP. 13: Anwendung des Verkettungsoperators auf eine ganze Zahl und eine Zeichenkette: int x=17;

String u="Fritz",w;

w=u+x; /* Ergebnis: w = " Fritz17" */

w=x+u; /* Ergebnis: w = " 17Fritz" */

BSP. 14: Ein Stringfeld von Vornamen soll durch Anwendung des Verkettungsoperators zu einer einzelnen Zeichenkette verkettet werden, in der die Vornamen durch ein Leerzeichen getrennt sind:

String u, a[]={"Paul", "Moritz", "Heinz", "Otto", "Karl"};

u=a[0];

for (i=1; i<a.length; i++)

{ u=u+" "+a[i];

}

/* Ergebnis: u = "Paul Moritz Heinz Otto Karl" */

BSP. 15: Ein Zeichenfeld soll durch Anwendung des Verkettungsoperators zu einer Zeichenkette transformiert werden (Alternative zur Anwendung des Konstruktors mit der Signatur: String(char x[]) (vgl. Unterkapitel 9.2.3.2):

String u;

char zf[]={'E','r','w','i','n'};

u=""; /* Initialisierung von u mit dem leeren String */

for (i=0; i<zf.length; i++) u=u+zf[i];

/* Ergebnis: u = "Erwin" */

Anm. 9: Man kann zwei Zeichenketten auch mittels der String Methode concat() verketten:

Prototyp: String concat(String h)

BSP. 16:   String u="Koch", v="studio", w;

                     w=u.concat(v); /* Ergebnis: w = "Kochstudio" */

9.2.4.2 Zerschneiden

Um eine Teilkette aus einer gegebenen Zeichenkette auszuschneiden, kann man entweder gemäß Unterkapitel 9.2.3.2 verfahren und die gegebene Zeichenkette in ein Zeichenfeld verwandeln und dann ein Teilfeld komponentenweise einem Zielfeld y[] zuweisen und dieses wieder in eine Zeichenkette transformieren oder man kann die Methode **substring()** der Klasse String benutzen. Diese Methode ist durch zwei Prototypen implementiert:

Prototyp1:   **String substring(int a)**

Leistung: Hier wird die Teilkette ab Position **a** bis zum Ende des gegebenen Strings zurückgegeben. Ist **L** die Länge des gegebenen Strings, so muss für **a** gelten:

$$0 \le a \le L \text{ (x1)}$$

BSP. 17:   String u="Neues Jahr", w;

                     w=u.substring(7); /* Ergebnis: w = "ahr" */

Prototyp2:   **String substring(int a, int b)**

Leistung: Hier wird die Teilkette ab Position **a** bis zur Position **(b-1)** des gegebenen Strings zurückgegeben. Ist **L** die Länge des gegebenen Strings, so muss für **a und b** gelten: $a \le b \le L$ (x2)

BSP. 18:   String u="Neues Jahr", w;

                     w=u.substring(3,5); /* Ergebnis: w = "es" */

Wird bei der Eingabe von a beim Prototyp1 bzw. bei der Eingabe von a und b beim Prototyp2 gegen die Bedingung (x1) bzw. (x2) verstoßen, meldet die JVM den folgenden Ausnahmefall als Laufzeitfehler: **StringIndexOutOfBoundsException**

Ein anderer Anwendungsfall des Zerschneidens liegt vor, wenn eine gegebene Zeichenkette mehrere Teilketten enthält, die durch ein Trennungssymbol **tr** von einander getrennt sind. In diesem Fall möchte man als Ergebnis des Zerschneidens ein Stringfeld haben, das als Komponenten die Teilketten enthält. Dieser Fall des Zerschneidens wird durch die String Methode **split()** ausgeführt:

Prototyp: **String[] split(String tr)**

BSP. 19: String u="1900;2010;2030;4040;5110", w[];

int i;

w=u.split(";");

/* Ergebnis: w ist ein Stringfeld mit 5 Komponenten */

for (i=0; i<w.length; i++) System.out.println(":::"+w[i]);

9.2.5 Konvertierung: Zeichenketten <-> Zahlen

Mit Zeichenketten werden typische Austauschformate für Daten zwischen verschiedenen Programmsystemen aufgebaut. Ein wichtiges Format ist das CSV-Format (CSV := comma separated value), das für den Datenaustausch mit Tabellenkalkulationsprogrammen genutzt wird. Ein CSV String enthält Daten in der Form "XX...X;XX...X;...;XX...X", hierbei ist das Semikolon (oder ein Komma, daher der Name) das Trennsymbol und XX...X ist zum Beispiel eine Zahl. Da XX...X als Zeichenkette gegeben ist, stellt sich die Frage, wie kann eine Zeichenkette XX...X in eine ganze oder in eine rationale Zahl konvertiert werden?

9.2.5.1 Konvertierung: String -> int

Gegeben: Eine Zeichenkette mit einer ganzen Zahl als Inhalt, zum Beispiel **String s1="1751";**

Gesucht: int i; wobei i den Inhalt von s1 hat.

Verfahren: Anwendung der Methode parseInt() der *Hüllklasse* Integer.

Anm. 10: Zu allen elementaren Datentypen (byte, short, int, long, float, double, boolean, char) gibt es die *Hüllklassen* Byte, Short, Integer, Long, Float, Double, Boolean und Character, die insbesondere dem Datenaustausch zwischen Instanzen vom Typ String und Variablen, die einen elementaren Datentyp haben, dienen. Diese Hüllklassen gehören genauso wie die Klassen String, Math und System dem Java Paket java.lang an. Die numerischen Hüllklassen verfügen alle über eine parse() Methode, um korrekt gefüllte String Werte in Zahlwerte zu konvertieren.

Die Methode parseInt() der Hüllklasse Integer verfügt über zwei Prototypen:

Prototyp1:   static int parseInt(String s1)

Leistung: Es wird geprüft, ob die Zeichenkette s1 eine ganze Dezimalzahl enthält. Ist dies der Fall, wird eine ganze Zahl vom Typ int zurückgegeben. Sonst reagiert die JVM mit dem Ausnahmefall NumberFormatException.

BSP. 20:   String s1="1751"; int i;

                  i=Integer.parseInt(s1); /* Ergebnis: i = 1751 */

Prototyp2:   static int parseInt(String s1, int B)

Leistung: Hier wird das gleiche Prüfungsverfahren ausgeführt. Der Unterschied ist nur, ob die Zeichenkette eine ganze Zahl zur Zahlenbasis B (zum Beispiel B=2,8,12, 16, ...) enthält.

BSP. 21:   String s1="4ab"; int i, B=16; /* Konvertierung von s1 zur Basis 16 */

                  i=s1.parseInt(s1); /* Ergebnis: i =(dezimal) 1195 */

Anm. 11: Wenn man vermeiden möchte, dass Laufzeitfehler, die die JVM in Form von *Ausnahmefällen* (Exception) feststellt, zu Programmabbrüchen führen, kann man diese innerhalb eines Programms, wenn man die Art des Ausnahmefalls kennt, durch eine try-catch-Anweisung abfangen. Wir werden dieses am Beispiel der NumberFormatException ausführen. Die try-catch-Anweisung ist eine Alternative. Im try-Block findet die reguläre Verarbeitung statt (hier: die Konvertierung einer Zeichenkette in eine ganze Zahl). Im catch-Block wird der Fehler verarbeitet.

BSP. 22: Klasse StrKonv1: Die main()-Methode soll die *Konvertierung* von Zeichen-ketten (Datentyp String), die im regulären Fall als Inhalt ganze Zahlen haben, in ganze Zahlen vom Datentyp int ausführen. Die Konvertierung wird mit der Me-thode parseInt() der Hüllklasse Integer ausgeführt. Der Aufruf dieser Methode ist in einer try-catch-Anweisung eingeschlossen, um den Ausnahmefall, dass der String *nicht* regulär gefüllt ist, abzufangen.

```
class StrKonv1
{public static void main(String args[])
 { String s1;
   int i, B=16;
   try
   { System.out.println("Geben Sie eine Zahl zur Basis "+B+" ein:");
     s1=IO1.einstring();
     i=Integer.parseInt(s1,B);
     System.out.println("i (dezimal) = "+i);
   }
   catch (NumberFormatException ex1)
   { System.out.println("Fehler: "+ex1.getMessage());
     System.out.println("Eingabe fuer Basis "+B+" nicht korrekt!");
   }
 }
}
```

a) Wir betrachten nun das Laufzeitverhalten der main()-Methode im regulären Fall:

C:\gbjavat>java StrKonv1

Geben Sie eine Zahl zur Basis 16 ein:

4ab

i (dezimal) = 1195

b) Im Fehlerfall tritt folgendes Laufzeitverhalten auf:

C:\gbjavat>java StrKonv1

Geben Sie eine Zahl zur Basis 16 ein:

7xy

Fehler: For input string: "7xy"

Eingabe für Basis 16 nicht korrekt!

9.2.5.2 Konvertierung: String -> double

Gegeben: Eine Zeichenkette mit einer rationalen Zahl als Inhalt, zum Beispiel **String s1="47.35";**

Gesucht: double x; wobei x den Inhalt von s1 hat.

Verfahren: Anwendung der Methode parseDouble() der Hüllklasse Double.

Prototyp: static double parseDouble(String s1)

Leistung: Es wird geprüft, ob die Zeichenkette s1 eine rationale Dezimalzahl enthält. Ist dies der Fall, wird eine Zahl vom Typ double zurückgegeben. Sonst reagiert die JVM mit dem Ausnahmefall NumberFormatException.

BSP. 23:   String s1="47.35"; double x;

                     x=Double.parseDouble(s1); /* Ergebnis: x = 47.35 */

9.2.5.3 Konvertierung: {int, double} -> String

Gegeben: Eine ganze bzw. rationale Zahl, die in eine Zeichenkette konvertiert werden soll, zum Beispiel int k=345; double y=-31.45e-3;

Gesucht: String s3; wobei s3 den Inhalt von k oder y hat.

Verfahren: Anwendung der Methode valueOf() der Klasse String, die die gewünschte Konvertierung durchführt. Für die einfachen Datentypen wie int, long, float, double gibt es entsprechende Prototypen der Methode:

Prototyp1:   static String valueOf(int k)

Prototyp2:   static String valueOf(double y)

BSP. 24:   String s3; double y=-31.45e-3; int k=345;

                     s3=String.valueOf(k); /* Ergebnis: s3 = "345" */

                     s3=String.valueOf(y); /* Ergebnis: s3 = "-31.45e-3" */

9.3   Lernziele zu Kapitel 9

1. Den Datentyp char zur Verwaltung von einzelnen UNICODE-Zeichen anwenden können. Die Organisation von UNICODE-Zeichen erklären können.

2. Die Konvertierung eines UNICODE-Zeichens in seine zugehörige Zeichennummer vom Typ int und umgekehrt ausführen können.

3. Die Anordnungsrelation auf der Menge der UNICODE-Nummern anwenden können, zum Beispiel zur Identifikation von bestimmten Teilmengen der UNICODE-Zeichen.

4. Die Verarbeitung von Zeichenfolgen programmieren können.

5. Die Klasse String als Datentyp zur Verarbeitung von Zeichenketten anwenden können.

6. Das Konzept von nichtstatischen Methoden der Klasse String auf Instanzen der Klasse String anwenden können.

7. Zwei Konstruktoren der Klasse String kennen.

8. Den Vergleich von zwei Zeichenketten programmieren können.

9. Felder von Zeichenketten verarbeiten können.

10. Zeichenketten in Zeichenfelder und umgekehrt transformieren können.

11. Den Verkettungsoperator + für Zeichenketten und andere Verfahren des Verkettens und Zerschneidens anwenden können.

12. Die Konvertierung von Zeichenketten in Zahlen und umgekehrt ausführen können.

10   Das Klassenkonzept einer objektorientierten Programmiersprache

In herkömmlichen imperativen Programmiersprachen (zum Beispiel C, PASCAL, FORTRAN, COBOL ...) gibt es eine *Trennung* zwischen *Daten*, die durch Datentypen verwaltet werden und *Methoden* bzw. Funktionen / Unterprogramme. Ein wesentliches *Ziel* einer *objektorientierten Programmiersprache (OOP)* besteht darin, diese Trennung aufzuheben. Diese Trennung wird aufgehoben dadurch, dass eine OOP das Konzept einer Klasse anbietet. Eine *Klasse* ist eine Vereinigung eines *höheren Datentyps* mit spezifischen, in der Regel *nicht statischen Methoden*, die auf Variablen vom Typ dieser Klasse angewendet werden.

Ein anderer Ansatz zur Definition von Klassen kommt aus dem Bereich des Software Engineering: *Objekte* der realen Welt (Personen, Firmen, Fahrzeuge, Dienstleistungen, Güter u. a. m.) sind durch gemeinsame *Eigenschaften* und durch ein gemeinsames *Verhalten* gekennzeichnet. Den „Bauplan", der allen Objekten einer bestimmten Objektmenge gemeinsam ist (zum Beispiel der Menge der Kraftfahrzeuge) und mit dem sie auf einem Rechner verwaltet werden sollen, nennt man *Klasse*. Objekte werden dann im Rechner durch *Instanzen* der Klasse (= Variablen vom Typ der Klasse mit Speicherplatz) verwaltet. Ihre *Eigenschaften* werden innerhalb von *Attributen* gespeichert und ihr *Verhalten* wird mittels *Methoden* programmiert. Programmiersprachen, die über ein solches Klassenkonzept verfügen, nennt man daher *objektorientierte Programmiersprachen*.

10.1   Klassen mit Attributen

Def. 1: Eine *gemeinsame speicherbare Eigenschaft* von Objekten einer Objektmenge nennt man *Attribut*. Ein Attribut wird durch eine Variable (Attributvariable) mit einem bereits gegebenen Datentyp implemeniert.

Def. 2: Eine *Klasse mit Attributen* ist ein Verbund, der mindestens ein oder mehrere Attribute enthält. *Allgemeine Syntax*:

```
class Klassenname
{       dt1     v1;
        dt2     v2;
        ...     ...
        dtN     vN;
}
```

Hierbei gilt für alle **i** mit **1 ≤ i ≤ N**, dass die Variable **vi** über einen bereits bekannten Datentyp **dti** verfügt.

BSP. 1: Die Menge der Mitarbeiter einer Firma soll durch eine Klasse verwaltet werden:

```
class MitArb
{       String name;    /* Name des Mitarbeiters */
        int    geb;     /* Geburtsjahr */
        double gehalt;  /* Monatsgehalt */
}
```

Anm. 1: Eine Klasse ist der *Bauplan* für eine Menge von Objekten mit gleichen Eigenschaften. Die im BSP. 1 definierte Klasse ist der Bauplan für eine Menge von Mitarbeiterobjekten, die als gemeinsame Eigenschaften die Attribute **name, geb** und **gehalt** haben. Um Klassen zu *entwerfen*, das heißt, ihre Baupläne zu beschreiben, ist im Bereich der objektorientierten Programmierung eine besondere Modellierungssprache definiert worden, die UML (:= Unified Modeling Language[13]). Die UML definiert als Beschreibungssprache genauso wie DFPs, PAPs und Struktogramme Diagrammtypen, die in ihrer Syntax und in ihren Verwendungsmöglichkeiten, das heißt, in ihrer Bedeutung, fest definiert sind.

Def. 3: Der UML Diagrammtyp für eine Klasse ist das *Klassendiagramm*. In seiner einfachsten Form besteht es aus einem rechteckigen *Klassensymbol*, in dem der

---

13 Die Modellierungssprache UML liegt in Version 2 vor. Ein sehr schönes Buch, in dem die UML ausführlich und praxisnah beschrieben ist, ist das folgende: Chris Rupp, Stefan Queins, Barbara Zengler: „UML 2 glasklar – Praxiswissen für die UML-Modellierung" (3. Aufl.), München, Wien (Carl Hanser Verlag) 2007.

Klassenname, die Attribute (hier mit **a1**, **a2**, ..., **an** bezeichnet) und die Methoden (hier mit **m1()**, **m2()**, ..., **mk()** bezeichnet), die das Verhalten von Objekten der Klasse beschreiben, angegeben sind. Ein Klassensymbol in allgemeiner Form ist in nachfolgender Abbildung 10-1 angegeben.

Klassenname
a1
a2
...
an
m1()
m2()
...
mk()

Abbildung 10-1: **Das UML Klassensymbol in allgemeiner Form**

In der nachfolgenden Abbildung 10-2 sind zwei Beispiele für Klassendiagramme angegeben: ein Klassendiagramm für die bereits definierte Klasse **MitArb** für Mitarbeiter und eine Klasse **Konto** für Bankkonten. Beide Klassen verfügen nur über Attribute und noch nicht über Methoden.

Abbildung 10-2: **UML Klassensymbole für die Klassen MitArb und Konto**

10.1.1   Anwendung von Klassen mit Attributen

Wir können Klassen in Programmen genauso verwenden, wie bisher einfache Datentypen oder Felder verwendet wurden.

Jede Klasse ist ein kompilierbarer Quelltext. Also auch Klassen, die nur aus Attributen bestehen, sind kompilierbar. Unter der Voraussetzung, dass eine kompilierte Klasse in der Laufzeitumgebung der JVM vorliegt, kann diese Klasse in Methoden anderer Klassen verwendet werden, zum Beispiel in der main()-Methode eines Anwendungsprogramms. In nachfolgender Abbildung 10-3 wird gezeigt, was bezüglich Kompilierung und Ausführung getan werden muss, wenn die main()-Methode einer Klasse P eine selbstdefinierte Klasse X nutzen will.

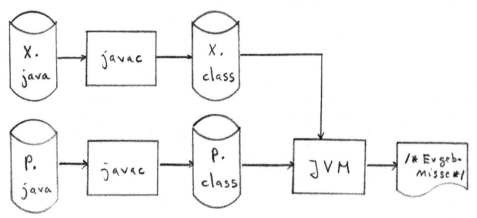

Abbildung 10-3:   Nutzung einer Klasse X in einem Programm P

Klassen sind *Referenzdatentypen*. Daher sind zu ihrer Anwendung drei *Arbeitsschritte* zu beachten:

(1) *Deklaration* einer Variable **u** vom Typ einer Klasse *Klassenname*, die gemäß Def. 2 programmiert ist: **Klassenname u;**

(2) *Speicherplatzbeschaffung*: Jede Klasse, die gemäß Def. 2 programmiert ist, verfügt über einen *Standardkonstruktor* mit der Signatur **Klassenname()**. Unter Verwen-

dung des Schlüsselworts **new** kann mit diesem für die Variable **u** Speicherplatz beschafft werden: **u = new Klassenname();**

Falls einer Variable u, die vom Typ einer Klasse ist, *kein* Speicherplatz zugewiesen werden soll, bekommt sie als Referenz die **null**-Adresse zugewiesen:

$$u = null;$$

(3) *Wertzuweisung / Zugriff auf die Attribute*: Um eine Variable **u** einer Klasse korrekt mit Werten zu füllen, müssen allen ihren Attributen Werte zugewiesen werden. Der Zugriff auf ein Attribut **vi** einer Variablen **u** geschieht durch die *Punktnotation*:
     u.vi

Wenn diesem Attribut der Wert WXY zugewiesen werden soll, lautet die Zuweisung: **u.vi = WXY;**

BSP. 2: In einem einfachen Programm, das durch die main()-Methode der Klasse **MitArbAnw0** gegeben ist, sollen Mitarbeiter in Form von Instanzen der Klasse **MitArb** angelegt und mit Werten gefüllt werden. Die Werte kommen aus gegebenen Feldern. Die angelegten Mitarbeiter Instanzen werden durch Aufruf der statischen Methode **mitAus0()** ausgegeben. Diese Methode hat folgenden Prototyp:

$$\textbf{static void mitAus0(MitArb z)}$$

Quelltext der Klasse **MitArbAnw0**:

```
/**************************************************/
/* Verf.:  Prof. Dr. Gregor Büchel               */
/* Zweck:  Anwendungsklasse zur Verarbeitung von Instan- */
/*         zen der Klasse MitArb.                 */
/* Quelle: MitArbAnw0.java                        */
/* Stand:  21.10.2005                             */
/**************************************************/
class MitArbAnw0
{public static void main(String args[])
 {String pers[]={"Mueller", "Meier", "Huber", "Schmidt"};
  int jahr[]={1967, 1979, 1983, 1988};
  double lohn[]={2600.50, 3154.65};
  MitArb x1;                  /* Schritt (1): Deklaration */
  int i,n=pers.length;
  for (i=0; i<n; i++)
  { /* Schritt (2): Speicherplatzbeschaffung durch Aufruf*/
    /* des Standardkonstruktors                       */
```

```
    x1=new MitArb();
    /* Schritt (3): Wertezuweisung durch Attributzugriff */
    x1.name=pers[i];
    x1.geb=jahr[n-1-i];
    x1.gehalt=lohn[i%2];
    /* Ausgabe der Mitarbeiter-Instanz x1 durch Aufruf   */
    /* der Methode mitAus0()                              */
    mitAus0(x1);
  }
}

static void mitAus0(MitArb z)
{System.out.println("MITARBEITER:");
 System.out.println("Name        : "+z.name);
 System.out.println("Geburtsjahr : "+z.geb);
 System.out.println("Gehalt      : "+z.gehalt);
 }
}
```

Def. 4: Innerhalb eines Klassendiagramms werden Beziehungen, die zwischen Klassen bestehen, in Form von *Kanten* angegeben. Kanten sind Verbindungslinien, in der Regel mit einer Leserichtung (Pfeil) notiert. Eine *Verwendungsbeziehung* wird durch einen gestrichelten Pfeil mit der Bezeichnung <<uses>> notiert. Eine Verwendungsbeziehung liegt zum Beispiel vor, wenn eine Klasse A eine Klasse B oder Methoden aus einer Klasse B benutzt.

BSP. 3: Die Klasse MitArbAnw0 benutzt die Klasse MitArb, ebenso macht es die Klasse MitArbAnw1, die weiter unten noch beschrieben wird.

In der main()-Methode der Klasse **MitArbAnw1** sollen die Daten für eine Mitarbeiterinstanz von der Tastatur in Form einer CSV Zeichenkette eingelesen werden, die folgenden Aufbau haben soll: HHH...HHH;NNNN;GGGG.GG. Diese CSV Zeichenkette enthält im ersten Teilstring den Namen, im zweiten das Geburtsjahr und im dritten das Gehalt eines Mitarbeiters. Die CSV Zeichenkette wird an eine Methode **mitArbNeu()** übergeben, die prüft, ob die Teilstrings korrekt gefüllt sind. Sind sie das, erzeugt diese Methode eine Instanz der Klasse MitArb mit den korrekten Attributwerten. Im anderen Fall wird die **null**-Referenz zurückgegeben.

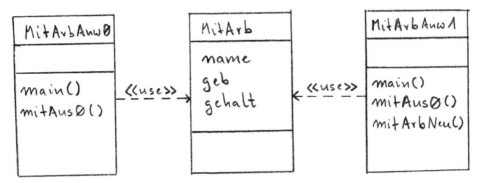

Abbildung 10-4: **Klassendiagramm für die Klassen MitArbAnw0, MitArbAnw1 und**
MitArb

Prototyp: **static MitArb mitArbNeu(String ecsv)**

Anm. 2: Klassen mit Attributen ermöglichen, Methoden (wie zum Beispiel die Methode mitArbNeu()) zu programmieren, die einen Tupel von Werten *unterschiedlicher* Datentypen zurückgibt. Hier ist es ein Tupel mit den Attributen (Name, Geburtsjahr, Gehalt), die die Datentypen (String, int, double) haben.

Quelltext der Klasse **MitArbAnw1**:

```
/**********************************************************/
/* Verf.:   Prof. Dr. Gregor Büchel                       */
/* Zweck:   Anwendungsklasse zur Verarbeitung von Instan- */
/*          zen der Klasse MitArb mit CSV-Eingabe         */
/* Quelle:  MitArbAnw1.java                               */
/* Stand:   21.10.2005                                    */
/**********************************************************/
class MitArbAnw1
{public static void main(String args[])
 {MitArb x1;
  int iz=1;
  String ew;
  do
  {System.out.println("Bitte geben Sie fuer einen Mitarbeiter ");
   System.out.println("einen String folgener Form ein:");
   System.out.println("NAME;GebJAHR;GEHALT");
   System.out.println("ENDE=#");
```

```
   ew=IO1.einstring();
   if (ew.compareTo("#")==0) continue;
   iz=iz+1;
   x1=mitArbNeu(ew);
   if (x1==null)
    System.out.println("FEHLER:Keine regulaere MitArb-Instanz.");
   else
    mitAus0(x1);
   } while(ew.compareTo("#")!=0);
  System.out.println("ENDE nach "+iz+" Testlaeufen.");
 }

 static MitArb mitArbNeu(String ecsv)
 {MitArb z=null;
  int n, eg;
  double elohn;
  String p[];
  p=ecsv.split(";");
  n=p.length;
  if (n!=3)
  {System.out.println("MitArb-CSV-String hat falsche Komponentenzahl
n="+n);
   return z;
  }
  z=new MitArb();
  z.name=p[0];
  try
  {eg=Integer.parseInt(p[1]);
   z.geb=eg;
  }
  catch(NumberFormatException ex1)
  {System.out.println("FEHLER: "+p[1]+" ist keine ganze Zahl.");
   z=null;
   return z;
  }
  try
  {elohn=Double.parseDouble(p[2]);
   z.gehalt=elohn;
  }
  catch(NumberFormatException ex1)
  {System.out.println("FEHLER in p[2]="+p[2]+" "+ex1.getMessage());
   z=null;
   return z;
  }
  return z;
 }
```

```
 static void mitAus0(MitArb z)
 {System.out.println("MITARBEITER:");
  System.out.println("Name        : "+z.name);
  System.out.println("Geburtsjahr : "+z.geb);
  System.out.println("Gehalt      : "+z.gehalt);
 }
}
```

10.2 Klassen mit Attributen und Methoden

Bem.1: Bei Methoden wird generell unterschieden zwischen *statischen Methoden* und *nicht-statischen Methoden*. *Statische Methoden* sind im Prototyp durch das Schlüsselwort **static** gekennzeichnet. Sie werden mit dem Methodennamen und, wenn sie sich nicht in der gleichen Klasse befinden, in der der Aufruf stattfindet, mit dem Klassennamen aufgerufen. *Nicht-statische Methoden* sind in Java der Default bei Klassen. Ihr *Aufruf* erfolgt immer *mit einer Instanz der Klasse*, der die Methode angehört.

Def. 1: Gegeben ist eine *nicht-statische Methode* **methN()** einer Klasse **X** durch folgenden *Prototypen*:   **dtM methN(dt1 v1, dt2 v2, ..., dtn vn)**

Die allgemeine Syntax des Aufrufs dieser Methode lautet dann:

$$z = x1.methN(p1, p2, ..., pn);$$

Hierbei ist **z** eine Variable vom Datentyp **dtM** des Rückgabewerts der Methode **methN()**. **x1** ist eine Instanz der Klasse **X** und **p1, ..., pn** sind Werte vom Datentyp **dt1, ..., dtn**.

Def. 2: Eine *Klasse mit Attributen und Methoden* ist ein Verbund, der mindestens ein oder mehrere Attribute und ein oder mehrere (in der Regel nicht-statische) Methoden enthält. *Allgemeine Syntax*:

```
class Klassenname
{    dt1      v1;
     dt2      v2;
     ...      ...
     dtN      vN;
     dtM1     m1 (...)
     {...
     }
```

```
      dtM2    m2 (...)
      {...
      }
      ...      ...
      dtMk    mk (...)
      {...
      }
   }
```

Hierbei gilt für alle **i** mit **1 ≤ i ≤ N**, dass die Variable **vi** über einen bereits bekannten Datentyp **dti** verfügt und für alle **j** mit **1 ≤ j ≤ k**, dass die Methode **mj()** über einen bereits bekannten Datentyp **dtMj** verfügt.

Anm. 1: Ein *Vorteil* von *nicht-statischen Methoden* ist, dass die aufrufende Instanz zum Wertetransport in bzw. aus der Methode genutzt werden kann. Das heißt, man kann Übergabeparameter sparen. Wir werden das an den nicht-statischen Methoden der Klasse **MitArb3** sehen. Die Klasse **MitArb3** hat die gleichen Attribute wie die Klasse **MitArb**, sie besitzt nur zusätzlich mehrere nicht-statische Methoden. Zum Beispiel die Methode **mitAus3()**, die das gleiche leistet, nämlich die Ausgabe aller Attributwertwerte auf die Konsole, wie die Methode **mitAus0()** der Klasse **MitArbAnw0** (vgl. Kapitel 10.1). Der Unterschied ist, dass **mitAus0()** einen Übergabeparameter hat, während dieser bei **mitAus3()** eingespart ist, wie man an den folgenden Prototypen sehen kann:

a) Prototyp: **static void mitAus0(MitArb z)**

b) Prototyp: **void mitAus3()**

Das Gleiche gilt für die nicht-statische Methode neuGehalt()der Klasse MitArb3 zur Berechnung einer Gehaltserhöhung um einen zulässigen Prozentsatz a (0<a<=0.99). Wenn man denselben Algorithmus mit einer statischen Methode neuGehalt0() in der Klasse MitArbAnw0 hätte realisieren wollen, hätte man den Prototyp c) programmieren müssen:

c) Prototyp: **static boolean neuGehalt0(MitArb z, double a)**

d) Prototyp: **boolean neuGehalt(double a)**

BSP. 1: Quelltext der Klasse **MitArb3**:

```
/***********************************************************/
/* Verf.:   Prof. Dr. Gregor Büchel                        */
/* Zweck:   Einfache Klasse mit Attributen und nichtsta-   */
/*          tische Methoden fuer Mitarbeiter einer Firma   */
/* Quelle:  MitArb3.java                                   */
/* Stand:   21.10.2005                                     */
/***********************************************************/
class MitArb3
{String    name;   /* Name des Mitarbeiters */
 int geb;                    /* Geburtsjahr */
 double    gehalt; /* Monatsgehalt */
 /* Nicht-statische Methode neuGehalt() */
 boolean neuGehalt(double a)
 {boolean r=true;
  if (a>0&&a<=0.99) gehalt=(1.+a)*gehalt;
  else r=false;
  return r;
 }
 /* Nicht-statische Methode mitAus3() */
 void mitAus3()
 {System.out.println("MITARBEITER:");
  System.out.println("Name        : "+name);
  System.out.println("Geburtsjahr : "+geb);
  System.out.println("Gehalt      : "+gehalt);
 }
}
```

BSP. 2: Quelltext der Klasse **MitArbAnw3**:

```
/***********************************************************/
/* Verf.:   Prof. Dr. Gregor Büchel                        */
/* Zweck:   Anwendungsklasse zur Verarbeitung von Instan-  */
/*          zen der Klasse MitArb3.                        */
/* Quelle:  MitArbAnw3.java                                */
/* Stand:   21.10.2005                                     */
/***********************************************************/
class MitArbAnw3
{public static void main(String args[])
 {String pers[]={"Mueller", "Meier", "Huber", "Schmidt"};
  int jahr[]={1967, 1979, 1983, 1988};
  double lohn[]={2600.50, 3154.65};
  /* Schritt (1): Deklaration: Feld von Instanzen */
  MitArb3 z[];
  int i,n=pers.length;
  double a1;
  boolean x;
```

```
/* Schritt (2a): Instanzenfeld anlegen */
z=new MitArb3[n];
for (i=0; i<n; i++)
{ /*Schritt (2b): Speicherplatzbeschaffung durch Aufruf*/
  /*des Standardkonstruktors fuer jede Komponente      */
  z[i]=new MitArb3();
  /*Schritt (3): Wertezuweisung durch Attributzugriff  */
  z[i].name=pers[i];
  z[i].geb=jahr[n-1-i];
  z[i].gehalt=lohn[i%2];
  /* Ausgabe der Mitarbeiter-Instanz z[i] durch Aufruf */
  /* der Methode mitAus3()                             */
  z[i].mitAus3();
}
System.out.println("Eingabe: Prozentsatz der Lohnerhoehung:");
a1=IO1.eindouble();
for (i=0; i<n; i++)
{ x=z[i].neuGehalt(a1);
  if (x)
  { System.out.println("Gehaltserhoehung fuer:");
    z[i].mitAus3();
  }
  else
   System.out.println(a1+" unzulaessiger Prozentsatz fuer "+
      z[i].name);
}
 }
}
```

10.3 Konstruktoren

Bem.1: *Konstruktoren dienen der Speicherplatzbeschaffung.* Da Instanzen von Klassen durch Referenzvariabeln verwaltet werden, ist es für diese notwendig, Speicherplatz zu beschaffen. Die Speicherplatzbeschaffung wird, wenn nichts anderes gegeben ist, wie wir in Kapitel 10.1, Arbeitsschritt (2) gesehen haben, durch den *Aufruf des Standardkonstruktors* der Klasse ausgeführt. Zum Beispiel:

MitArb x;

x = new MitArb();

Genauso, wie wir bei einfachen Variablen die Deklaration, die gleichzeitig auch Speicherplatzbeschaffung war, mit der *Initialisierung* verbunden haben (zum Beispiel: **int a=17;**), möchten wir auch bei Variablen, die vom Typ einer Klasse sind,

Speicherplatzbeschaffung mit der Initialisierung verbinden, eventuell auch andere Aktivitäten wie der Aufruf von Methoden u. ä. ausführen. Dieses gelingt durch die Programmierung besonderer Konstruktoren.

Def. 1: Der allgemeine Prototyp eines Konstruktors einer Klasse lautet:

Prototyp: **KLASSENNAME(dt1 v1, dt2 v2, …, dtn vn)**

Hierbei hat für alle **i** mit **1 ≤ i ≤ n** die Variable **vi** einen bereits bekannten Datentyp **dti.**

Anm. 1: Wenn in einer Klasse ein eigener Konstruktor programmiert ist, steht der Standardkonstruktor nicht mehr zur Verfügung. Diesen muss man dann, wenn er benötigt wird, selber programmieren: *Programm des Standardkonstruktors*:

KLASSENNAME(){}

Anm. 2: Der Prototyp und Aufbau eines Konstruktors gleicht einer Methode. Aber im Unterschied zu einer Methode hat ein Konstruktor *keinen Rückgabewert*.

BSP. 1: In der Klasse **MitArb4**, die die gleichen Attribute, wie die Klasse **MitArb** hat, werden wir drei Konstruktoren programmieren:

a) Den Standardkonstruktor: **MitArb4()**

b) Einen Konstruktor, der eine einfache Initialisierung vornimmt:

MitArb4(String enam, int egeb, double elohn)

c) Einen Konstruktor, der eine Initialisierung mit einem CSV-String vornimmt. Im Fall, dass der CSV-String nicht korrekt gefüllt ist, wird die Instanz mit leeren bzw. Nullwerten gefüllt: **MitArb4(String ecsv)**

Quelltext der Klasse **MitArb4**:

```
/**********************************************************/
/* Verf.:   Prof. Dr. Gregor Büchel                       */
/* Zweck:   Einfache Klasse mit Attributen, selbstprogram-*/
/*          mierten Konstruktoren fuer Mitarbeiter einer  */
/*          Firma                                         */
/* Quelle: MitArb4.java                                   */
/* Stand:  23.10.2005                                     */
/**********************************************************/
class MitArb4
```

```java
{String      name;              /* Name des Mitarbeiters */
 int geb;               /* Geburtsjahr */
 double      gehalt; /* Monatsgehalt */

 MitArb4(){}    /* Standardkonstruktor */

 /* Konstruktor mit Initialisierung der Attribute */
 MitArb4(String enam, int egeb, double elohn)
 {name=enam;
  geb=egeb;
  gehalt=elohn;
 }

 /* Konstruktor mit Initialiserung durch CSV-String */
 MitArb4(String ecsv)
 {int n, eg;
  double elohn;
  String p[];
  p=ecsv.split(";");
  n=p.length;
  if (n!=3)
  {System.out.println("MitArb-CSV-String hat falsche Komponentenzahl
n="+n);
   name="";
   geb=0;
   gehalt=0.;
   return ;
  }
  name=p[0];
  try
  {eg=Integer.parseInt(p[1]);
   geb=eg;
  }
  catch(NumberFormatException ex1)
  {System.out.println("FEHLER: "+p[1]+" ist keine ganze Zahl.");
   geb=0;
   gehalt=0.;
  }
  try
  {elohn=Double.parseDouble(p[2]);
   gehalt=elohn;
  }
  catch(NumberFormatException ex1)
  {System.out.println("FEHLER in p[2]="+p[2]+" "+ex1.getMessage());
   gehalt=0.;
  }
 }
```

```
  void mitAus4()
  {System.out.println("MITARBEITER:");
   System.out.println("Name        : "+name);
   System.out.println("Geburtsjahr : "+geb);
   System.out.println("Gehalt      : "+gehalt);
  }
}
```

Quelltext der Anwendungsklasse **MitArbAnw4**, deren main()-Methode sämtliche Konstruktoren der Klasse **MitArb4** aufruft:

```
/**********************************************************/
/* Verf.:   Prof. Dr. Gregor Büchel                      */
/* Zweck:   Anwendungsklasse zur Verarbeitung von Instan- */
/*          zen der Klasse MitArb4 mit Konstruktorentest  */
/*          und CSV-Eingabe                               */
/* Quelle: MitArbAnw4.java                                */
/* Stand:   23.10.2005                                    */
/**********************************************************/
class MitArbAnw4
{public static void main(String args[])
 {MitArb4 x1, x2, x3;
  int iz=1;
  String ew;
  /* Aufruf des Standardkonstruktors */
  x1=new MitArb4();
  System.out.println("Standardkonstruktion");
  x1.mitAus4();
  /* Aufruf eines einfach initialisierenden Konstruktors */
  x2=new MitArb4("Franz Meyer",1966,3456.75);
  System.out.println("Einfache Initialisierung");
  x2.mitAus4();
  System.out.println("Bitte geben Sie fuer einen Mitarbeiter ");
  System.out.println("einen String folgender Form ein:");
  System.out.println("NAME;GebJAHR;GEHALT");
  ew=IO1.einstring();
  /* Aufruf des CSV Konstruktors */
  x3=new MitArb4(ew);
  System.out.println("Konstruktor mit CSV Initialisierung");
  x3.mitAus4();
 }
}
```

10.4   Kapselung

Die Programmiersprache Java bietet einen *Schutzmechanismus*, dass Methoden anderer Klassen *nicht* auf Attributwerte der Instanzen einer gegebenen Klasse *zugreifen* können.

Def. 1: Dieser Schutzmechanismus heißt *Kapselung*. Er wird mit dem Schlüsselwort **private** in der Attributdefinition aktiviert. Ist **att1** ein *Attribut* einer Klasse **X** mit Datentyp **dt1**, so lautet die **allgemeine Syntax** der Programmierung der Kapselung von att1:   **private dt1 att1;**

Anm. 1: Ein solches Schlüsselwort in der Definition eines Attributs oder einer Methode einer Klasse heißt Modifizierer (engl. modifier). Die Syntax von Java kennt drei Modifizierer: **private**, **public** und **protected**. Während der Modifizierer **private** zur Kapselung von Attributen dient, bedeutet **public** (öffentlich) das Gegenteil: Methoden anderer Klassen dürfen auf Attribute und Methoden der gegebenen Klasse beliebig zugreifen. Methoden werden in der Regel als public definiert (default). Ein Beispiel ist die main()-Methode einer ausführbaren Klasse:

public static void main(String args[])

Gibt man bei der Definition von Attributen und Methoden keine Modifizierer an, so sind Methoden immer als **public** definiert. Bei Attributen hängt es von der Einstellung der Entwicklungsumgebung ab, es kann der default=immer private oder der default=immer public gesetzt sein. Wir haben im Text für Attribute den default=immer public ausgewählt.

Das Schlüsselwort **protected** ist eine leichte Liberalisierung von **private**: In Hinsicht auf die Zugriffsrechte von Klassen, die durch *Vererbung* (vgl. das nächste Kapitel 10.5) aus der gegebenen Klasse entstehen, bedeutet das Schlüsselwort das Gleiche wie **public**, in Hinsicht auf alle *anderen Klassen* das Gleiche wie **private**.

Anm. 2: *Kapselung* bedeutet, dass *nur* Methoden der eigenen Klasse auf das gekapselte Attribut lesend und schreibend *zugreifen* können. Damit andere Klassen auf gekapselte Attribute zugreifen können, müssen besondere Methoden programmiert werden, mit denen der lesende und schreibende Zugriff ermöglicht wird.

Tabelle 10-1:   Zugriffsmethoden

Name der Zugriffsmethode (Konvention)	Zweck der Methode
getAtt1()	*Lesender* Zugriff auf das Attribut att1.
setAtt1()	*Schreibender* Zugriff auf das Attribut att1.

Mittels solcher **get()**- und **set()**-Methoden kann man den Zugriff auf ein Attribut genau kontrollieren und letztlich veranlassen, dass alle Zugriffe nur über diese Methoden ausgeführt werden.

Anm. 3: Die **get()**-Methode gibt nur den Inhalt des gekapselten Attributs **att1** zurück. Daher benötigt sie keine Übergabewerte und der Datentyp ihres Rückgabewerts ist gleich dem Datentyp von **att1**. Damit kann das *allgemeine Programm einer jeden get()-Methode* angegeben werden:

public dt1 getAtt1() {return att1;}

Anm. 3: Die **set()**-Methode soll das gekapselte Attributs **att1** mit einem Übergabewert **e1** füllen. Daher muss **e1** vom Datentyp **dt1** des Attributs **att1** sein. In der Java-Literatur gibt es unterschiedliche Ansichten, von welchem Datentyp der *Rückgabewert* der set()-Methode sein soll. Häufig findet man den Datentyp **void**. Dieser ist aber schlecht, wenn man kontrollieren will, ob durch den Versuch des Setzens von e1 gegen eine *logische Bedingung*, die für den Inhalt von att1 besteht, verstoßen wird. Möchte man dieses kontrollieren, ist ein Rückgabewert **dtR** vom Typ **boolean** bzw. **int** (für Fehlercodes) viel besser. *Allgemeiner Prototyp einer set()-Methode:*

public dtR setAtt1(dt1 e1)

BSP. 1: In der Klasse **MitArb5** zur Verwaltung der Mitarbeiter einer Firma soll das *Attribut* **gehalt** *gekapselt* sein. Die Kapselung ist an die Bedingung geknüpft, dass das Gehalt höher oder gleich einem Mindestlohn von 1680.00 EUR ist.

```
/*********************************************************/
/* Verf.:  Prof. Dr. Gregor Büchel                       */
/* Zweck:  Klasse mit einem gekapselten Attribut gehalt  */
/*         und set- u. get-Methoden fuer Mitarbeiter ei- */
/*         ner Firma.                                     */
/* Quelle: MitArb5.java                                  */
/* Stand:  23.10.2005                                    */
/*********************************************************/
class MitArb5
{String    name;   /* Name des Mitarbeiters */
 int geb;      /* Geburtsjahr */
 private double    gehalt; /* Monatsgehalt */

 MitArb5(String enam,int eg)
 {boolean x;
  name=enam;
  geb=eg;
  x=this.setGehalt(1680.);
 }

 double getGehalt() { return gehalt;}

 boolean setGehalt(double elohn)
 {boolean r=true;
  if (elohn>=1680.) gehalt=elohn;
  else r=false;
  return r;
 }

 void mitAus()
 {double g1;
  g1=this.getGehalt();
  System.out.println("MITARBEITER:");
  System.out.println("Name        : "+name);
  System.out.println("Geburtsjahr : "+geb);
  System.out.println("Gehalt      : "+g1);
 }
}
```

In der Anwendungsklasse **MitArbAnw5** wird eine Instanz von der Klasse **MitArb5** zunächst mit einem Mindestlohn von 1680,– EUR durch den Konstruktor der Klasse **MitArb5** angelegt. Der Anwender soll dann eine Gehaltserhöhung durchführen. Durch die set-Methode wird dabei kontrolliert, dass kein Gehalt kleiner als der Mindestlohn festgelegt wird:

```
class MitArbAnw5
{public static void main(String args[])
 {MitArb5 m1;
  double ig;
  boolean x=true;
  m1=new MitArb5("Schmitz",1976);
  m1.mitAus();
  do
  { System.out.println("Eingabe eines hoeheren Gehalts:");
    ig=IO1.eindouble();
    x=m1.setGehalt(ig);
    if(!x) System.out.println("Das Gehalt ist zu niedrig!");
  } while (!x);
  m1.mitAus();
 }
}
```

10.5   Vererbung

In der Analyse von Objekten der wirklichen Welt, die durch Klassen modelliert und verwaltet werden sollen, treten oft Hierarchien auf, die durch *Oberbegriffe* beschrieben werden, die in der Regel mehrere *Unterbegriffe* enthalten. Im Folgenden ist eine typische Hierarchie von Begriffen dargestellt:

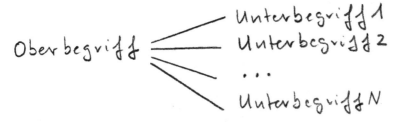

Abbildung 10-5:   **Hierarchie eines Oberbegriffs mit Unterbegriffen**

In der Natur und in der Technik gibt es eine Vielzahl solcher Begriffshierarchien. Als Beispiel geben wir nachfolgend eine Einteilung des Oberbegriffs „Wirbeltier" durch Unterbegriffe an.

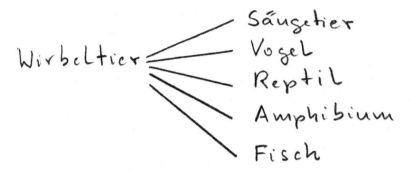

Abbildung 10-6:   Hierarchie der Einteilung der Wirbeltiere

In einer objektorientierten Programmiersprache werden Begriffshierarchien durch *Vererbungsbeziehungen* programmiert. Hier entsprechen *Oberklassen* den Oberbegriffen und *Unterklassen* den Unterbegriffen. Unterklassen weisen in der Regel mindestens ein besonderes Merkmal auf, zum Beispiel ein besonderes Attribut, das sie von der Oberklasse unterscheidet. Alle Instanzen der Unterklassen enthalten alle Merkmale der Oberklasse, das heißt, sie *erben* die Attribute und Methoden der Oberklasse.

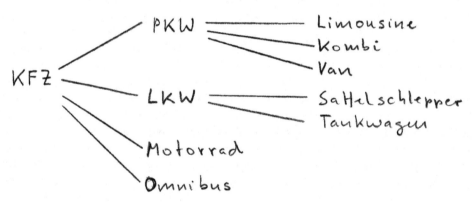

Abbildung 10-7:   Hierarchie der allgemeinen Kraftfahrzeugtypen

Def. 1: In einem UML Klassendiagramm wird die *Vererbungsbeziehung* zwischen einer *Oberklasse* **X** und einer *Unterklasse* **U** durch einen Pfeil notiert, der von der Unterklasse U auf die Oberklasse X zeigt. Dieser *Vererbungspfeil* hat folgende Form:

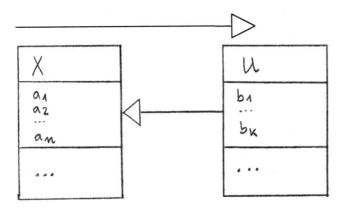

Abbildung 10-8: UML Klassendiagramm mit Vererbungsbeziehung

BSP. 1: Im Folgenden wird die Vererbungsbeziehung zwischen den Klassen KFZ für Kraftfahrzeuge (Oberklasse) und den Unterklassen PKW und LKW als UML Klassendiagramm dargestellt. Die Klasse KFZ hat die Attribute **kennz** (Kennzeichen), **hubraum** und **leistung**. Die Klasse PKW hat die besonderen Attribute **persanz** (zulässige maximale Personenanzahl) und **tueranz** (Anzahl der Türen). Die Klasse LKW hat die besonderen Attribute **nutzlast** und **mautpfl** (Mautpflicht).

Def. 2: In Java wird die *Vererbungsbeziehung* zwischen einer gewöhnlich definierten Oberklasse **X** und einer Unterklasse **U** durch das Schlüsselwort **extends** im Kopf der Klasse U programmiert.

Allgemeine Syntax: class U extends O

{ ... }

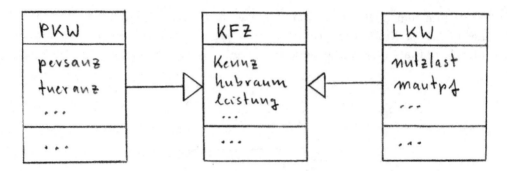

Abbildung 10-9:   Vererbung zwischen den Klassen KFZ, LKW und PKW

BSP. 2: Im Folgenden ist der Quelltext der Klasse KFZ und der durch Vererbung abgeleiteten Unterklassen LKW und PKW angegeben:

```
class KFZ
{String      kennz;
 int hubraum;
 double leistung;
 /* Methoden */
 /* ...      */
}

class LKW extends KFZ
{double nutzlast;
 boolean mautpf;
 /* Methoden */
 /* ...      */
}

class PKW extends KFZ
{int persanz;
 int tueranz;
 /* Methoden */
 /* ...      */
}
```

BSP. 3: Zur Oberklasse MitArb5 (vgl. Kapitel 10.4) sind verschiedene Unterklassen denkbar, mit der besondere Gruppen von Mitarbeitern verwaltet werden. Zum Beispiel eine Unterklasse **ZMit** zur Verwaltung von Teilzeitmitarbeitern, die mit einer Wochenarbeitszeit zwischen 8 und 32,5 Stunden eingestellt werden. Ihr Gehalt wird durch die Methode **zGehalt()** anteilig aus dem Grundgehalt bezogen auf 38,5 Stunden für Vollzeitmitarbeiter berechnet.

```
/****************************************************/
/* Verf.:   Prof. Dr. Gregor Büchel               */
/* Zweck:   Klasse fuer Teilzeitmitarbeiter, die durch   */
/*          Vererbung aus der Klasse MitArb5 abgeleitet  */
/*          ist.                                   */
/* Quelle: ZMit.java                               */
/* Stand:  23.10.2005                              */
/****************************************************/
class ZMit extends MitArb5
{private double wstd;        /* Anzahl Wochenstunden */

 ZMit(String enam,int egeb, double grgehalt, double ewstd)
 {super(enam,egeb);
  boolean x,y;
  x=super.setGehalt(grgehalt);
  if(!x)
   System.out.println("Wg.Lohndumping Mindestlohn gesetzt.");
  y=this.setWstd(ewstd);
  if(!y)
   System.out.println("Stundensatzfehler!Nachtragen!");
 }

 double getWstd() { return wstd;}

 boolean setWstd(double ewstd)
 {boolean r=true;
  if (ewstd>=8.&&ewstd<=32.5) wstd=ewstd;
  else r=false;
  return r;
 }

 double zGehalt()
 {double x;
  x=(wstd/38.5)*getGehalt();
  return x;
 }

 void mitAus()
 {double g1;
  g1=this.getGehalt();
  System.out.println("MITARBEITER:");
```

```
    System.out.println("Name        : "+name);
    System.out.println("Geburtsjahr : "+geb);
    System.out.println("Grundgehalt : "+g1);
    System.out.println("Stundenzahl : "+getWstd());
    System.out.println("Monatsgehalt: "+zGehalt());
  }
}
```

Anm. 1: Wenn man einen *Konstruktor einer Unterklasse* selbst programmiert, muss man als erste Anweisung einen Konstruktor der Oberklasse aufrufen. Dieses geschieht mit der Anweisung **super(p1, p2, ..., pn);** wobei p1,p2,...,pn Werte gemäß der Signatur des Konstruktors der Oberklasse, den man sich ausgewählt hat, sind. (Wir erinnern uns: Konstruktoren einer Klasse unterscheiden sich nur durch Unterschiedliche Signaturen.) Durch den Aufruf **super(p1, p2, ..., pn);** wird Speicherplatz für eine zur Unterklasseninstanz zugehörige Oberklasseninstanz angelegt.

Anm. 2: Mit dem Schlüsselwort **super** wird auf die zugehörige Oberklasseninstanz referenziert, genauso wie man mit dem Schlüsselwort **this** auf die aktuelle Instanz der vorliegenden Klasse referenziert. Beispiele hierfür innerhalb des Konstruktors **ZMit(...)** sind der Aufruf der Methode setGehalt(), die als nicht statische Methode der Oberklasse mit einer Oberklasseninstanz aufgerufen wird:

>   x=super.setGehalt(grgehalt);

und der Aufruf der Methode setWstd(), der als nicht statische Methode der Unterklasse mit einer Unterklasseninstanz aufgerufen wird:

>   y=this.setWstd(ewstd);

In der Anwendungsklasse **ZMitAnw** wird eine Instanz **zm1** von der Unterklasse **ZMit** durch Aufruf des Konstruktors mit einer konstanten Teilzeit von **etz**=19.5 Wochenstunden und einem Grundgehalt in Höhe von 2300.00 EUR angelegt:

zm1=new ZMit("Mueller",1981,2300.,etz);

Der Anwender soll dann eine Änderung der Wochenarbeitszeit durchführen. Bleibt diese im Rahmen, der durch die Methode **setWstd()** festgelegt ist, dann wird die geänderte Unterklasseninstanz angezeigt.

```
/**********************************************************/
/* Verf.:   Prof. Dr. Gregor Büchel                       */
/* Zweck:   Anwendungsklasse zur Verarbeitung von Instan- */
/*          zen der durch Vererbung aus MitArb5 entstande-*/
/*          nen Klasse ZMit                               */
/* Quelle: ZMitAnw.java                                   */
/* Stand:  27.10.2005                                     */
/**********************************************************/
class ZMitAnw
{public static void main(String args[])
 {ZMit zm1;
  double etz=19.5;
  boolean x=true;
  zm1=new ZMit("Mueller",1981,2300.,etz);
  zm1.mitAus();
  do
  { System.out.println("Eingabe: Andere Wochenarbeitszeit:");
    etz=IO1.eindouble();
    x=zm1.setWstd(etz);
    if(!x) System.out.println("Stundenzahl falsch!");
    else zm1.mitAus();
  } while (!x);
 }
}
```

10.6   Überladen und Überschreiben von Methoden

In Java können in einer Klasse mehrere Methoden mit gleichem Methodennamen und gleichem Rückgabedatentyp vorhanden sein.

Def. 1: Hat eine Methode m1() den folgenden Prototyp:

$$\text{[static] } \textbf{dtR m1(dt1 v1, dt2 v2, ..., dtn vn)}$$

Dann heißt die Folge der Datentypen der Übergabeparameter die **Signatur** von m1(). Man schreibt: $\textbf{sig(m1):=(dt1, dt2,..., dtn)}$

Def. 2: Eine Methode **m1()** heißt in einer Klasse X *überladen*, wenn es zwei Exemplare m1 und m1* dieser Methode in X gibt, die unterschiedliche Signaturen haben. Das heißt, es gilt: $\textbf{sig(m1)} \neq \textbf{sig(m1*)}$

BSP. 1: Innerhalb der Klasse **MitArb5** werden zwei überladene Methoden **uestd()** zur Berechnung von bezahlten Überstunden programmiert, wobei die erste Methode den Zuschlag konstant mit 25 Prozent berechnet, während die zweite Methode den Zuschlag mit einem variablen Prozentsatz **uep** berechnet. Beide Methoden verwenden den Parameter **uez**, der die Anzahl der Überstunden enthält. Die Prototypen der beiden Methoden lauten:

double uestd(int uez)	**(m1)**
double uestd(int uez, double uep)	**(m1*)**

Also gilt: **sig(m1) ≠ sig(m1*)**

Der Quelltext der ersten überladenen Methode lautet:

```
double uestd(int uez)
  {double w;
  w=(this.getGehalt()/168.)*1.25*uez;
  return w;
  }
```

Der Quelltext der zweiten überladenen Methode lautet:

```
double uestd(int uez, double uep)
  {double w;
  w=(this.getGehalt()/168.)*(1.+uep)*uez;
  return w;
  }
```

Def. 2: Im Zusammenhang mit einer *Vererbung* ist es möglich, dass es zwei Methoden mit *gleichem Namen* **m1()** und *gleicher Signatur* in einer Oberklasse **X** und in einer Unterklasse **U** gibt, diesen Fall nennt man *Überschreiben*. Das heißt, *die Methode m1() von U überschreibt die Methode m1() von X*. Die JVM kann anhand der aufrufenden Instanz entscheiden, welches Methodenexemplar zur Ausführung gebracht werden muss.

BSP. 2: Innerhalb der Klasse **ZMit** für Teilzeitmitarbeiter, die durch Vererbung aus der Klasse **MitArb5** entstanden ist, wird eine Methode **uestd()** programmiert, die die Methode mit gleicher Signatur in der Klasse **MitArb5** überschreiben soll. Für Teilzeitmitarbeiter gilt in dem Beispielunternehmen die nachteilige Regel, dass die ersten 4 Überstunden ohne Zuschlag bezahlt werden. Erst danach erhalten sie einen Zuschlag von 25 Prozent. Der Quelltext der Methode lautet:

```
double uestd(int uez)
  {double sf, w1=0., w2=0., w;
   sf=this.getGehalt()/168.;
   if (uez<=0) return 0.;
   if (uez<=4) w=sf*uez;
   else
   {w1=sf*4;
    w2=sf*(uez-4.)*1.25;
    w=w1+w2;
   }
   return w;
  }
```

BSP. 3: Nachfolgend ist eine Anwendungsklasse **MitArbAnw5U** angegeben, mit der die in BSP. 1 und BSP. 2 beschriebenen überladenen und überschriebenen Methoden ausgeführt werden. Hinweis: Mit den in Kapitel 10.4, BSP. 1 und in Kapitel 10.5, BSP. 3 beschriebenen Methoden **mitAus()** der Klasse MitArb5 und der Klasse ZMit handelt es sich auch um ein Paar überschriebener Methoden. Der Quelltext der Anwendungsklasse **MitArbAnw5U** lautet:

```
class MitArbAnw5U
{public static void main(String args[])
 {MitArb5 m1;
  ZMit mz;
  double ig,ul1,ul2;
  boolean x=true;
  int u1=10, u2=9;
  m1=new MitArb5("Schmitz",1976);
  x=m1.setGehalt(3050.50);
  ul1=m1.uestd(u1);
  ul2=m1.uestd(u2,0.3);
  m1.mitAus();
  System.out.println("Zuschlag 25Pr.: "+u1+"h: "+ul1);
  System.out.println("Zuschlag 30Pr.: "+u2+"h: "+ul2);
  mz=new ZMit("Mueller",1978,3050.0,20);
  ul1=mz.uestd(u1);
  mz.mitAus();
  System.out.println("Zuschlag 25Pr.: "+u1+"h: "+ul1);
 }
}
```

Um die Wirkung dieser Anwendungsklasse zu verfolgen, ist ein RUNTIME-Protokoll angegeben. Man sieht, dass, obwohl beide Personen gleich viele Überstunden

leisten, die Instanz von ZMit wegen des Algorithmus der überschriebenen Methode **uestd()** weniger Entgelt für die Überstunden enthält:

```
C:\gbjavat>java MitArbAnw5U
MITARBEITER:
Name        : Schmitz
Geburtsjahr : 1976
Gehalt      : 3050.5
Zuschlag 25Pr.: 10h: 226.9717261904762
Zuschlag 30Pr.: 9h: 212.4455357142857
MITARBEITER:
Name        : Mueller
Geburtsjahr : 1978
Grundgehalt : 3050.0
Stundenzahl : 20.0
Monatsgehalt: 1584.4155844155844
Zuschlag 25Pr.: 10h: 208.7797619047619
```

10.7   Lernziele zu Kapitel 10

1. Klassen mit Attributen als höhere Datentypen definieren und anwenden können.
2. Erkennen, dass Klassen mit Attributen die Möglichkeit bieten, Methoden zu
   programmieren, die einen Tupel von Werten mit unterschiedlichen Datentypen
   zurückgeben.
3. UML Klassendiagramme mit Klassensymbolen, Abhängigkeits- und Vererbungsbeziehungen kennen und anwenden können.
4. Den Unterschied zwischen statischen und nicht-statischen Methoden erklären
   können.
5. Klassen mit Attributen und nicht-statischen Methoden programmieren und
   anwenden können.
6. Den Standardkonstruktor und eigene Konstruktoren programmieren können.
7. Den Begriff der Kapselung verstanden haben. Die Bedeutung der Modifizierer
   private, public und protected erklären können. Die Kapselung zur Integritätssi-
   cherung der Attributwerte einsetzen können. Wissen, wie man in Java mit get()-
   und set()-Methoden den Zugriff auf Attribute programmiert.

8. Das für die objektorientierte Programmierung wesentliche Prinzip der Vererbung erklären und in der Java-Programmierung anwenden können. Hierbei insbesondere Konstruktoren für die abgeleiteten Klassen, ggf. unter Aufruf des Konstruktors einer Oberklasseninstanz mit super(...) programmieren können. Wissen, wie man die Vererbungsbeziehung zwischen Klassen in einem UML Diagramm beschreibt.

9. Die Prinzipien des Überladens und des Überschreibens von Methoden erklären können. In Java in der Lage sein, überladene bzw. überschriebene Methoden programmieren und aufrufen zu können.

11 Zeichenorientierte Dateiverarbeitung

Bisher haben wir sämtliche Daten, die von einem Programm eingelesen wurden, von der Tastatur eingelesen und sämtliche Daten, die von einem Programm erzeugt wurden, auf die Konsole ausgegeben. Nun wollen wir die Datenverarbeitung auf sämtliche Dateien, die das Dateisystem des Betriebssystems eines Rechners anbietet, ausdehnen. Hierbei werden Daten aus einer Eingabedatei eingelesen und in eine Ausgabedatei geschrieben. Konsolenausgaben und Tastatureingaben sind damit noch Spezialfälle von Dateiaus- und eingaben.

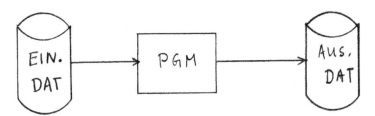

Abbildung 11-1:   Ein allgemeines Schema der Dateiverarbeitung

In Java wird ein Unterschied gemacht, ob Eingabe- und Ausgabedateien *Textdateien* sind, die man mit einem gewöhnlichen Editor schreiben oder lesen kann oder ob Eingabe- und Ausgabedateien *binär kodierte Daten* enthalten, wie Werte im RAM (zum Beispiel Integer- oder Floatzahlen) intern dargestellt sind. Im ersten Fall spricht man von *zeichenorientierter Dateiverarbeitung*, im zweiten Fall von *byteorientierter Dateiverarbeitung*. Wir werden nun die *zeichenorientierte Dateiverarbeitung* behandeln.

11.1   Allgemeine Vorbereitungen

Für den Zugriff auf Dateien stellt die Java API ein wesentliches Paket von Klassen und Schnittstellen zur Verfügung, das von jedem dateienverarbeitenden Programm importiert werden muss:

a) Import des Pakets java.io: import java.io.*;

b) Abfangen oder Auswerfen der IOException

Dateien sind aus der Sicht von Klassen externe Ressourcen. Eine Datei kann vorhanden sein oder fehlen. Möchte man eine Datei lesen, die nicht vorhanden ist, führt das zu einem Laufzeitfehler, das heißt, zu einem Ausnahmefall, den die JVM als **IOException** verwaltet. Eine **IOException** kann (i) von einer Methode mit Dateizugriff als auszuwerfende Fehlermeldung vorab programmiert werden (mit Schlüsselwort **throws**) oder (ii) jeder Dateizugriff wird von einem try-catch()-Block verwaltet, der die IOException abfängt:

(i) Auswerfen der IOException am Beispiel der main()-Methode:
       public static void main(String args[]) throws IOException { ... }
(ii) Verwaltung durch einen try-catch()-Block:
       try { ... /* Anweisungen mit Dateizugriff */ }
       catch (IOException ex1) { ... /* Anweisungen zur Fehlerbehandlung */ }

11.2   Schreibender zeichenorientierter Zugriff

Um zeichenorientiert in eine Datei zu schreiben, sind folgende Arbeitsschritte erforderlich:

11.2.1   Öffnen einer Datei zum Schreiben

Um in eine Datei zeichenorientiert zu schreiben, muss eine Instanz der Klasse **FileWriter** angelegt werden. Hierzu muss dem Konstruktor dieser Klasse der Pfad- und Dateiname (**PDSN**) der zu schreibenden Datei als Zeichenkette angegeben werden. Soll die Datei im gleichen Verzeichnis wie das ausführbare Programm liegen, reicht die Angabe des Dateinamens. Öffnen zum Schreiben bedeutet hier: Die Datei wird neu angelegt oder, falls eine Datei mit einem solchen Namen existiert, wird die Datei komplett überschrieben.

Allgemeine Syntax: **FileWriter pta=new FileWriter(PDSN);**

BSP. 1: In eine Datei AMIT.TXT, die im gleichen Verzeichnis des Programms liegt, sollen Mitarbeiterdaten einer Firma geschrieben werden:

FileWriter pa1=new FileWriter("AMIT.TXT");

11.2.2 Öffnen einer Datei zum Schreiben mit Anhängen am Dateiende

Um neue Datensätze an das Ende einer bereits bestehenden Datei zu schreiben, um dadurch die bisher existierenden Datensätze zu erhalten, muss die Datei im Anhängemodus geöffnet werden.

Allgemeine Syntax: **FileWriter pta=new FileWriter(PDSN, boolean modus);**

Es gilt: Der *Anhängemodus* ist aktiv ⇔ modus = true

BSP. 1: In eine Datei AMIT.TXT, die im gleichen Verzeichnis des Programms liegt, sollen neue Mitarbeiterdaten an das Dateiende angehängt werden:

FileWriter pa1=new FileWriter("AMIT.TXT", true);

11.2.3 Zuordnung eines Methodeninventars für das zeichenorientierte Schreiben

Wir möchten in gleicher Form Zeichenketten in eine Textdatei schreiben, wie wir bisher Zeichenketten auf die Konsole (System.out) geschrieben haben. Die Klasse **PrintWriter** verfügt über Methoden, wie **print()** oder **println()**, die wir bisher schon bei **System.out** benutzt haben. Hierbei wird dem Konstruktor der Klasse PrintWriter die FileWriter-Instanz übergeben, die beim Öffnen der Ausgabedatei erzeugt wurde:

Allgemeine Syntax: **PrintWriter pw1=new PrintWriter(pta);**

BSP. 2: Dem Schreiben in die Datei AMIT.TXT, die mit der Instanz **pa1** verwaltet wird, wird eine PrintWriter Instanz für den println() Methodenaufruf zugeordnet:

PrintWriter pw1=new PrintWriter(pa1);

11.2.4 Schreiben eines Datensatzes

Ein Datensatz, der als Zeichenkette **pz** gegeben ist, wird mit der Methode **println()** oder **print()** in die Ausgabedatei geschrieben. Die Referenz auf die Ausgabedatei wird über die Instanz des Schreibmethodeninventars hergestellt (hier: **pw1**):

Allgemeine Syntax des println() Aufrufs: **pw1.println(pz);**

11.2.5 Schließen des schreibenden Zugriffs

Der schreibende Zugriff auf die Datei wird, nachdem alle Datensätze geschrieben worden sind, mit der Methode close(), die zum schreibenden Methodeninventar gehört, beendet:

Allgemeine Syntax des Schließens: **pw1.close();**

BSP. 3: In der main()-Methode der nachfolgenden Anwendungsklasse **WZMit1** werden Attributwerte, die als CSV-String verkettet sind, von mehreren Instanzen der Klasse MitArb4 zeichenorientiert in die Datei AMIT.TXT geschrieben:

```
/**********************************************************/
/* Verf.:   Prof. Dr. Gregor Büchel                       */
/* Zweck:   Anwendungsklasse zum zeichenorientierten      */
/*          Schreiben von Instanzen der Klasse MitArb4 in */
/*          eine Datei AMIT.TXT               */
/* Quelle: WZMit1.java                                    */
/* Stand:  27.10.2005                                     */
/**********************************************************/
import java.io.*;

class WZMit1
{public static void main(String args[]) throws IOException
 {MitArb4 am[];
  int i,n;
  String pz;
```

```
FileWriter pal=new FileWriter("AMIT.TXT");
PrintWriter pw1=new PrintWriter(pal);
am=holeMit();
n=am.length;
for (i=0; i<n; i++)
{ pz=am[i].name+";"+am[i].geb+";"+am[i].gehalt;
  pw1.println(pz);
}
pw1.close();
System.out.println(n+" Datensaetze nach AMIT.TXT geschrieben.");
}

static MitArb4[] holeMit()
{ MitArb4 ax[]={new MitArb4("Mueller",1981,2345.90),
                new MitArb4("Maier",1966,3560.60),
                new MitArb4("Huber",1975,4400.75),
                new MitArb4("Schmidt",1978,4100.50)};
  return ax;
}
}
```

11.3 Lesender zeichenorientierter Zugriff

Um aus einer Datei zeichenorientiert zu lesen, sind folgende Arbeitsschritte erforderlich:

11.3.1 Öffnen einer Datei zum Lesen

Um eine Datei zeichenorientiert zu lesen, muss eine Instanz der Klasse **FileReader** angelegt werden. Hierzu muss dem Konstruktor dieser Klasse der Pfad- und Dateiname (**PDSN**) der zu lesenden Datei als Zeichenkette angegeben werden. Steht die Datei im gleichen Verzeichnis wie das ausführbare Programm, reicht die Angabe des Dateinamens:

Allgemeine Syntax: **FileReader pe1=new FileReader(PDSN);**

BSP. 4: Aus einer Datei AMIT.TXT, die im gleichen Verzeichnis des Programms liegt, sollen Mitarbeiterdaten einer Firma gelesen werden:

FileReader pe1=new FileReader("AMIT.TXT");

11.3.2   Zuordnung eines Methodeninventars für das zeichenorientierte Lesen

Wir möchten nicht einzelne Zeichen, sondern Datensätze als komplette Zeichen-ketten aus einer Textdatei lesen, wie wir bisher Zeichenketten von der Tastatur (System.in) innerhalb der Methoden der Klasse IO1 gelesen haben. Die Klasse **BufferedReader** verfügt über eine Methode **readLine()**, die genau dieses leistet. Zuordnung einer BufferedReader Instanz als Methodeninventar:

Allgemeine Syntax: **BufferedReader pr1=new BufferedReader(pe1);**

11.3.3   Lesen eines Datensatzes als Zeichenkette

Ein Datensatz wird mit der Methode **readLine()** der Klasse BufferdReader in eine Stringvariable eingelesen:

Prototyp: String readLine();

Aufruf: String h;   h=pr1.readLine();

11.3.4   End of File (=: EOF) Steuerung beim Lesen einer Datei

Ein lesendes Programm kennt in der Regel nicht die Anzahl der Datensätze der Eingabedatei. Wenn das Programm die Eingabedatei einschließlich des letzten Bytes gelesen hat, hat es das Dateiende (end of file =: EOF) erreicht. Je nach Einlesemethode wird dem lesenden Programm der EOF Zustand in unterschiedli-cher Form mitgeteilt. Bei der readLine()-Methode wird bei EOF der leere String zurückgegeben. Das heißt, es gilt:

EOF liegt vor ⇔ pr1.readLine() == null

Dieses *EOF-Kriterium* kann genutzt werden, um Schleifen zu programmieren (so-genannte EOF gesteuerte Schleifen), die alle Datensätze einer Eingabedatei lesen können, ohne dass die Anzahl der Datensätze benötigt wurde.

Allgemeine EOF gesteuerte Schleife:

```
/* Lesen des 1. Datensatzes */

pz=pr1.readLine();
```

/* Schleife mit EOF Steuerung */

while(pz!=null)

{ ...

   /* Verarbeitung des akt. Datensatzes */

   ...

   /* Lesen des nächsten Datensatzes */

   pz=pr1.readLine();

}

11.3.5 Schließen des lesenden Zugriffs

Der lesende Zugriff auf die Datei wird, nachdem alle Datensätze geschrieben worden sind, mit der Methode close(), die zum lesenden Methodeninventar gehört, beendet:

Allgemeine Syntax des Schließens: **pr1.close();**

BSP. 5: In der main()-Methode der nachfolgenden Anwendungsklasse **RZMit1** werden Datensätze, die in Form von CSV-Zeichenketten Instanzen der Klasse **MitArb43** repräsentieren, eingelesen. Diese Klasse verfügt über die Attribute und Konstruktoren der Klasse **MitArb4** und die Methode **neuGehalt()** der Klasse **MitArb3**. Für jede Instanz wird das Gehalt nach der Erhöhung berechnet und ausgegeben.

```
/*************************************************************/
/* Verf.:   Prof. Dr. Gregor Büchel                         */
/* Zweck:   Anwendungsklasse zum zeichenorientierten Lesen*/
/*          von CSV-Datensaetzen von Instanzen der Klasse  */
/*          MitArb43 aus einer Datei AMIT.TXT              */
/* Quelle:  RZMit1.java                                     */
/* Stand:   27.10.2005                                      */
/*************************************************************/
import java.io.*;
```

```
class RZMit1
{public static void main(String args[]) throws IOException
 {MitArb43 x;
  int i=0;
  String pz;
  double ah,dg;
  FileReader pe1=new FileReader("AMIT.TXT");
  BufferedReader pr1=new BufferedReader(pe1);
  System.out.println("Angabe der Lohnerhoehung:");
  ah=IO1.eindouble();
  /* Leseschleife */
  pz=pr1.readLine();
  System.out.println("Mitarbeiter:altes Gehalt:neues Gehalt");
  while(pz!=null)
  { x=new MitArb43(pz);
    dg=x.gehalt;
    x.neuGehalt(ah);
    System.out.println(x.name+":"+dg+":"+x.gehalt);
    i++;
    pz=pr1.readLine();
  }
  pr1.close();
  System.out.println(i+" Datensaetze aus AMIT.TXT gelesen.");
 }
}
```

11.4   Lernziele zu Kapitel 11

1. Die Arbeitsschritte der lesenden bzw. schreibenden zeichenorientierten Ver-
    arbeitung von Dateien kennen und anwenden können: Dateien öffnen und
    schließen, Methodeninventare zuordnen, schreibender bzw. lesender Zugriff
    auf Datensätze.

2. Das Prinzip der EOF-Steuerung für Leseschleifen erläutern und anwenden
    können.

3. Das Schreiben auf die Konsole und das Lesen von der Tastatur als Spezialfälle
    der Dateiverarbeitung erklären können (zum Beispiel an Hand von Methoden
    der Klasse IO1).

12   Listen

Für eine Sammlung von Komponenten, die alle den gleichen Datentyp haben und gemeinsam im RAM verwaltet werden sollen, haben wir bisher als höheren Datentyp Felder (Arrays) verwendet. Bei Feldern ist das Problem, dass man zum Zeitpunkt des Anlegens eines Feldes bereits die Feldlänge (= Anzahl der Komponenten) wissen muss. Mit dieser Länge wird das Feld angelegt. Das Programm kann im Nachhinein diese Länge *nicht* mehr *vergrößern* und nicht mehr *verkleinern*. In der praktischen Informatik werden Felder daher als *statische Datentypen* betrachtet. Listen sind dagegen *dynamische Datentypen*.

In einem Feld **a[]** waren die Komponenten *angeordnet*, das heißt, sie waren als endliche *Folge* gespeichert: Für alle i mit $1 \leq i < n$ (n = Länge(a[])) galt: a[i] folgte auf a[i-1].

Def. 1: Ein *dynamischer Datentyp* **L** zur Verwaltung von Elementen eines gleichen Datentyps **A** in einer *Anordnung* heißt **Liste**. Die Elemente einer Liste heißen *Knoten*. Der erste Knoten einer Liste heißt *Anker*.

Von einer Feldkomponente a[i] für $1 \leq i \leq (n-2)$ konnte über den *Index* **i** mit a[i+1] auf die nachfolgende Komponente und mit a[i-1] auf die Vorgängerkomponente zugegriffen werden. Bei Listen geschieht der Zugriff von einem Knoten auf seinen *Nachfolgerknoten* bzw. seinen *Vorgängerknoten* durch *Referenzen*.

Def. 2: Eine Liste, die von jedem Knoten (außer dem letzten) nur den Zugriff auf einen Nachfolgerknoten ermöglicht, heißt *einfach vorwärts verkettete Liste*. Eine Liste, die den Zugriff von jedem Knoten sowohl auf seinen Nachfolger- als auch auf seinen Vorgängerknoten erlaubt, heißt *doppelt verkettete Liste*.

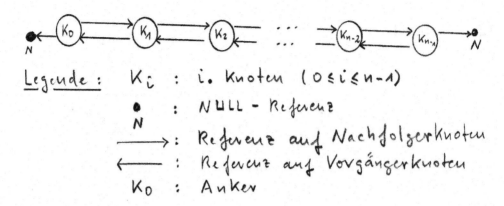

Abbildung 12-1:   Ein allgemeines Schema einer doppelt verketteten Liste

BSP. 1: Man möchte einen einfachen Satz der deutschen Sprache im RAM verwalten, zum Beispiel den Satz: „Fritz isst Obst". So kann man dieses mit einem Feld leisten:

>   String s[]={"Fritz", "isst", "Obst"};

Ändert man diesen Satz, indem man ein Wort hinzufügt, so dass der Satz dann lautet: „Fritz isst *gerne* Obst", so ist dieses mit dem Feld **s[]** nicht mehr möglich. Mit einer Liste **sl1** kann dieses zusätzliche Wort dagegen gespeichert werden, indem ein neuer Knoten für das Wort *„gerne"* angelegt wird und dessen Adresse (hier zum Beispiel die Adresse 5000) bei der Nachfolgerreferenz des Vorgängerknotens und der Vorgängerreferenz des Nachfolgerknotens gespeichert wird[14].

In Java können Listen mit dem Referenzdatentyp **List** deklariert werden. Vieles, das in Java zur Verwaltung von dynamischen Datentypen dient, befindet sich im Paket **java.util.** Daher ist dieses am Anfang eines Quelltextes, dessen Klasse eine Liste verarbeitet, zu importieren:

>   **import java.util.*;**

---

[14] Siehe: Abbildung 12-2. Dort sind die Knoten aus Platzgründen als Rechtecke gezeichnet.

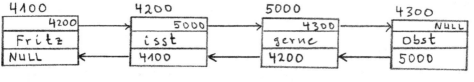

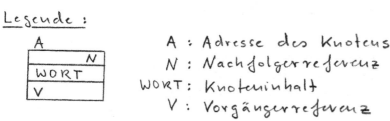

Abbildung 12-2:   Ein Satz der deutschen Sprache als Liste

In den folgenden Unterkapiteln werden die wesentlichen Arbeitsschritte zur Verarbeitung von Listen erläutert.

12.1 Deklaration einer Liste

Wenn mit einer Variable **li1** eine Liste verwaltet werden soll, die Knoten von einem Datentyp **A** enthalten soll, kann diese Listenvariable, wie folgt, deklariert werden:

> List<A> li1;

Anm. 1: Den Datentyp **A** der Knoten schreibt man in ein paar spitzer Klammern. A heißt dann *generischer Datentyp* der Liste. Hat man die Liste in dieser Form deklariert, kontrolliert die JVM, dass während der Laufzeit des Programms keine Knoten eines anderen Datentyps in die Liste eingefügt werden können.

BSP. 2: Eine Liste **sl1**, mit der ein Satz der deutschen Sprache verwaltet werden soll (vgl. BSP. 1), deren Wörter Zeichenketten sind, kann folgendermaßen deklariert werden:

> List<String> sl1;

BSP. 3: Eine Liste **mil1** von Mitarbeitern, deren Knoten Instanzen der Klasse MitArb4 sind (vgl. Kapitel 10.3), wird folgendermaßen deklariert:

> List<MitArb4> mil1;

12.2   Speicherplatzbeschaffung für eine Liste

Der Java Datentyp **List** ist ein sogenanntes *Interface.* Im Unterschied zu Klassen haben Interfaces keine Attribute. Sie bestehen in der Hauptsache nur aus Prototypen von Methoden. Interfaces werden durch konkrete Klassen implementiert. Das Schlüsselwort dafür heißt **implements**. Eine Klasse X, die ein Interface Z implementiert, überschreibt alle Methodenprototypen von Z durch vollständige Methoden.

Allgemeine Syntax für die Implementierung eines Interfaces Z durch eine Klasse X:
> class X implements Z
>
> { . . . }

Im Paket **java.util** sind bereits *konkrete Klassen* gegeben, mit denen das Interface **List** implementiert wird. Das heißt, man muss die Implementierung nicht mehr selber programmieren, sondern man kann zur Speicherplatzbeschaffung direkt die Konstruktoren dieser Klassen benutzen. Dieses sind im Wesentlichen die beiden Klassen **ArrayList** und **LinkedList**. Während ArrayList Listen im Hintergrund mit Feldern verwaltet, ist LinkedList eine reine Verwaltung von Listen durch Referenzen. (Aus diesem Grunde wird in den nachfolgenden Beispielen die Klassen LinkedList bevorzugt).

Allgemeine Syntax der Speicherplatzbeschaffung für eine Listenvariable **li1**, deren Knoten von einem Datentyp **A** sind:

a) als LinkedList: **li1=new LinkedList<A>();**
b) als ArrayList: **li1=new ArrayList<A>();**

BSP. 4: Für die Variable **mil1** einer Liste von Mitarbeitern, deren Knoten Instanzen der Klasse MitArb4 sind (siehe: BSP. 3), kann folgendermaßen Speicherplatz beschafft werden: **mil1=new LinkedList<MitArb4>();**

12.3   Einfügen von Knoten an das aktuelle Listenende

Ist die Liste noch leer, kann mit dieser Methode ein Knoten **x** vom Datentyp **A** in die Liste eingefügt werden. Dieser Knoten wird zum Anker der Liste. Enthält die Liste bereits n Knoten wird durch diese Methode der (n+1). Knoten in die Liste eingefügt. Wenn das Einfügen gelingt, wird **true** zurückgegeben.

Prototyp der Methode: **boolean add(A x)**

BSP. 5: Ein neuer Mitarbeiter soll in die Mitarbeiterliste **mil1** eingefügt werden:
>   MitArb4 x1=new MitArb4("Mayer", 1963, 3350.00);
>   boolean w1;
>   w1=mil1.add(x1);

12.4   Die Länge einer Liste ermitteln

Die Länge einer Liste ist die Anzahl der in ihr enthaltenen Knoten. Diese Methode ist das Äquivalent zum Attribut **length** eines Feldes.

Prototyp der Methode: **int size()**

BSP. 6: Die Länge der Mitarbeiterliste **mil1** soll ermittelt werden:
>   int n=mil1.size();

12.5   Lesender Zugriff auf einen Knoten der Liste

Jeder i. Knoten der Liste ($0 \leq i < n$, n=li1.size()) kann mit einer Methode get() gelesen werden. Hierbei wird ein Wert vom Datentyp **A** des Knotens zurückgegeben.

Prototyp der Methode: **A get(int i)**

BSP. 7: Alle Knoten der Mitarbeiterliste **mil1** sollen gelesen und auf der Konsole ausgegeben ermittelt werden:

```
int i;
int n=mil1.size();
MitArb4 xm;
for (i=0; i<n; i++)
{ xm=mil1.get(i);
  xm.mitAus4();
}
```

12.6 Löschen eines Knotens aus der Liste

Ein i. Knoten der Liste (0 ≤ i < n, n=li1.size()) kann mit einer Methode remove() gelöscht werden. Die Liste bleibt in einem verketteten Zustand. Der Inhalt des gelöschten Knotens, der vom Datentyp **A** ist, wird zurückgegeben.

Prototyp der Methode: **A remove(int i)**

BSP. 8: Der 4. Knoten der Mitarbeiterliste **mil1** sollen gelöscht werden:

```
MitArb4 xm;
xm=mil1.remove(3);
System.out.println("Knoten zu "+xm.name+" wurde geloescht");
```

12.7 Überschreiben eines Knotens mit einem neuen Inhalt

Ein i. Knoten der Liste (0 ≤ i < n, n=li1.size()) wird mit der Methode set() überschrieben. Der alte Inhalt des überschriebenen Knotens wird zurückgegeben.

Prototyp der Methode: **A set(int i, A neu)**

BSP. 9: Der 5. Knoten der Mitarbeiterliste **mil1** soll einen höheres Gehalt bekommen:

```
MitArb4 xalt, xneu;
xalt=mil1.get(4);
xneu=new MitArb4(xalt.name, xalt.geb, xalt.gehalt+350.75);
xalt=mil1.set(4, xneu);
```

12.8   Hinzufügen eines Knotens an eine i. Position

Folgende Positionen sind möglich: $0 \leq i \leq n$=li1.size():

i = 0 ⇔ der neue Knoten ist der *neue Anker*.

i = n ⇔ der neue Knoten ist das *neue Listenende*.

Sonst: Der neue i. Knoten wird zwischen dem alten (i-1). und dem alten i. Knoten eingekettet. Der alte i. Knoten wird zum Nachfolger des neuen i. Knoten.

Prototyp der Methode: **void add(int i, A xneu)**

BSP. 10: Ein neuer Mitarbeiter soll an der 3. Position in die Mitarbeiterliste **mil1** eingekettet werden:

```
MitArb4 xneu;
xneu=new MitArb4("Schuster",1971,3100.50);
mil1.add(2,xneu);
```

12.9   Eine Liste in ein Feld konvertieren

Die Konvertierung wird mit der Methode toArray() durchgeführt. Zurückgegeben wird ein Feld vom Knotendatentyp **A**.

Prototyp der Methode: **A[] toArray()**

BSP. 11: Die Mitarbeiterliste **mil1** sollen in ein Feld mf[] konvertiert werden:

```
int i;
MitArb4 mf[];
mf=mil1.toArray();
for (i=0; i<mf.length; i++)
{ System.out.println(i+". Position:");
  mf[i].mitAus4();
}
```

Übung 1: Eine Methode für die Konvertierung in die andere Richtung (das heißt, vom Feld in eine Liste) liegt nicht vor. Diese Methode müsste selber programmiert werden: Prototyp: **static List<A> feld2Liste(A x[])**

12.10   Lesen einer Liste mit einem Iterator

Für alle dynamischen Datentypen gibt es die Möglichkeit, die Sammlung ihrer Elemente *indexfrei* zu lesen. Die get()-Methode war *indexgebunden* (siehe Prototyp der get()-Methode). Das indexfreie Lesen wird mit einer Instanz der Klasse **ListIterator** durchgeführt. Zu jeder Liste kann mit der Methode **listIterator()** eine Instanz der Klasse ListIterator erzeugt werden. Dabei wird die Startposition des Lesevorgangs übergeben:

a) *Deklaration* eines ListIterators: ListIterator<A> lit1;

b) *Erzeugen* einer ListIterator Instanz zu einer gegebenen Liste lx:

mit START = Anker: lit1=lx.listIterator(0);

mit START = Listenende: lit1=lx.listIterator(lx.size());

c) *Kontrollmethoden* des Iterators, ob das Listenende bzw. der Anker bereits erreicht wurde. Bei Eintreten dieser Fälle wird jeweils **false** zurückgegeben: Prototypen:

boolean hasNext()

boolean hasPrevious()

d) *Lesemethoden* für den Nachfolger- bzw. Vorgängerknoten, wenn die Knoten vom Datentyp **DTY** sind:

DTY next()

DTY previous()

BSP. 12: Die Mitarbeiterliste **mil1** soll in umgekehrter Richtung vom Listenende bis zum Anker durchgelesen werden:

```
ListIterator litm;
MitArb4 mx;
litm=mil1.listIterator(mil1.size());
while (litm.hasPrevious())
{ mx=litm.previous();
  mx.mitAus4();
}
```

12.11 Lernziele zu Kapitel 12

1. Den dynamischen Datentyp einer Liste im Unterschied zum Datentyp eines Feldes erläutern können.
2. Sowohl Listen, deren Knoten von einem einfachen Datentyp sind, als auch Listen, deren Knoten von einem Referenzdatentyp sind, anlegen können.
3. In Listen an beliebiger Position Knoten anlegen, löschen und ändern können.
4. Auf die Folge der Knoten einer Liste sowohl mittels eines Index als auch indexfrei lesend zugreifen können.

13 Formale Spezifikation syntaktischer Strukturen

13.1 Zur Syntax von natürlichen und formalen Sprachen

Wir wollen uns hier der Frage zuwenden: Welche Konzepte liegen der Definition einer Programmiersprache, insbesondere ihrer *syntaktischen Regeln* zu Grunde? Die Antwort auf diese Frage hat praktische Bedeutung, sie dient dazu, ein System von Anleitungen zu formulieren, mit denen man einen Compiler entwickeln kann.

Sprachen können in natürliche Sprachen (Muttersprache und Fremdsprachen) und in formalen Sprachen eingeteilt werden (s. Abb.1). Eine Gemeinsamkeit aller geschriebener Sprachen ist, das sie von einer Grundmenge von Zeichen (zum Beispiel einem Alphabet) ausgehen und mittels dieser Zeichen sprachliche Ausdrücke bilden (in einer natürlichen Sprache Wörter und Sätze; in einer Programmiersprache Ausdrücke, Anweisungen, Methoden und Klassen). Aus einfachen Ausdrücken werden zusammengesetzte Ausdrücke gebildet. Das Zusammensetzen von Ausdrücken kann solange fortgesetzt werden, bis die komplexesten Ausdrücke einer Sprache erzeugt wurden (in der deutschen Sprache: ein Satz; in einer objektorientierten Programmiersprache: eine Klasse).

In Hinblick auf die Ausdrücke einer Sprache können zwei Fragen gestellt werden:

Wie können Ausdrücke korrekt gebildet werden?

Welche Bedeutung haben die gebildeten Ausdrücke?

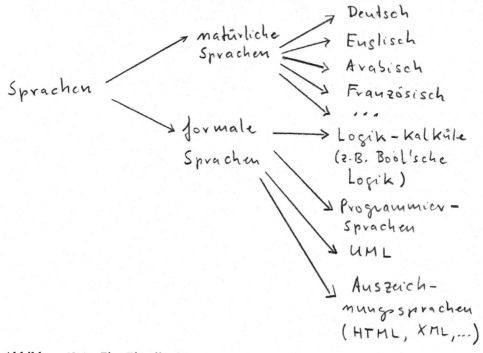

Abbildung 13-1: Eine Einteilung von natürlichen und formalen Sprachen

Die Antwort zu A) wird mit der *Syntax* einer Sprache und die Antwort zu B) wird mit der *Semantik* einer Sprache gegeben.

Def. 1: Die *Syntax* einer Sprache legt fest, welche Zeichenfolgen, die mit Zeichen eines Alphabets der Sprache gebildet werden, zulässige Ausdrücke der Sprache sind und welche Zeichenfolgen es nicht sind[15].

---

[15] Vgl. E. Engesser: „DUDEN Informatik", Mannheim (Bibliographisches Institut) 1988, S. 591.

Def. 2: Die *Semantik* einer Sprache ist die Lehre von der Bedeutung der Ausdrücke einer Sprache[16].

Nicht jeder syntaktisch korrekt gebildete Ausdruck muss eine Bedeutung haben. Zum Beispiel könnte man folgende Syntaxregel aufstellen: Ein Bruch **b** ist ein Ausdruck der Form **m/n**, wobei **m** und **n** ganze Dezimalzahlen sind. Fast allen Brüchen kann man eine Bedeutung zuordnen, wenn man m durch n dividiert und das Ergebnis als rationale Zahl aufschreibt. Nur für **n = 0** gelingt diese Bedeutungszuordnung nicht. Entsprechende Probleme gibt es in natürlichen Sprachen: Man könnte zum Beispiel für eine Menge von zu bildenden Substantiven **SPA** die Regel aufstellen, dass sie aus einem führenden Adjektiv **ADF** und der Nachsilbe „heit" gebildet werden sollen, wobei der erste Buchstabe in **ADF** groß geschrieben wird (**GADF**): **SPA = GADF+heit**

Für ADF ∈ {dumm, frei, gesund, klug, krank, träg} funktioniert diese Regel und es werden Substantive der deutschen Sprache, die eine bestimmte Bedeutung haben, erzeugt. Für ADF ∈ {arm, reich} werden hinsichtlich der Bedeutung fehlerhafte Wörter gebildet (Ausdrucksfehler), die syntaktisch wie **X** als Substantiversatz auftreten können: „Die Armheit in Deutschland wächst". Der Ausdrucksfehler wird wahrgenommen, da es bereits andere Substantive gibt, die den durch „arm" und „reich" gegebenen Bedeutungsbereich einnehmen: „Armut" und „Reichtum".

Die Untersuchung der Semantik einer Sprache ist in der Regel schwieriger als die Untersuchung der Syntax. Im Folgenden wird daher nur auf die Syntax einer Sprache eingegangen.

Def. 3: Das System der Regeln, mit denen syntaktisch korrekte Ausdrücke gebildet werden können, heißt *Grammatik*.

Auf Grund der linguistischen Arbeiten von *Noam Chomsky*[17] (zum Beispiel „Syntactic Structures", 1957) kann man die Grammatik **G** einer Sprache **L** durch

---

16 Vgl. E. Engesser: „DUDEN Informatik", a. a. O., S. 519.

17 Eine gute Übersicht zur Person und Werk von Noam Chomsky (* 1928) findet man in dem Wikipedia Artikel: http://de.wikipedia.org/wiki/Noam_Chomsky.

den folgenden Quadrupel bestimmen: G = (T, N, P, S). Mittels G kann in einer Sprache L entschieden werden, welche Zeichenfolgen der Menge A^*, die aus Zeichen des Alphabets **A** gebildet werden, zulässige Ausdrücke sind.

$A^* = \{a_1a_2...a_n \mid a_i \in A$ für alle i mit $1 \leq i \leq n$, $n \in \mathbb{N}\}$

Def. 4: Die Grammatik G = (T, N, P, S) hat folgende Bestandteile:

Die Menge **T** der *Terminalsymbole.* T ist eine endliche nicht leere Menge. Terminalsymbole sind aus Zeichen des Alphabets A der Sprache L zusammengesetzt.

Die endliche Menge **N** der *Nichtterminalsymbole.* Nichtterminalsymbole sind die grammatischen Konstrukte, die aus gegebenen Nichtterminalsymbolen und Terminalsymbolen unter Verwendung von Produktionsregeln gebildet werden können[18]. Für die Mengen N und T gilt: $N \cap T = \emptyset$. Wenn man die Grammatik einer Programmiersprache aufstellen möchte, muss man ein Nichtterminalsymbol für einen Bezeichner definieren, den man zum Beispiel als Variablenname verwenden kann, dieses ist zum Beispiel das Nichtterminalsymbol <BEZ>.

Die endliche Menge **P** der *Produktionsregeln.* Eine Produktionsregel gibt an, wie ein Nichtterminalsymbol <Z> aus gegebenen Terminal- und Nichtterminalsymbolen erzeugt werden kann. Für eine Teilmenge der formalen Sprachen, den sogenannten kontextfreien Sprachen, kann eine Produktionsregel folgendermaßen beschrieben werden: Das zu produzierende Nichtterminalsymbol <Z> steht auf der linken Seite der Produktionsregel und die gegebenen Terminal- und Nichtterminalsymbolen, aus denen <Z> erzeugt werden sollen, stehen auf der rechten Seite der Produktionsregel. Wenn wir zum Beispiel das Nichtterminalsymbol <EDTYP> für einen einfachen Java Datentyp durch eine Produktionsregel definieren wollen, kann diese Regel die folgende Form haben:

<EDTYP> := byte | short | int | long | float | double | char

---

[18] Prof. Dr. Vogt nennt Nichtterminalsymbole auch „Variablen" einer Grammatik. Vgl. Carsten Vogt: „Informatik – Eine Einführung in Theorie und Praxis", Heidelberg, Berlin (Spektrum Akademischer Verlag), 2004, S.72.

Diese Regel besagt, **<EDTYP>** kann durch den Namen **byte** oder **short** oder ... oder **char** ersetzt werden. Produktionsregeln sind *Ersetzungsregeln*, die beschreiben, durch welche Folge von gegebenen Terminal- und Nichtterminalsymbolen das Nichtterminalsymbol der linken Seite ersetzt werden kann.

Das *Startsymbol* **S**. Es gilt: $S \in N$. Das Startsymbol S ist das komplexeste Symbol der aufzustellenden Grammatik G. Möchte man eine Grammatik G der deutschen Sprache aufstellen, was eine Herkulesarbeit wäre, dann wäre das Nichtterminalsymbol <SATZ>, das jeden Satz der deutschen Sprache syntaktisch beschreiben würde, das Startsymbol. Möchte man eine Minigrammatik für die einfache Deklaration einer Variablen mit einem einfachen Java Datentyp aufstellen, was wir im Folgenden als Beispiel ausführen werden, dann werden wir ein Startsymbol <EDEKL> mittels einer Produktionsregel definieren.

13.2 Beschreibung einer Grammatik durch eine BNF

Für eine kontextfreie Programmiersprache kann eine Grammatik als *Backus Naur Form* (BNF) beschrieben werden[19]. Die BNF liefert eine formale Spezifikation für Nichtterminalsymbole der Menge N und P. Sie wurde entwickelt von den Informatikern John Backus und Peter Naur[20]. In der Entwicklung der Informatik der letzten 50 Jahre hat die BNF verschiedene Erweiterungen und Änderungen erfahren (unter anderem EBNF, ABNF[21]), an die die nachfolgende Darstellung angelehnt ist.

13.2.1 Beschreibung von Nichtterminalsymbolen

Nichtterminalsymbole werden in ein Paar spitzer Klammern eingeschlossen: **<NTSY>**

---

19 Vgl. Vogt, a. a. O. S. 80 ff.
20 Vgl. http://de.wikipedia.org/wiki/Backus-Naur-Form.
21 Augmented BNF, vgl. http://en.wikipedia.org/wiki/Augmented_Backus-Naur_ Form.

13.2.2   Beschreibung von Produktionsregeln

Eine Produktionsregel für ein Nichtterminalsymbol <NTSY> hat die Form:

> **<NTSY> ::= REGELAUSDRUCK**

Der REGELAUSDRUCK besteht im Allgemeinen aus einer *Sequenz* von Terminal-
und Nichtterminalsymbolen, die eventuell unter Nutzung weiterer *Operatoren*
verbunden sind.

13.2.3   Operatoren im REGELAUSDRUCK einer BNF

Alternative: wird durch das Zeichen | notiert. Zum Beispiel: A|B

Optionaler Ausdruck: wird in einem Paar eckiger Klammern eingeschlossen: [A]

Wiederholung: Eine beliebige (auch leere) Wiederholung eines Ausdrucks wird
durch Einschließen des Ausdrucks in ein Paar geschweifter Klammern notiert: {A}

Eine *Wiederholung* mit einer *Mindestquantität* n und einer *Maximalquantität* m (n, m
$\in \mathbb{N} \cup \{0\}$) kann durch Anfügen der Quantitäten an die Wiederholungsklammer
notiert werden[22]: {A}n:m.

Anm. 1: (*Praktikumskonvention*, das heißt, keine allgemein anerkannte Notation)
Wenn eingeordnetes Teilalphabet gegeben ist und in einer Alternative alle Zeichen
des Teilalphabets vorkommen sollen, kann die vollständige Aufzählung durch die
Punktefolge ... abgekürzt werden.

BSP. 1: Eine Grammatik G für *ganze Zahlen* soll mit einer BNF spezifiziert werden.

a) *Startsymbol* für eine *ganze Zahl*: <GZ>

b) Menge der *Terminalsymbole* T: T = {0, 1, 2, 3, 4, 5, 6, 7, 8, 9, -, +}

c) Menge der *Nichtterminalsymbole* N:

Symbol für die Ziffern von 1 bis 9: <Z19>

Symbol für die Ziffern von 0 bis 9: <Z09>

---

[22] Vgl. Löffler et al.: „Taschenbuch der Informatik" Leipzig (Fachbuchverlag), 1992,
S. 407 ff. Die ABNF (a. a. O.) notiert die Quantitäten in der Form n*{A}*m.

Symbol für eine natürliche Zahl: <NAZ>

Symbol für eine negative Zahl: <NEZ>

Symbol für eine ganze Zahl: <GZ>

d) Menge der *Produktionsregeln* P:

> <Z19> ::= 1|2|3|4|5|6|7|8|9
>
> <Z09> ::= 0|<Z19>
>
> <NAZ> ::= [+]<Z19>{<Z09>}
>
> <NEZ> ::= -<Z19>{<Z09>}
>
> <GZ> ::= <NAZ>|0|<NEZ>

BSP. 2: Eine Grammatik G für Standard KFZ-Kennzeichen soll mit einer BNF spezifiziert werden. Ein solches Kennzeichen besteht in der Regel aus einem Ortskennzeichen für den Landkreis bzw. eine kreisfreie Stadt, einer Folge von maximal zwei Buchstaben und einer ein- bis vierstelligen Nummer.

a) *Startsymbol* für ein Standard KFZ-Kennzeichen: <KFKEN>

b) Menge der *Terminalsymbole* T[23]:

T = {A, B, C, ..., X, Y, Z, 0, 1, 2, 3, ... , 8, 9, ⊔}

c) Menge der *Nichtterminalsymbole* N:

Symbol für das Ortskennzeichen: <OKEN>

Symbol für einen Buchstaben: <BU>

Symbol für die Buchstabenfolge: <BF>

Symbol für eine Ziffer: <Z19>

Symbol für die Nummer: <NUM>

Symbol für ein Standard KFZ-Kennzeichen: <KFKEN>

---

[23] Das Symbol ⊔ soll das Leerzeichen darstellen.

d) Menge der *Produktionsregeln* P:

$\quad$ <Z19> ::= 1|2|3|4|5|6|7|8|9

$\quad$ <Z09> ::= 0|<Z19>

$\quad$ <NUM> ::= <Z19>[{<Z09>}$_{1:3}$]

$\quad$ <BU> ::= A|B|C| ... |X|Y|Z

$\quad$ <OKEN> ::= {<BU>}$_{1:3}$

$\quad$ <BF> ::= {<BU>}$_{0:2}$

$\quad$ <KFKEN> ::= <OKEN>⊔<BF><NUM>

BSP. 3: Eine Grammatik G für die einfache Deklaration einer Variablen mit einem einfachen Java Datentyp soll mit einer BNF spezifiziert werden. Hierbei soll die Variable einen wohlgeformten Bezeichner haben, der mit einem kleinen Buchstaben beginnt und als weitere Zeichen nur Buchstaben oder Dezimalziffern enthält.

a) *Startsymbol* für die einfache Deklaration einer Variablen mit einem einfachen Java Datentyp: <EDEKL>

b) Menge der *Terminalsymbole* T:

T = {A, B, C, …, X, Y, Z, a, b, c, … , x, y, z, 0, 1, 2, 3, … , 8, 9, ⊔, ;}

c) Menge der *Nichtterminalsymbole* N:

Symbol für die Ziffern von 0 bis 9: <Z09>

Symbol für einen kleinen Buchstaben: <KBU>

Symbol für einen großen Buchstaben: <GBU>

Symbol für ein weiteres Bezeichnerzeichen: <WBZ>

Symbol für einen einfachen Datentyp: <EDTYP>

Symbol für einen Bezeichner: <BEZ>

Startsymbol: <EDEKL>

d) Menge der *Produktionsregeln* P:

        `<Z09> ::= 0 | 1 | 2 | 3 | 4 | 5 | 6 | 7 | 8 | 9`

        `<KBU> ::= a | b | c | ... | x | y | z`

        `<GBU> ::= A | B | C | ... | X | Y | Z`

        `<WBZ> ::= <Z09> | <KBU> | <GBU>`

        `<BEZ> ::= <KBU>{<WBZ>}`

        `<EDTYP> := byte | short | int | long | float | double | char`

        `<EDEKL> ::= <EDTYP>⊔<BEZ>;`

13.3 Lernziele zu Kapitel 13

1. Die Aufgabe einer Grammatik einer Sprache erklären können.
2. Die Bestandteile einer Grammatik G = (T, N, P, S) einer formalen Sprache erläutern können.
3. Die Bestandteile einer BNF erläutern können.
4. Kleine Beispielgrammatiken mit einer BNF spezifizieren können.
5. Bei einer als BNF gegebenen Grammatik entscheiden können, ob gegebene Zeichenfolgen korrekte Ausdrücke sind oder nicht.

14 Byteorientierte Dateiverarbeitung/Serialisierung von Klassen

In der zeichenorientierten Dateiverarbeitung können Datensätze nur in Form von Zeichenketten abgelegt werden. Wenn man Instanzen von Klassen in Dateien speichern will, hat man, wie wir es erlebt haben, einen Arbeitsaufwand von mehreren Arbeitsschritten beim Ausgeben von Instanzen einer Klasse in eine Datei bzw. beim Einlesen von Instanzen aus einer Datei:

Arbeitsaufwand beim Einlesen:

Einlesen einer Zeichenkette.

Segmentierung der Zeichenkette in Teilstrings und Konvertierung ihres Inhalts in Datentypen, die den Datentypen der Attribute der zu erzeugenden Instanz entsprechen.

Konstruktion der Instanz mittels der in 2. erzeugte Werte.

Einen entsprechenden Arbeitsaufwand hat man beim Ausgeben. Die Idee der *Serialisierung* ist nun, dass man diesen Aufwand auf einen Schritt reduziert: Instanzen werden so, *wie sie im RAM intern gespeichert sind*, direkt in eine Datei geschrieben bzw. mit einem Lesebefehl aus der Datei gelesen.

Dieser Vorteil bedingt einen kleinen Nachteil: Die Instanzen, die in der Datei gespeichert sind, können mit ihrem Informationsgehalt nicht mehr in Texteditoren gelesen werden.

BSP. 1: In der nachfolgenden Datei FLUSS.SER sind Instanzen einer Klasse **Fluss**, die über die Attribute **fname** (Name des Flusses, String) und **nland[]** (Feld der Nachbarländer des Flusses, in Form von Länderkurzbezeichnungen gespeichert, String[]) verfügt. Im Klartext kann die Liste gespeicherter Flussinstanzen folgendermaßen dargestellt werden:

Flussliste:

Fluss: Rhein

Nachbarlaender: CH F D NL

Fluss: Elbe

Nachbarlaender: TCH D

Fluss: Donau

Nachbarlaender: D AU SLO HU KRO SER BG RO

Fluss: Lech

Nachbarlaender: D AU

Fluss: Maas

Nachbarlaender: F B NL

Diese Folge der Flussinstanzen ist *serialisiert* in eine Datei FLUSS.SER gespeichert, die wir uns nachfolgend mit dem WordPad Editor ansehen. Und wir sehen, dass wir mit dem Texteditor fast nichts sehen (s. Abbildung 14-1, zur Veranschaulichung wurden die Flussnamen in den Instanzen fett hervorgehoben). Möchte man dagegen die Informationen der serialisierten Instanzen im Klartext, wie oben, lesen, muss man hierzu eigene Methoden programmieren.

¬í__sr__Fluss_5';Õœq¥___L__fnamet__Ljava/lang/String;[__nlandt__[Ljava/lang/String;xpt__**Rhein**ur__[Ljava.lang.String;-
ÒVçé_{G___xp____t__CHt__Ft__Dt__NLsq_~__t__**Elbe**uq_~_____t__TCHt__
Dsq_~__t__**Donau**uq_~_____t__Dt__AUt__SLOt__HUt__KROt__SERt__BGt__
__ROsq_~__t__**Lech**uq_~_____t__Dt__AUsq_~__t__**Maas**uq_~_____t__Ft__
Bt__NL

Abbildung 14-1:   Ansicht von FLUSS.SER im Editor WordPad

Def. 1: Damit Instanzen einer Klasse A *serialisiert* in eine Datei geschrieben bzw. aus einer Datei gelesen werden können, muss die Klasse die Schnittstelle **Serializable**, die im Paket **java.io** gegeben ist, implementieren.

Allgemeine Syntax: **class A implements Serializable { ...}**

BSP. 2: Die Klasse **Fluss** erlaubt die serialisierte Dateiverarbeitung ihrer Instanzen, denn sie implementiert die Schnittstelle **Serializable**:

class Fluss implements Serializable

{String fname; /* Name des Flusses */

String nland[]; /* Nachbarlaender des Flusses */

Fluss(){}   /* Standardkonstruktor */

. . .

}

Im Folgenden werden nun die Arbeitsschritte der schreibenden und lesenden serialisierten Verarbeitung vorgestellt.

14.1 Schreibender serialisierter Zugriff

14.1.1 Öffnen einer Datei zum Schreiben

Um Instanzen einer Klasse serialisiert in eine Datei zu schreiben, muss eine Instanz der Klasse **FileOutputStream** angelegt werden. Neben dem serialisierten Schreiben wird mit dieser Klasse das allgemeine *byteorientierte Schreiben* von Daten in Dateien verwaltet. Dieses bedeutet, dass Daten so, wie sie intern im RAM kodiert sind, in eine Datei geschrieben werden, das heißt, zum Beispiel werden int- und double-Werte so, wie sie binär kodiert sind, in Dateien geschrieben.

Zum Öffnen der Datei wird dem Konstruktor der Klasse **FileOutputStream** der Pfad- und Dateiname (**PDSN**) der zu schreibenden Datei als Zeichenkette übergeben werden. Soll die Datei im gleichen Verzeichnis wie das ausführbare Programm liegen, reicht die Angabe des Dateinamens. Öffnen zum Schreiben bedeutet hier:

Die Datei wird neu angelegt oder, falls eine Datei mit einem solchen Namen existiert, die Datei wird komplett überschrieben.

Allgemeine Syntax: **FileOutputStream fo1=new FileOutputStream(PDSN);**

BSP. 3: In die Datei FLUSS.SER, die im gleichen Verzeichnis des Programms liegt, sollen Instanzen der Klasse serialisiert geschrieben werden:

FileOutputStream fo1=new FileOutputStream("FLUSS.SER");

Möchte man die Datei im anhängenden Modus öffnen (: ⇔ **mod = true**), dann ist der Konstruktor mit der folgenden Signatur zu verwenden: **Allgemeine Syntax: FileOutputStream fo1=new FileOutputStream(PDSN, boolean mod);**

14.1.2 Zuordnung eines Methodeninventars für das serialiserte Schreiben

Um Instanzen einer Klasse mit **einem** Schreibkommando in eine Datei zu schreiben, benötigen wir eine Methode **writeObject().** Diese gehört der Klasse **Object-OutputStream** an. Dem Konstruktor dieser Klasse wird die FileOutputStream-Instanz übergeben, die beim Öffnen der Ausgabedatei erzeugt wurde:

Allgemeine Syntax: ObjectOutputStream oost1=new ObjectOutputStream(fo1);

BSP. 4: Dem Schreiben in die Datei FLUSS.SER, die mit der Instanz **fo1** verwaltet wird, wird eine ObjectOutputStream Instanz als Methodeninventar zugeordnet:

ObjectOutputStream oost5=new ObjectOutputStream(fo1);

14.1.3 Schreiben eines Datensatzes

Eine zu schreibende Instanz **x** einer serialisierten Klasse **A** wird der Schreibmethode **writeObject()** als Argument übergeben.

Prototyp der Methode: void writeObject(Object x)

Allgemeine Syntax des Aufrufs: oost1.writeObject(x);

BSP. 5: Eine Instanz **f1** der Klasse **Fluss** wird serialisiert in die Datei FLUSS.SER geschrieben: **oost5.writeObject(f1);**

14.1.4 Schließen des schreibenden Zugriffs

Der schreibende Zugriff auf die Datei wird, nachdem alle Datensätze geschrieben worden sind, mit der Methode close(), die zum schreibenden Methodeninventar gehört, beendet:

Allgemeine Syntax des Schließens: **oost5.close();**

14.2 Lesender serialisierter Zugriff

14.2.1 Öffnen einer Datei zum Lesen

Um aus einer Datei Instanzen serialisiert zu lesen, muss eine Instanz der Klasse **FileInputStream** angelegt werden. Hierzu muss dem Konstruktor dieser Klasse der Pfad- und Dateiname (**PDSN**) der zu lesenden Datei als Zeichenkette angegeben werden.

Allgemeine Syntax: **FileInputStream pe1=new FileInputStream(PDSN);**

14.2.2 Zuordnung eines Methodeninventars für das serialisierte Lesen

Um Instanzen serialisiert zu lesen, benötigt man eine Methode **readObject()**. Diese gehört zum Methodeninventar **ObjectInputStream.** Das Methodeninventar wird durch Aufruf des Konstruktors zugeordnet.

Allgemeine Syntax: ObjectInputStream pr1=new ObjectInputStream(pe1);

BSP. 6: Die Datei FLUSS.SER wird zum serialisierten Lesen mit Zuordnung des Methodeninventars geöffnet:

FileInputStream fe7=new FileInputStream("FLUSS.SER");

ObjectInputStream oist5=new ObjectInputStream(fe7);

14.2.3 Lesen einer Instanz

Eine Instanz **x** einer Klasse **A** Datensatz wird mit der Methode **readObject()** der Klasse ObjectInputStream gelesen.

Prototyp: **Object readObject();**

Da readObject() eine Instanz der allgemeinen Klasse **Object** zurückgibt, muss in Hinsicht auf die spezielle Klasse A der einzulesenden Instanz eine Typkonvertierung mit Hilfe des CAST Operators ausgeführt werden.

Aufruf: **A x;**   **x=(A)pr1.readObject();**

Damit diese Anwendung des CAST Operators beim serialisierten Lesen erfolgreich stattfinden kann, muss die Klasse der serialisierten Instanzen in der Datei der aktiven JVM bekannt sein. Ist dieses nicht der Fall, produziert die JVM den Laufzeitfehler vom Typ der **ClassNotFoundException.** Diese muss genauso wie die IOException entweder mit **throws** oder mit einem entsprechenden try-catch()-Block abgefangen werden.

14.2.4 End of File (=: EOF) Steuerung beim serialisierten Lesen einer Datei

Beim byteorientierten Lesen wird das EOF Ereignis durch einen besonderen Ausnahmefall der JVM ausgelöst, der **EOFException.** Die EOF Verarbeitung findet somit in dem **catch()-Block** der EOFException statt. Das heißt, das Lesen der einzelnen Instanzen findet im zugehörigen **try-Block** statt.

BSP. 7: Die folgende Klasse FlussIOListe enthält als einziges Attribut eine Liste, deren Knoten Instanzen der Klasse Fluss sind. Diese Liste wird durch serialisiertes Lesen aller Instanzen, die sich in der Datei FLUSS.SER befinden aufgebaut. Dem Konstruktor dieser Listenklasse wird die ObjectInputStream Instanz übergeben, die mit der genannten Datei verbunden ist. Die erforderlichen Exceptions werden abgefangen. Der Konstruktor enthält eine logisch über die EOFException gesteuerte Leseschleife.

```
class FlussIOListe
{List<Fluss> flist; /* Liste von Flussinstanzen */
 ...
 FlussIOListe(ObjectInputStream oist1) throws IOException,
    ClassNotFoundException
 {int i=0;
  flist=new LinkedList<Fluss>();
  Fluss f1;
  try
```

```
{while(true)
 {fl=(Fluss)oist1.readObject();
  i++;
  flist.add(fl);
 }
}
catch(EOFException eo1)
{System.out.println(i+" Fluesse gelesen: EOF.");
 oist1.close();
}
}
 ...
}
```

14.2.5 Schließen des lesenden Zugriffs

Der lesende Zugriff auf die Datei wird, nachdem alle Datensätze gelesen worden sind, mit der Methode close(), die zum lesenden Methodeninventar gehört, beendet:

Allgemeine Syntax des Schließens: **pr1.close();**

BSP. 8: Im Folgenden wird das komplette Programmsystem zur Verwaltung einer Liste von Instanzen der Klasse **Fluss** beschrieben. In der **main()**-Methode der Anwendungsklasse **FlussAnw** werden die Datensätze zur Erzeugung einer Liste von Instanzen der Klasse Fluss zeichenorientiert aus einer Textdatei **Fluss.txt** eingelesen und die Liste wird erzeugt. Mit der Methode **flussSerAus()** der Klasse **FlussIOListe** wird diese Liste serialisiert in die Datei **Fluss.Ser** geschrieben. Mit einem Konstruktor dieser Klasse, dem eine ObjectInputStream Instanz, die mit der Datei Fluss.Ser verbunden ist, übergeben wird, wird eine Liste von Instanzen der Klasse **Fluss** *serialisiert eingelesen.*

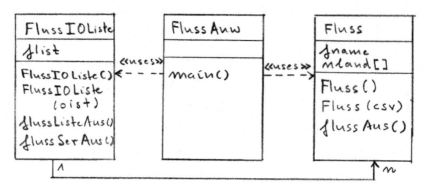

Abbildung 14-2:   UML Klassendiagramm für die Klassen Fluss, FlussAnw und
FlussIOListe

Anm. 1: In diesem Klassendiagramm ist ein neuer Kantentyp verwendet worden.
Dieses ist der Kantentyp der *Assoziation*. Er ist von folgender Form:

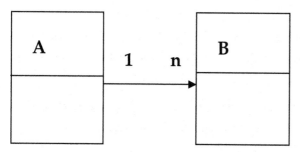

Abbildung 14-3:   Klassendiagramm mit Kantentyp „Assoziation"

Die Assoziation besagt, dass *eine* Instanz der Klasse **A** mit **n** Instanzen der Klasse **B**
verbunden ist.

Der Ablauf des Programmsystems ist mit einem Datenflussplan dokumentiert
(s. Abbildung 14-4).

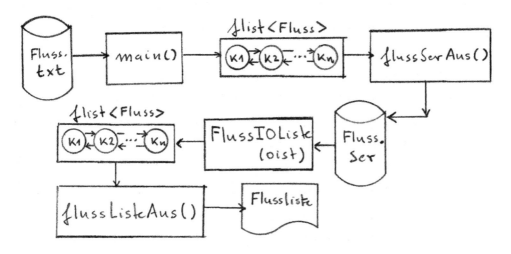

Abbildung 14-4: DFP der serialisierten Verarbeitung von Instanzen der Klasse Fluss

Die Quelltexte der beteiligten Klassen sind nachfolgend angegeben.

a) Quelltext der Klasse Fluss:

```
/*************************************************************/
/* Verf.:   Prof. Dr. Gregor Büchel                         */
/* Zweck:   Serialisierbare Klasse mit CSV Konstruktor      */
/* Quelle: Fluss.java                                       */
/* Stand:   27.11.2005                                      */
/*************************************************************/
import java.io.*;
class Fluss implements Serializable
{String      fname; /* Name des Flusses */
 String nland[];/* Nachbarlaender des Flusses */
 Fluss(){}     /* Standardkonstruktor */
 Fluss(String ecsv)
 {int i,n;
  String p[];
  p=ecsv.split(";");
  n=p.length;
  fname=p[0];
  if (n>1) nland=new String[n-1];
  else nland=null;
  for (i=1; i<n; i++)
```

```
 {nland[i-1]=p[i];
 }
}

void flussAus()
{int i, n;
 n=nland.length;
 System.out.println("Fluss: "+fname);
 System.out.print("Nachbarlaender:");
 for (i=0; i<n; i++)
   System.out.print(" "+nland[i]);
 System.out.println("");
 }
}
```

b) Quelltext der Klasse FlussAnw:

```
/***************************************************************/
/* Verf.:   Prof. Dr. Gregor Büchel                           */
/* Zweck:   Zeichenorientiertes Lesen, Serialisiertes         */
/*          Schreiben und serialisiertes Lesen von Knoten     */
/*          einer Liste, die vom Typ Fluss sind.              */
/* Quelle: FlussAnw.java                                      */
/* Stand:  27.11.2005                                         */
/***************************************************************/
import java.io.*;
import java.util.*;
class FlussAnw
{public static void main(String args[]) throws IOException,
    ClassNotFoundException
 {int i=0;
  String ef;
  Fluss f1;
  FlussIOListe fli, fli3;
  FileReader pf1=new FileReader("Fluss.txt");
  BufferedReader br1=new BufferedReader(pf1);
  fli=new FlussIOListe();
  fli.flist=new LinkedList<Fluss>();
  System.out.println("1. Fluesse textorientiert einlesen");
  ef=br1.readLine();
  while(ef!=null)
  {f1=new Fluss(ef);
   fli.flist.add(f1);
   i++;
   ef=br1.readLine();
  }
  br1.close();
  System.out.println(i+" Fluesse textorientiert gelesen.");
```

```
  fli.flussListeAus();
  System.out.println("2. Fluesse serialisiert in Datei schreiben");
  FileOutputStream fo1=new FileOutputStream("Fluss.ser");
  ObjectOutputStream oost5=new ObjectOutputStream(fo1);
  fli.flussSerAus(oost5);
  System.out.println("3. Fluesse serialisiert einlesen");
  FileInputStream fe7=new FileInputStream("Fluss.ser");
  ObjectInputStream oist5=new ObjectInputStream(fe7);
  fli3=new FlussIOListe(oist5);
  fli3.flussListeAus();
 }
}
```

c) Quelltext der Klasse FlussIOListe:

```
/***************************************************************/
/* Verf.:   Prof. Dr. Gregor Büchel                          */
/* Zweck:   Serialisiertes Schreiben und Lesen von Knoten */
/          einer Liste, die vom Typ Fluss sind.            */
/* Quelle: FlussIOListe.java                                 */
/* Stand:   27.11.2005                                       */
/***************************************************************/
import java.io.*;
import java.util.*;
class FlussIOListe
{List<Fluss> flist; /* Liste von Flussinstanzen */
 FlussIOListe(){}    /* Standardkonstruktor */
 FlussIOListe(ObjectInputStream oist1) throws IOException,
     ClassNotFoundException
 {int i=0;
  flist=new LinkedList<Fluss>();
  Fluss f1;
  try
  {while(true)
   {f1=(Fluss)oist1.readObject();
    i++;
    flist.add(f1);
   }
  }
  catch(EOFException eo1)
  {System.out.println(i+" Fluesse gelesen: EOF.");
   oist1.close();
  }
 }

 void flussListeAus()
 {int i, n;
  n=flist.size();
```

```
System.out.println("Flussliste: ");
for (i=0; i<n; i++)
  flist.get(i).flussAus();
}

void flussSerAus(ObjectOutputStream oost3) throws IOException
{int i, n;
 n=flist.size();
 for (i=0; i<n; i++)
  oost3.writeObject(flist.get(i));
 oost3.close();
 }
}
```

14.3   Lernziele zu Kapitel 14

1. Den Zweck einer serialisierten Dateiverarbeitung von Instanzen einer Klasse im Unterschied zu ihrer zeichenorientierten Dateiverarbeitung erklären können.
2. Die Arbeitsschritte der lesenden bzw. schreibenden serialisierten Dateiverarbeitung von Instanzen von Klassen kennen und anwenden können: Dateien öffnen und schließen, Methodeninventare zuordnen, schreibender bzw. lesender Zugriff auf Instanzen von Klassen.
3. Die Verwaltung der EOF Steuerung beim serialisierten Lesen mit einem catch() Block für die EOFException erläutern und anwenden können.
4. Für Listen, deren Knoten Instanzen einer Klasse sind, die Dateiverarbeitung serialisiert programmieren können.

15 Mengen

Mengen sind dynamische Objekte. Ihnen können Elemente hinzugefügt oder aus ihnen können Elemente entfernt werden. Mathematische Mengen haben von sich aus keine Anordnung. Zum Beispiel gilt: Die Menge M1 = {9, -1, 5, 7} ist gleich der Menge M2 = {5, 7, 9, -1}, das heißt, M1 = M2.

Anm. 1: Mengen sind Datensammlungen, in denen Elemente *eindeutig* bestimmt sind. Das heißt, eine Menge M enthält *keine doppelten Elemente*. Zum Beispiel die Datensammlung D1 = [6, 17, 31, 6, 17] ist keine Menge. Sie könnte aber als Liste L1 verwaltet werden:

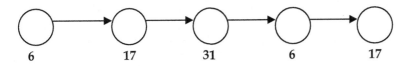

| | | | | |
| 6 | 17 | 31 | 6 | 17 |

Abbildung 15-1: Datensammlung als Liste

Zur Menge M1 wird diese Datensammlung erst dadurch, dass die doppelten Elemente entfernt werden: M1 = {6, 17, 31}

Def. 1: Ein *dynamischer Datentyp* **M** zur Verwaltung einer Datensammlung von eindeutig bestimmten Elementen heißt *Menge*. Mit diesem Datentyp werden *endliche mathematische Mengen* verwaltet.

Tabelle 15-1:   Unterschiede zwischen Mengen und Listen

Dynamischer Datentyp	Verwaltete mathematische Objekte	Java Datentyp	Anordnung	Doppelte Elemente möglich?
Menge	Endliche Mengen	**Set**	Im Allgemeinen *nicht* gegeben	Nein!
Liste	Folgen	**List**	*Immer* gegeben	Ja!

15.1   Deklaration einer Menge

Wenn mit einer Variable **m1** eine Menge verwaltet werden soll, die Elemente von einem Datentyp **A** enthalten soll, kann diese Mengenvariable folgendermaßen deklariert werden: **Set<A> m1;**

Anm. 1: Den Datentyp A der Elemente schreibt man in ein paar spitzer Klammern. A heißt dann *generischer Datentyp* der Menge. Hat man die Menge in dieser Form deklariert, kontrolliert die JVM, dass während der Laufzeit des Programms keine Elemente eines anderen Datentyps in die Menge eingefügt werden können.

BSP. 1: Eine Menge m1, mit der eine Teilmenge der ganzen Zahlen werden soll, kann folgendermaßen deklariert werden: Set<Integer> m1;

Da die Elemente von einem Referenzdatentyp sein sollen (ab Java 1.5), nehmen wir hier den Datentyp Integer, der als Hüllklasse Zahlen vom Typ int verwaltet.

15.2   Speicherplatzbeschaffung für eine Menge

Der Java Datentyp **Set** ist wie der Datentyp List ein **Interface.** Java bietet zwei Standardklassen an, um Speicherplatz für Mengen zu beschaffen. Diese Klassen sind **TreeSet** und **HashSet.** Bei TreeSet werden die Mengen in angeordneter Form im RAM gespeichert, bei HashSet sind sie ungeordnet.

BSP. 2: Die folgende gegebene Menge **M1** = {-3; 61; 33; -9; 17; -81} wird einmal als **TreeSet M1T** und das andere Mal als **HashSet M1H** gespeichert, das Resultat ist:

M1T = {-81;-9;-3;17;33;61}

M1H = {17;33;-9;-81;-3;61}

Allgemeine Syntax der Speicherplatzbeschaffung für eine Mengenvariable **m1**, deren Knoten von einem Datentyp **A** sind:

a) als TreeSet: **m1=new TreeSet<A>();**

b) als HashSet: **m1=new HashSet<A>();**

BSP. 3: Die Menge **m1** zur Verwaltung einer Teilmenge der ganzen Zahlen bekommt einmal als TreeSet und das andere Mal als HashSet Speicherplatz zugeordnet:

m1=new TreeSet<Integer>();

m1=new HashSet<Integer>();

15.3   Einfügen von Elementen in eine Menge

Beim Versuch, ein Element vom Datentyp **A** in eine Menge einzufügen, wird geprüft, ob ein gleiches Element bereits in der Menge vorhanden ist. Ist dieses der Fall, wird es nicht eingefügt und die Einfügemethode **add()** gibt **false** zurück. Im anderen Fall wird es eingefügt und es wird **true** zurückgegeben.

Prototyp der Methode: **boolean add(A x)**

Damit diese Kontrolle, die doppelte Elemente verhindert, funktioniert, muss die Klasse **A** der Elemente der Menge über eine Methode **compareTo()** mit nachfolgendem Prototyp verfügen und damit das Interface **Comparable** implementieren.

Prototyp: **int compareTo(Object o)**

Die Klasse String und die Hüllklassen für die elementaren Datentypen Integer, Long, Double, Char, … implementieren bereits das Interface Comparable. Soll eine Menge Elemente einer selbstprogrammierten Klasse **A** beinhalten, so muss diese das Interface Comparable implementieren und daher über eine Methode compareTo() gemäß des obigen Prototypen verfügen.

BSP. 4: Die folgende Klasse Elewz, die als Attribute ein Wort (String) und eine Zahl (int) enthält, implementiert das Interface Comparable:

```
/**************************************************************/
/* Verfasser: Prof. Dr. Gregor Büchel                  */
/* Source    : Elewz.java                              */
/* Klasse fuer den einfachen Tupel-Datentyp Elewz, der */
/* durch Implementation des Comparable-Interface dazu  */
/* dient, eine Vergleichsrelation für diesen Datentyp zum*/
/* Aufbau von Mengen zu definieren.                    */
/* VERGLEICHSPRIORITÄT (beides aufsteigend):           */
/*           1. nach Wort w;                           */
/*           2. bei gleichen Woertern nach Zahlen z    */
/*                 (beides aufsteigend)                */
/* Stand : 30.05.2006                                  */
/**************************************************************/
class Elewz implements Comparable
{ String w;
  int z;
  public int compareTo(Object o)
  { int rc=-9,i;
    String hw;
    int hz;
    hw=((Elewz)o).w;
    hz=((Elewz)o).z;
    i=w.compareTo(hw);
    if (i<0) rc=-1;
    if (i>0) rc=1;
    if (i==0)
    { if (z<hz) rc=-1;
      if (z>hz) rc=1;
      if (z==hz) rc=0;
    }
    return rc;
  }

  public static Elewz einElewz()
  {Elewz el=null;
   String h;
   System.out.println("Element-Eingabe: (Ende: Wort=#)");
   System.out.println("Wort: ");
   h=IO1.einstring();
```

```
    if (h.compareTo("#")==0) return e1;
    e1=new Elewz();
    e1.w=h;
    System.out.println("Zahl: ");
    e1.z=IO1.einint();
    return e1;
    }

    public String ausElewz()
    {String h="("+w+","+z+")";
     return h;
    }
}
```

15.4 Die Mächtigkeit (Anzahl der Elemente) einer Menge ermitteln

Die Mächtigkeit einer Menge ist die Anzahl der in ihr enthaltenen Elemente.

Prototyp der Methode: **int size()**

BSP. 5: Die Mächtigkeit der Menge **m1** soll ermittelt werden: **int n=m1.size();**

15.5 Löschen eines Elements aus der Menge

Ein Element **e** einer gegebenen Menge kann mit einer Methode remove() gelöscht werden. Man beachte hier den unterschiedlichen Prototypen zur Methode remove() bei Listen.

Prototyp der Methode: **boolean remove(Object e)**

BSP. 6: Die Zahl 17 soll, falls vorhanden, aus der Integer-Menge m1 gelöscht werden:

```
Integer b;
boolean x;
b=new Integer(17);
x=m1.remove(b);
if (x) System.out.println(b+" wurde in m1 geloescht.");
```

15.6   Prüfen, ob die Menge leer ist

Mit der Methode isEmpty() kann geprüft werden, ob die gegebene Menge leer ist.

Prototyp der Methode: **boolean isEmpty()**

BSP. 7: Die Menge m1 wird geprüft, ob sie leer ist:

```
boolean x;
x=m1.isEmpty();
if (x) System.out.println("Die Menge m1 ist leer.");
```

15.7   Lesen einer Menge mit einem Iterator

Da Mengen im Allgemeinen über keine Anordnung verfügen, kann nicht mit einem Index auf die Elemente zugegriffen werden, das heißt, es gibt nur die Möglichkeit, *indexfrei* mit einem *Iterator* die Elemente der Menge zu lesen. Folgende typische Arbeitsschritte sind beim Lesen der Elemente auszuführen:

a) *Deklaration* eines *Iterators*: **Iterator it1;**

b) *Erzeugen* einer Iterator Instanz zu einer gegebenen Menge m1:

  it1=m1.iterator()

c) *Kontrolle*, ob es Elemente in der Menge gibt, die noch nicht vom Iterator gelesen wurden. Hierzu wird die Methode hasNext() verwendet:

Prototyp: **boolean hasNext()**

d) *Lesemethode* für Elemente der Menge:

Prototyp: **Object next()**

BSP. 8: Alle Elemente der Zahlenmenge m1 sollen mit der Methode mengeAus() gelesen werden und in einem CSV-String zurückgegeben werden:

```
String mengeAus()
 {String r;
  int k=0,a;
  Integer b;
  r="";
```

```
Iterator it1=m1.iterator();
while(it1.hasNext())
{if (k!=0) r=r+";";
 k=k+1;
 b=(Integer)it1.next();
 a=b.intValue();
 r=r+a;
}
return r;
}
```

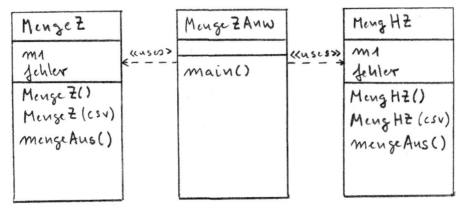

Abbildung 15-2: **Klassendiagramm für die Klassen MengeZ, MengHZ und MengeZAnw**

BSP. 9: Im Folgenden soll ein einfaches Programmsystem (s. Abbildung 15-2) zur Verwaltung von Mengen von ganzen Zahlen vorgestellt werden. Es besteht aus den Klassen MengeZ und MengHZ zur Verwaltung von Zahlenmengen und aus der Anwendungsklasse MengeZAnw. Der einzige Unterschied zwischen MengeZ und MengHZ ist, dass in MengeZ die Speicherverwaltung mit der Klasse TreeSet und in MengHZ mit der Klasse HashSet stattfindet (vgl. BSP. 2). Da alles sonst gleich ist, wird für MengHZ nur der CSV Konstruktor dokumentiert. In BSP. 8 wurde die Methode mengeAus() der Klassen MengeZ und MengeHZ bereits dokumentiert.

a) Quelltext der Klasse MengeZ im Auszug:

```java
import java.util.*;
class MengeZ
{Set<Integer> m1;
 String fehler;
 MengeZ(){}          /* Standardkonstruktor */
 /* Konstruktor mit Zahlenmenge im CSV-String */
 MengeZ(String ecsv)
 {String h[];
  int i,n,a;
  boolean x;
  Integer b;
  m1=new TreeSet<Integer>();
  fehler="";
  h=ecsv.split(";");
  n=h.length;
  for (i=0; i<n; i++)
  {try
   {a=Integer.parseInt(h[i]);
    b=new Integer(a);
    x=m1.add(b);
    if (!x) fehler=fehler+i+".Element:"+a+" doppelt;";
   }
   catch(NumberFormatException ex1)
   { fehler=fehler+i+".Element:"+h[i]+"keine ganze Zahl;";
   }
  }
 }
 ...
}
```

b) CSV Konstruktor der Klasse MengHZ:

```java
MengHZ(String ecsv)
 {String h[];
  int i,n,a;
  boolean x;
  Integer b;
  m1=new HashSet<Integer>();
  fehler="";
  h=ecsv.split(";");
  n=h.length;
  for (i=0; i<n; i++)
  {try
   {a=Integer.parseInt(h[i]);
    b=new Integer(a);
    x=m1.add(b);
    if (!x) fehler=fehler+i+".Element:"+a+" doppelt;";
```

```
    }
    catch(NumberFormatException ex1)
    { fehler=fehler+i+".Element:"+h[i]+"keine ganze Zahl;";
    }
  }
}
```

c) Quelltext der Klasse MengeZAnw:

```
import java.util.*;
class MengeZAnw
{ public static void main(String args[])
 {int n;
  boolean x;
  MengeZ am;
  MengHZ hm;
  Integer b;
  String h,mr,w;
  System.out.println("Geben Sie eine Menge von ganzen Zahlen ");
  System.out.println("bitte als CSV-String ein:");
  h=IO1.einstring();
  am=new MengeZ(h);
  hm=new MengHZ(h);
  System.out.println(am.fehler);
  mr=am.mengeAus();
  System.out.println("{"+mr+"}");
  System.out.println("Die Menge als HashSet:");
  mr=hm.mengeAus();
  System.out.println("{"+mr+"}");
  System.out.println("Neue Elemente erfassen (ENDE=#)");
  do
  {x=true;
   System.out.println("Eingabe einer ganzen Zahl:");
   w=IO1.einstring();
   if(w.compareTo("#")==0) break;
   try
   {b=new Integer(w);
    x=am.m1.add(b);
    if (!x) System.out.println("Pech gehabt. Neue Zahl.");
    mr=am.mengeAus();
    System.out.println("{"+mr+"}");
   }
   catch(NumberFormatException ex1)
   {System.out.println("Bitte eine richtige ganze Zahl eingeben!");
   }
  } while(true);
 }
}
```

BSP. 10: Im Folgenden wird eine Anwendungsklasse (die Klasse **MengAnw1**) beschrieben, mit der eine Menge von Instanzen, die vom Datentyp der selbstprogrammierten Klasse **Elewz** sind (vgl. BSP. 4), verwaltet wird. Da das Java Interface **Set** keine Methoden für die Standardmengenoperationen des Durchschnitts, der Vereinigungsmenge und der Komplementärmenge bereitstellt, müssen diese selber programmiert werden. In diesem Beispiel ist die Methode des Durchschnitts zweier Mengen programmiert. Sie hat den Prototyp:

static Set<Elewz> durchschnitt(Set<Elewz> aM, Set<Elewz> bM)

Nun folgt der Quelltext der Klasse **MengAnw1**:

```
/***********************************************************/
/* Verfasser: Prof. Dr. Gregor Büchel                    */
/* Source    : MengAnw1.java                             */
/* Anwendungsklasse fuer die Verarbeitung von Mengen.    */
/* Die Elemente der Mengen werden durch den Tupeldatentyp*/
/* Elewz gefärbt.                                        */
/* Neu: Bestimmen einer Durchschnittsmenge.              */
/* Stand     : 30.05.2006; 20.05.2008                    */
/***********************************************************/
import java.io.*;
import java.util.*;

class MengAnw1
{
 public static void main(String args[])
 {int m,k,i1;
  boolean b1;
  Elewz e1=null;
  Set<Elewz>  mA=null, mB=null, mC;
  do
  {m=menue();
   switch(m)
   {case 1: mA=aufbau("A");
            break;
    case 2: if (mA==null)
            {System.out.println("Eine Menge A wurde noch nicht aufgebaut!
Erst Menuepkt.(1) durchfuehren!");
             break;
            }
            ausgabe(mA,"A");
            break;
    case 3: if (mA==null)
            {System.out.println("Eine Menge A wurde noch nicht aufgebaut!
```

```
Erst Menuepkt.(1) durchfuehren!");
              break;
            }
            System.out.println("Welches Element soll geloescht werden?");
            e1=Elewz.einElewz();
            if (e1==null) break;
            b1=mA.remove(e1);
            if (b1==false) System.out.println("Das Element
"+e1.ausElewz()+" war nicht zu loeschen!");
            else System.out.println("Das Element "+e1.ausElewz()+" wurde
geloescht!");
            break;
    case 4: if (mA==null)
            {System.out.println("Eine Menge A wurde noch nicht aufgebaut!
Erst Menuepkt.(1) durchfuehren!");
              break;
            }
            mB=aufbau("B");
            ausgabe(mB,"B");
            mC=durchschnitt(mA,mB);
            ausgabe(mC,"Durchschnitt(A,B)");
            break;
    case 9: System.out.println("E.O.P.");
            break;
    default:System.out.println("Unzulässige Eingabe!");
    }
  } while (m!=9);
}

public static int menue()
{int ir;
 System.out.println("Mengen mit Elemente vom Typ Elewz:");
 System.out.println("(1) Anlegen einer Menge");
 System.out.println("(2) Anzeigen einer Menge");
 System.out.println("(3) Loeschen eines Elements aus der Menge");
 System.out.println("(4) Bestimmen einer Durchschnittsmenge");
 System.out.println("(9) ENDE");
 System.out.println("Bitte waehlen Sie!");
 ir=IO1.einint();
 return ir;
}

public static Set<Elewz> aufbau(String bezM)
{Set<Elewz> ms1=new TreeSet<Elewz>();
 Elewz e1;
 int i1,k;
 boolean b1;
 System.out.println("Aufbau einer Menge: "+bezM);
```

```
    i1=1;
    k=0;
    do
    { e1=Elewz.einElewz();
      if (e1==null)
      { i1=-1;
        continue;
      }
      b1=ms1.add(e1);
      if (b1==false)
      { System.out.println("Einfuegen von "+e1.ausElewz()+" gescheitert!");
      }
      else k=k+1;
    } while (i1==1);
    System.out.println(k+" Elemente eingefuegt.");
    return ms1;
  }

  public static void ausgabe(Set<Elewz> aM, String bezM) {int k=0;
    Elewz e1;
    System.out.println("Die Menge: "+bezM);
    Iterator<Elewz> it1=aM.iterator();
    while(it1.hasNext())
    {k=k+1;
     e1=it1.next();
     System.out.println(k+". Element: "+e1.ausElewz());
    }
  }

 public static Set<Elewz> durchschnitt(Set<Elewz> aM, Set<Elewz> bM)
  {Set<Elewz> cM=new TreeSet<Elewz>();
   Elewz e1;
   boolean b1;
   int i1,k;
   k=0;
   Iterator<Elewz> it1=aM.iterator();
   while(it1.hasNext())
   {e1=it1.next();
    b1=bM.contains(e1);
    if(b1)
    {cM.add(e1);
     k=k+1;
    }
   }
   System.out.println("Der Durchschnitt hat "+k+" Elemente.");
   return cM;
  }
}
```

Übung

Programmieren Sie für eine Menge, deren Elemente von einem Datentyp **A** sind, die Methoden zur Bildung der Vereinigungs- und der Komplementärmenge!

15.8   Lernziele zu Kapitel 15

1. Den dynamischen Datentyp einer Menge im Unterschied zum Datentyp einer Liste erklären können.
2. Sowohl Mengen, deren Elemente vom Datentyp der Hüllklasse eines einfachen Datentyps sind, als auch Mengen, deren Elemente vom Datentyp einer selbstprogrammierten Klasse sind, anlegen können.
3. Wissen, warum der Datentyp der Elemente einer Menge das Interface Comparable implementieren muss und mit welchen Schritten man diese Implementierung programmiert.
4. In Mengen Elemente einfügen und löschen können.
5. Die Elemente einer Menge mit einem Iterator lesen können.

16 Graphen, Rekursion, Binärbäume

16.1 Graphen

Dynamische Datenstrukturen im RAM wie Listen, die wir bereits schon kennen, und Bäume, die wir noch kennenlernen werden, können durch *Graphen* modelliert werden. Graphen sind mathematische Objekte, die aus *Punkten* und Verbindungslinien von Punkten, den sogenannten *Kanten* bestehen und können somit geometrisch veranschaulicht werden[24].

Def. 1: Sei E={p1, p2, …, pn} eine endliche nicht leere Menge von **Punkten** (Ecken bzw. Knoten) und K={k1, k2, …, km} eine Menge von *Kanten*, dann heißt das Mengenpaar G=(E, K) *Graph*. Für die Kantenmenge gilt dabei folgende Bedingung: Für jede Kante ka ∈ K gilt: ka ist eine Teilmenge von zwei Elementen aus E: ka={pi, pj}, hierbei ist pi der *Anfangs-* und pj der *Endpunkt* der Kante. Im Grenzfall kann die Menge K auch leer sein. Bestehen zwischen einem Paar von Punkten mehrere Kantenverbindungen, dann bezeichnet man G als *Multigraphen*.

BSP. 1: Auszüge aus dem Streckenplan eines öffentlichen Nahverkehrsverbund können als *Multigraph* dargestellt werden. Hierbei werden Bahnhöfe bzw. Haltestellen als Punkte und Bahn- bzw. Straßenbahnlinien als Kanten notiert. Für das Punktepaar KD, TDF existieren zum Beispiel zwei Kanten:

---

24 Die *Graphentheorie* ist ein Teilgebiet der Mathematik, in der unter anderem mit Methoden der Topologie und der Kombinatorik Eigenschaften von Graphen untersucht werden. Ein aus meiner Sicht gutes Lehrbuch der Graphentheorie ist das folgende: Prof. Dr. Dieter Jungnickel: „Graphen, Netzwerke und Algorithmen", 2. Aufl., Mannheim, Wien, Zürich (BI Wissenschaftsverlag) 1990. Prof. Dr. Vogt gibt in seinem Buch „Informatik – Eine Einführung in Theorie und Praxis" (bibliographische Angabe a. a. O. (Kapitel 12)) eine nützliche Einführung in die Graphen als Modellierungsmittel für dynamische Datenstrukturen in seinem Kapitel „3.2 Graphen" (a. a. O. S. 109–117). In den Definitionen des vorliegenden Kapitels 14.1 folge ich in weiten Teilen beiden Büchern.

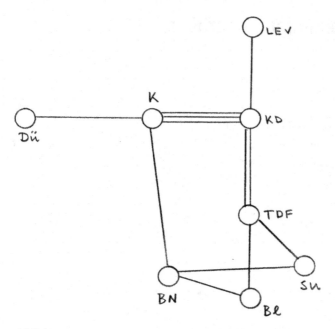

Abbildung 16-1:   **Multigraph Nahverkehr**

BSP. 2: Mathematische Objekte, wie zum Beispiel ein Quadrat mit seinen Diagonalen (G1), können als *Graph* dargestellt werden. Der Graph G2 entsteht durch stetige Verformung aus G1 und ist als Graph äquivalent zu G1. Die Beschreibung von G1=G2=(E, K) gemäß Def. 1 lautet: E={A, B, C, D}, K={s1, s2, s3, s4, d1, d2} mit s1={A, B}, s2={B, C}, s3={C, D}, s4={A, D}, d1={D, B}, d2={C, A}:

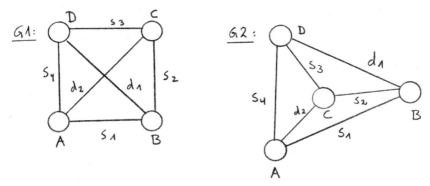

Abbildung 16-2: Zwei äquivalente Graphen G1 und G2

BSP. 3: Chemische Verbindungen können als *Multigraph* dargestellt werden. Für den Benzolring C_6H_6 erhält man zum Beispiel den folgenden Multigraphen BZR:

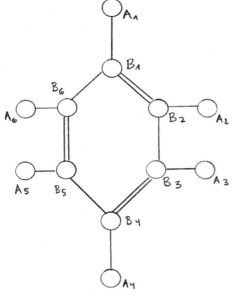

Abbildung 16-3: Der Benzolring als Multigraph

In der bisherigen Betrachtung konnten Kanten in beide Richtungen durchlaufen werden, da eine Menge an sich keine Anordnung hat. In BSP. 2 galt für die Kante s4: s4={A, D}={D, A}. In vielen Anwendungen benötigt man Graphen, deren Kanten einen festgelegten Durchlaufsinn haben. In der Mathematik hat man das *geordnete Paar* (x ,y) als Element des *kartesischen Produkts* um eine Kante **k** mit festgelegten Durchlaufsinn zu beschreiben:

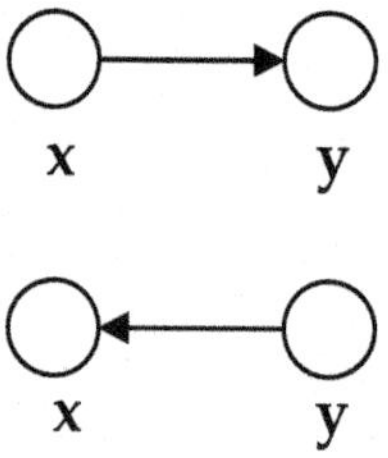

$$\Leftrightarrow k1 = (x, y)$$

$$\Leftrightarrow k2 = (y, x)$$

Abbildung16-4:   **Geordnetes Paar**

Def. 2: Ein Graph heißt *gerichteter Graph*, wenn alle seine Kanten k ∈ K einen festgelegten Durchlaufsinn haben. Das heißt, für die Kantenmenge K gilt in Hinsicht auf die Eckenmenge E, dass K Teilmenge des kartesischen Produkts von E mit sich selber ist: **K ⊆ E x E**. Das heißt, jede Kante k kann eindeutig als **k = (x, y) ∈ E x E** geschrieben werden.

BSP. 4: Alle *verketteten Listen* sind *gerichtete Graphen*. Wir betrachten zum Beispiel die folgende *einfach vorwärts verkettete Liste* L1:

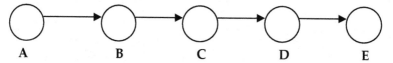

A   B   C   D   E

Abbildung 16-5:   **Gerichteter Graph**

Die Menge **E** der Ecken des Graphen L1 ist: E={A, B, C, D, E,}. Für die Menge **K** der Kanten von L1 gilt: K={k1, k2, k3, k4}={(A, B), (B, C), (C, D), (D, E)}. Der Graph L1 ist somit gerichtet.

Hat man den folgenden Graphen **LD** einer *doppelt verketteten Liste*:

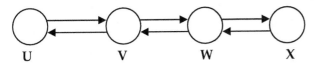

Abbildung 16-6:   **Doppelt verkettete Linie**

Dann gilt für die Kantenmenge KD von LD: KD={(U,V), (V,U), (V,W), (W,V), (W,X), (X,W)}.

BSP. 5: *Verzeichnisbäume* sind *gerichtete Graphen*. *Ecken* des Verzeichnisbaums sind Dateien oder Unterverzeichnisse (s. Abbildung 16-7). *Kanten* notieren die Zugehörigkeit einer Datei oder eines Unterverzeichnisses zu einem Verzeichnis.

Für die Navigation innerhalb eines Graphen ist es nützlich, wenn man *Wege* als *Kantenfolgen* beschreiben kann. Der *Pfad* (path) ist ein Weg im Verzeichnisbaum. Der Pfad c:\user\TEAM3\src\, der im obigen Beispiel zur Datei Satz.java führt, verläuft über die Ecken c\user\, \TEAM3\ und \src\.

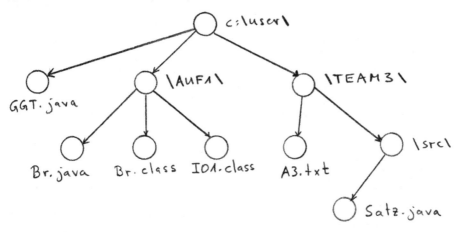

Abbildung 16-7:   **Baum des Verzeichnis c:\user\ als gerichteter Graph**

Def. 3: Eine Folge von Kanten W={k1, k2, ..., kr} mit r=z − 1 (z ≥ 2) heißt *Weg* im Graphen **G** vom Punkt p_1 zum Punkt p_z, wenn es paarweise verschiedene Punkte p_2, p_3, ..., $p_r \in$ **E** gibt, so dass diese Punkte die Kanten k1, k2, ..., kr $\in$ **K** bestimmen. Das heißt, es gilt für alle **i** mit $1 \le i \le r$: ki = {p_i, p_{i+1}}, falls G ungerichtet ist bzw. ki = (p_i, p_{i+1}), falls G gerichtet ist.

Def. 4: Ist W ein Weg, so dass $p_1 = p_z$ ist (ein Weg mit Anfangspunkt = Zielpunkt), dann heißt W ein *Zyklus* (kreisförmiger Weg).

BSP. 6: Im Folgenden betrachten wir den gerichteten *netzwerkartigen Graphen N*. Die Punkte a und g können durch zwei Wege **W1** und **W2** verbunden werden: W1 = {k1, k2, u3} = {(a,b), (b,c), (c,g)}; W2 = {u1, k4, k5} = {(a,e), (e,f), (f,g)}. Weiterhin gilt: Der Graph N enthält *Zyklen*, zum Beispiel den Zyklus ZC, der den Punkt c als Anfangs- und Endpunkt enthält: ZC = {u3, k6, u4, s3} = {(c,g), (g,h), (h,d), (d,c)}.

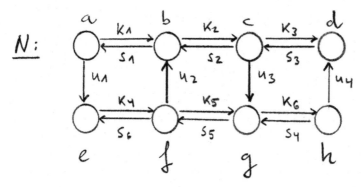

Abbildung 16-8:   Netzwerkartiger Graph

Übung a) Finden Sie im Graph N einen Zyklus ZA, der den Punkt a als Anfangs- und Endpunkt enthält. b) Welche Wege vom Punkt g zum Punkt d können Sie bestimmen?

BSP. 7: Ecken und Kanten eines Graphen können mit Informationen belegt werden, zum Beispiel können im Multigraph des Nahverkehrsverbund die Ecken mit einem Haltestellennamen und der Tarifzonennummer beschriftet werden. Die

Kanten erhalten den Liniennamen und die Fahrtdauer zur nächsten Haltestelle als Information. Diesen Vorgang nennt man Färbung des Graphen.

Def. 5: Ein Graph ist *gefärbt*, wenn für seine Ecken oder für seine Kanten Abbildungen existieren, die den Ecken oder Kanten Informationswerte zuordnen:

a) *Färbung der Ecken* durch eine Abbildung FE, die jeder Ecke einen Informationswert aus einer Wertemenge WE zuordnet:

$$FE: E=\{p1, p2, ..., pn\} \rightarrow WE$$

$$pi \qquad \rightarrow wi=FE(pi)$$

b) *Färbung der Kanten* durch eine Abbildung FK, die jeder Kante einen Informationswert aus einer Wertemenge WK zuordnet:

$$FK: K=\{k1, k2, ..., km\} \rightarrow WK$$

$$kj \qquad \rightarrow uj=FK(kj)$$

BSP. 8: Multigraphen für Moleküle haben eine Eckenfärbung dadurch, dass jeder Ecke die zugehörige Kurzbezeichnung des chemischen Elements zugeordnet wird. Für den Multigraphen des Benzolrings (s. BSP. 3) hat man folgende Eckenfärbung:

$Ai \rightarrow FE(Ai) = H$ und $Bi \rightarrow FE(Bi) = C$

BSP. 9: Möchte man eine doppelt verkettete Liste (vgl. BSP. 4) zur Verwaltung von Messwerten einsetzen, färbt man die Knoten **pi** der Liste mit entsprechenden Werten (rationale Zahlen) ein: $FE: E=\{p1, p2, ..., pn\} \rightarrow \mathbb{Q}$ mit $FE(pi) = qi$

Nachdem dynamische Datenstrukturen in der Entwurfsphase eines Programmsystems mit Graphen modelliert worden sind, stellt sich die Frage, wie Graphen mit ihren Färbungen in Java Klassen umgesetzt werden können. Hierzu kann eine Umsetzungsregel formuliert werden, die mit einer rekursiven Verwendung eines Datentyps arbeitet.

Regel zur Umsetzung eines gerichteten gefärbten Graphs in eine Java Klasse: Gegeben ist ein gerichteter Graph G = (E, K) mit folgenden Eigenschaften: a) Jeder Knoten ist durch die Informationselemente m1, m2, ..., mN eingefärbt. b) Von jedem Knoten

gehen höchstens L Kanten aus, dann kann jeder Knoten des Graphs mit seinen
Kantenverbindungen durch folgende Java Klasse **GKnot** verwaltet werden:

```
class GKnot
{dt1 m1;      /* Informationselemente gem. Knotenfaerbung */
 dt2 m2;

 . . .
 dtN mN;
 GKnot k1;/* Pro ausgehende Kante eine Referenz auf */
 GKnot k2;/* einen Nachbarknoten. Dieser Nachbarkno-*/
 . . .     /* ist vom gleichen Datentyp, wie der ak- */
 GKnot kL;/* tuelle Knoten. Deshalb wird der Daten- */
 }          /* typ GKnot rekursiv verwendet.          */
```

BSP. 10: Eine Java Klasse DVKett zur Verwaltung einer doppelt verketteten Liste
(vgl. BSP. 9) zur Verwaltung von Messwerten, wenn man nicht den Standarddatentyp List<Double> für eine solche Liste verwenden möchte:

```
class DVKett
{double messw; /* Messwert (Knotenfaerbung)        */
 DVKett nf;        /* Referenz auf den Nachfolgerknoten */
 DVKett vg;        /* Referenz auf den Vorgaengerknoten */
 }
```

BSP. 11: Eine Java Klasse Molek zur Verwaltung von Graphen, die chemische Verbindungen (Moleküle) darstellen (vgl. BSP. 3). Ein chemisches Element hat in der
Regel maximal vier Valenzen, mit der Verbindungen zu anderen Elementen hergestellt werden können. Die Valenzen werden im Graphen durch die Kantenverbindungen dargestellt.

```
class Molek
{int elemid;        /* Identifikator des Elemnts in der Verbindung*/
 String elebez;     /* Kurzbezeichnung des chemischen Elements    */
 int anzval;        /* Anzahl der Valenzen                        */
 Molek bind[];      /* Pro Valenz eine Referenz auf einen Nachbar-*/
 }                  /* knoten                                     */
```

BSP. 12: Eine Java Klasse **Haltp** zur Verwaltung von Haltepunkten (Bahnhöfen /
Haltestellen) in einem Nahverkehrsverbund (vgl. BSP. 1, zur Knoten- und Kantenfärbung vgl. BSP. 7). Da wir hier neben der Kantenreferenz auf den Nachbarbahnhof auch noch die Färbungen des Linienstücks mit dem Liniennamen und der
Fahrtdauer (in Minuten) zu verwalten haben, benötigen wir einen weiteren Datentyp **Linst** für das Linienstück, das die Kantenverbindung zum Nachbarbahnhof

implementiert. Da es keine feste Zahl von maximalen Verbindungen zu Nachbar-bahnhöfen gibt, wird die Kantenverwaltung mittels einer Menge (Set) program-miert:

```
class Haltp
{int bhfnr;   /* Haltestellennr. im Verkehrsverbund */
 String haltnam;    /* Haltestellenname           */
 int tarifz;             /* Tarifzonennr.                    */
 Set<Linst> nbhalt;      /* Menge der Verbindungen zu Nachbar-*/
 }                       /* haltestellen (Referenzen)       */
class Linst
{String linbez;  /* Kurzbezeichnung der Linie, z.B. RE22    */
 int fdauer;     /* Fahrtdauer zur Nachbarhaltestelle in Min. */
 Haltp nbhalt;   /* Referenz auf die Nachbarhaltestelle      */
 }               /* (= Zielhaltestelle des Linienstuecks    */
```

16.2 Rekursion

Um Graphen geeignet verarbeiten zu können, benötigen wir ein neues Program-mierprinzip: Das Prinzip der *Rekursion*. Eine Methode heißt *rekursiv*, wenn sie sich selber während ihrer Ausführung aufrufen kann. Programmiersprachen wie Java oder C lassen Rekursion zu. Mit rekursiven Methoden kann man Algorithmen programmieren, die zum Beispiel durch mathematische Rekursionsformeln gege-ben sind.

BSP. 1: Die Berechnung von **n!** durch eine Rekursionsformel:

Rekursionsanfang: $0! = 1$

Rekursionsschritt: $n! = n*(n-1)!$ (für alle $n \in \mathbb{N}$)

Nachfolgend ist ein Java Programm mit einer *rekursiven Methode* **fakul()** gegeben, mit der n! berechnet wird.

```
class FakulRek1
{public static void main(String args[])
 { int n=0; long nf=1L;
   System.out.println("Berechnung: n!: Eingabe von n:");
   n=IO1.einint();
   if (n<0) n=(-1)*n;
   nf=fakul(n);
   System.out.println("Ergebnis: n!="+nf);
```

```
    }

static long fakul(int k)
{ long m=1L;
  if (k<0)
  { System.out.println(k+"! nicht definiert!");
    return -1;
  }
  if (k==0||k==1)
  { return m;
  }
  m=k*fakul(k-1);
  System.out.println(k+"!="+m);
  return m;
}
}
```

Rekursive Methoden benötigen zu ihrer Verarbeitung einen RAM Bereich, der als *Stack* (engl.: Stapel) organisiert ist. Ein Stack besteht aus Zeilen, die nach dem Prinzip LIFO (last in, first out) verarbeitet werden: Hierzu sind zwei Aktionen wichtig: a) Das Einfügen einer Zeile (zum Beispiel der Zeile Z3) auf dem Stack: Die neue Zeile wird als *oberste Zeile* auf dem Stack abgelegt. b) Das Löschen einer Zeile im Stack: Die *oberste Zeile* im Stack wird gelöscht (hier ist es die Zeile Z3). Man bezeichnet einen Stack auch als Kellerautomaten.

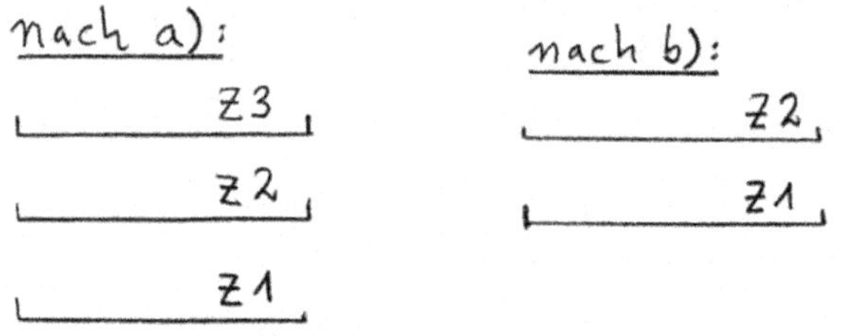

nach a):   nach b):

    Z3   Z2

    Z2   Z1

    Z1

Abbildung 16-9:   **Zustände eines Stacks**

Eine rekursive Methode rekM() operiert folgendermaßen auf dem Stack:

Für jeden Methodenaufruf von rekM() wird eine Stackzeile oben auf dem Stack angelegt. Mit der Stackzeile werden die Übergabeparameter, die Anweisung, von der aus der Aufruf erfolgte (Rücksprungadresse) und der Rückgabewert verwaltet.

Ist der Methodenaufruf durch Übertragung des Rückgabewerts an die Stelle, von wo aus der Aufruf erfolgte (Rücksprungadresse), beendet, wird die in 1) angelegte Stackzeile wieder gelöscht.

In der nachfolgenden Abbildung sind die Zustände des Stacks während der Berechnung von 4! dokumentiert. Jede Stackzeile hat dort drei Einträge: Den Rückgabewert, sofern er schon berechnet ist, den Übergabewert und den Zustand der Berechnung, von wo aus der rekursive Aufruf erfolgt. Hier symbolisch dokumentiert durch den Zustand der Anweisung: **m=k*fakul(k-1);**

BSP. 2: Stackprotokoll für die Berechnung von 4! mit der Methode fakul()

1. Aufruf von fakul(4) aus main():

| | 4 | m = 4 * fakul(3);   [Z1] |

2. Rekursiver Aufruf von fakul(3) aus Zustand Z1:

| | 3 | m = 3 * fakul(2);   [Z2] |
| | 4 | m = 4 * fakul(3);   [Z1] |

3. Rekursiver Aufruf von fakul(2) aus Zustand Z2:

	2	m = 2 * fakul(1); [Z3]
	3	m = 3 * fakul(2); [Z1]
	4	m = 4 * fakul(3); [Z1]

4. Rekursiver Aufruf von fakul(1) aus Zustand Z3:

1	1	return 1; [Z4]
	2	m = 2 * fakul(1); [Z3]
	3	m = 3 * fakul(2); [Z2]
	4	m = 4 * fakul(3); [Z1]

5. Zustand nach Rückgabe von 1 an Z3:

| 2 | 2 | m = 2 * 1; | [Z3] |

| | 3 | m = 3 * fakul(2); | [Z2] |

| | 4 | m = 4 * fakul(3); | [Z1] |

6. Zustand nach Rückgabe von 2 an Z2:

| 6 | 3 | m = 3 * 2; | [Z2] |

| | 4 | m = 4 * fakul(3); | [Z1] |

7. Zustand nach Rückgabe von 6 an Z1:

| 24 | 4 | m = 4 * 6; | [Z1] |

8. Zustand nach Rückgabe von 24 an main(): Der Stack ist leer.

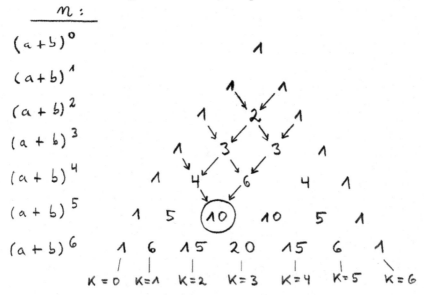

Abbildung 16-10: Rekursive Berechnung von Binominalkoeffizienten (Pascal'sches Zahlendreieck)

BSP. 3: Nachfolgend wird eine rekursive Methode **binoko()** zur **Berechnung von Binominalkoeffizienten** vorgestellt. Diese rekursive Berechnung operiert mit der folgenden Rekursionsformel für Binominalkoeffizienten:

$$\binom{n}{k} = \binom{n-1}{k-1} + \binom{n-1}{k}$$

Hierbei hat man für alle $n \in \mathbb{N} \cup \{0\}$ die folgenden Anfangswerte:

$$\binom{n}{0} = 1 \qquad \text{und} \qquad \binom{n}{n} = 1 \quad .$$

Wenn man die Binominalkoeffizienten mittels des Pascal'schen Zahlendreiecks anordnet, bestimmen diese Anfangswerte die linke und rechte Dreiecksseite (vgl. Abbildung 16-10). In Abbildung 16-10 wird die rekursive Berechnung des Binominalkoeffizienten

$$\binom{5}{2} = \frac{4*5}{2} = 10$$

veranschaulicht. Dabei werden die Koeffizienten, die in oberen Zeilen des Zahlendreiecks liegen und rekursiv in die Berechnung eingehen, mit ihrem Resultat mit einem Pfeil verbunden.

Quelltext der *rekursiven Methode* **binoko()**. Im Fall von irregulären Übergabewerten gibt die Methode als Fehlermeldung eine negative Zahl zurück.

```
static int binoko(int n, int k)
{int h=1, h1, h2;
 if (n<0) return -1;
 if (k<0||k>n) return -2;
 if (n==0||n==1) return 1;
 if (k==0||k==n) return 1;
 if (k>0&&n>1)
 { h1=binoko(n-1,k-1);
   h2=binoko(n-1,k);
   h=h1+h2;
   return h;
 }
 return 1;
}
```

16.3   Binärbäume

Def. 1: Ein gerichteter Graph G=(E,K) heißt *Baum*, wenn gilt: (a) Es gibt genau einen Knoten p0 ∈ E, der nicht Nachfolgerknoten eines anderen Knotens ist, das
heißt, p0 hat keine hineinlaufende Kante. p0 heißt *Wurzel* des Baumes. (b) Für alle
anderen Knoten p ∈ E (p ≠ p0) des Graphen gilt: Es gibt *genau* einen Weg von p0
nach p.

Anm. 1: Man kann aus der Eigenschaft (b) nachweisen, dass ein Baum keine Zyklen enthält.

Def. 2: Ein Baum heißt *Binärbaum*, wenn jeder Knoten höchstens zwei Nachfolger
hat.

Def. 3: Ein Knoten eines Baumes, der keinen Nachfolger hat, heißt *Blatt*.

Def. 4: Ein Baum heißt *ausgeglichen*, wenn jeder Knoten, der kein Blatt ist, die gleiche Anzahl an Nachfolgern hat.

Binärbäume können als dynamische Datentypen für unterschiedliche Zwecke
verwendet werden, zum Beispiel als Suchbäume oder als Sortierbäume. In der
nachfolgenden Anwendung wird der Binärbaum als *Sortierbaum* verwendet. Aus
Wörtern eines beliebigen Satzes soll eine alphabetisch aufsteigend sortierte Wortliste ohne Duplikate erzeugt werden. Die Knoten des Binärbaums sollen daher mit
den folgenden Attributen gefärbt sein: Ein Attribut für das Wort, eines für seine
Häufigkeit im Satz und eines für seine Hierarchieebene im Binärbaum.

BSP. 1: Eine Java Klasse **BB2** für Knoten in einem Binärbaum, der als Sortierbaum
genutzt werden soll. Knoten mit Wörtern, die alphabetisch *vor* dem Wort des gegebenen Knotens liegen, sollen in der Richtung des *linken Nachfolgers* (lnf) eingekettet
werden, Wörter, die alphabetisch *nach* dem Wort des gegebenen Knotens liegen,
sollen in der Richtung des *rechten Nachfolgers* (rnf) eingekettet werden.

```
/*************************************************/
/* Verf.  : Prof. Dr. Gregor Büchel           */
/* Source : BB2.java                          */
/* Zweck  : Klasse fuer Binaerbaeume mit einfacher Kno-  */
/*          tenfaerbung (Sortierbaum)         */
/* Stand  : 12.05.2008                        */
/*************************************************/
class BB2
```

```
{ String wo;    /* Knotenfaerbung: ein Wort              */
  int    wz;    /* Knotenfaerbung: eine Wortanzahl        */
  int    hp;    /* Knotenfaerbung: hierarchische Position */
  BB2 lnf;      /* Linker Nachfolger des Baumknotens      */
  BB2 rnf;      /* Rechter Nachfolger des Baumknotens     */
}
```

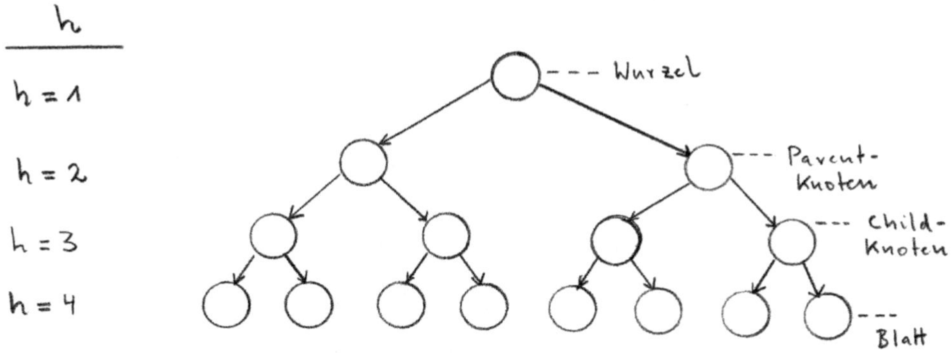

Abbildung 16-11:   Ausgeglichener Binärbaum mit h=4 Hierarchiestufen

Um das Ziel des Algorithmus, das darin besteht, einen Sortierbaum in alphabetischer Anordnung aufzubauen, zu erläutern, soll an Hand eines beispielhaften Eingabesatzes gezeigt werden, welche Gestalt der Binärbaum nach Ende der Eingabe haben soll.

Eingabesatz 1: "max und paul fahren mit dem auto nach bonn und koeln." Dieser Eingabesatz führt zu folgendem Binärbaum (s. Abbildung 16-12).

Anhand des Sortierbaums kann man bereits die alphabetisch sortierte Wortliste ablesen, indem man beim Knoten, der am weitesten links von der Wurzel steht, beginnt und bis zum Knoten liest, der am weitesten rechts von der Wurzel steht. Dieses Verfahren, das bei jeder Children / Parent Konfiguration in der Reihenfolge linkes Kind / Parent-Knoten / rechtes Kind arbeitet, heißt *Inorder-Verfahren*.

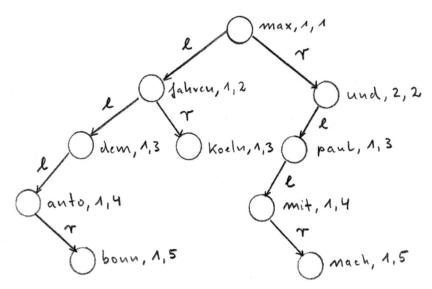

Abbildung 16-12:   Binärbaum (Sortierbaum) zum Eingabesatz 1

Das Inorder Lesen des Sortierbaumes erzeugt die lexikographisch sortierte Wortliste, die im nachfolgenden RUNTIME Protokoll zum Eingabesatz 1 gegeben ist:

Lexikographisch sortierte Wortliste:

::: hp : anz : wort
::: 4 : 1 : auto
::: 5 : 1 : bonn
::: 3 : 1 : dem
::: 2 : 1 : fahren
::: 3 : 1 : koeln
::: 1 : 1 : max
::: 4 : 1 : mit
::: 5 : 1 : nach
::: 3 : 1 : paul
::: 2 : 2 : und

Die Anwendungsklasse **BB2anw3** erbringt mit ihrer **main()**-Methode folgende Leistungen: Von der Tastatur wird ein Satz wortweise in einen String **ew** eingelesen. Für jedes Eingabewort **ew** wird die Methode **neuast()** aufgerufen, die für jedes neue Eingabewort einen Binärbaumknoten erzeugt und diesen in der alphabetisch korrekten Sortierposition in den Binärbaum einfügt. Diese Methode sucht *rekursiv* die korrekte Position. Das erste Wort des Satzes wird als Wurzelknoten eingefügt. Falls ein Wort im Satz mehrfach vorkommt, wird die Wortanzahl inkrementiert. neuast() bekommt die Referenz auf die Wurzel übergeben. Am Ende der Ausführung gibt neuast() die Referenz auf die Wurzel an die aufrufende Methode zurück.

Nach Fertigstellung des Binärbaums erfolgt der Aufruf der rekursiven Methode **inorder()**, mit der die alphabetisch sortierte Wortliste erzeugt und ausgegeben wird.

Weiterhin wird die Methode **hiertreu()** aufgerufen, die den Binärbaum hierarchietreu von der Wurzel bis zur untersten Hierarchieebene ausgibt. Auf einer Hierarchiestufe werden die Knoten von links nach rechts ausgegeben.

Das hierarchietreue Lesen des Baumes erzeugt für den Binärbaum des Eingabesatzes 1 folgende Liste:

Hierarchietreue Ausgabe des Baumes
::: hp : anz : wort
::: 1 : 1 : max
::: 2 : 1 : fahren
::: 2 : 2 : und
::: 3 : 1 : dem
::: 3 : 1 : koeln
::: 3 : 1 : paul
::: 4 : 1 : auto
::: 4 : 1 : mit
::: 5 : 1 : bonn
::: 5 : 1 : nach
<> Knotensumme: 10

Nimmt man einen Eingabesatz, dessen Wörter bereits in alphabetisch aufsteigender Folge stehen, dann degeneriert der Binärbaum zur Liste. Alle linken Nachfolger sind dann **null**-Referenzen.

Eingabesatz 2: "blau blueht der flieder im mai." Dieser Eingabesatz führt zu einem zu einer Liste degenerierten Binärbaum (s. Abbildung 16-13). Die **null**-Referenzen der linken Nachfolger sind dort durch fette Punkte markiert.

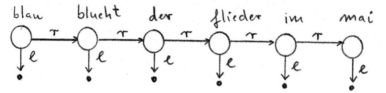

Abbildung 16-13:   Degenerierter Binärbaum zum Eingabesatz 2

Im nachfolgenden Modulübersichtsdiagramm ist das Aufrufverhalten der Methoden der Klasse BB2anw3 dokumentiert. Rekursive Methoden haben einen auf sich gerichteten Aufrufpfeil.

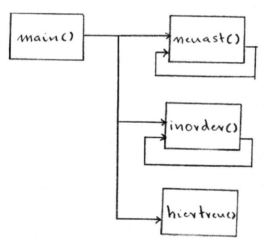

Abbildung 16-14:   Modulübersichtsdiagramm der Klasse BB2anw3

Anm. 1: Die Methode **neuast()** hat folgenden **Prototyp:**

static BB2 neuast(BB2 wok, String ew, int ip)

Der Algorithmus der Methode ist nachfolgend durch ein Struktogramm dokumentiert:

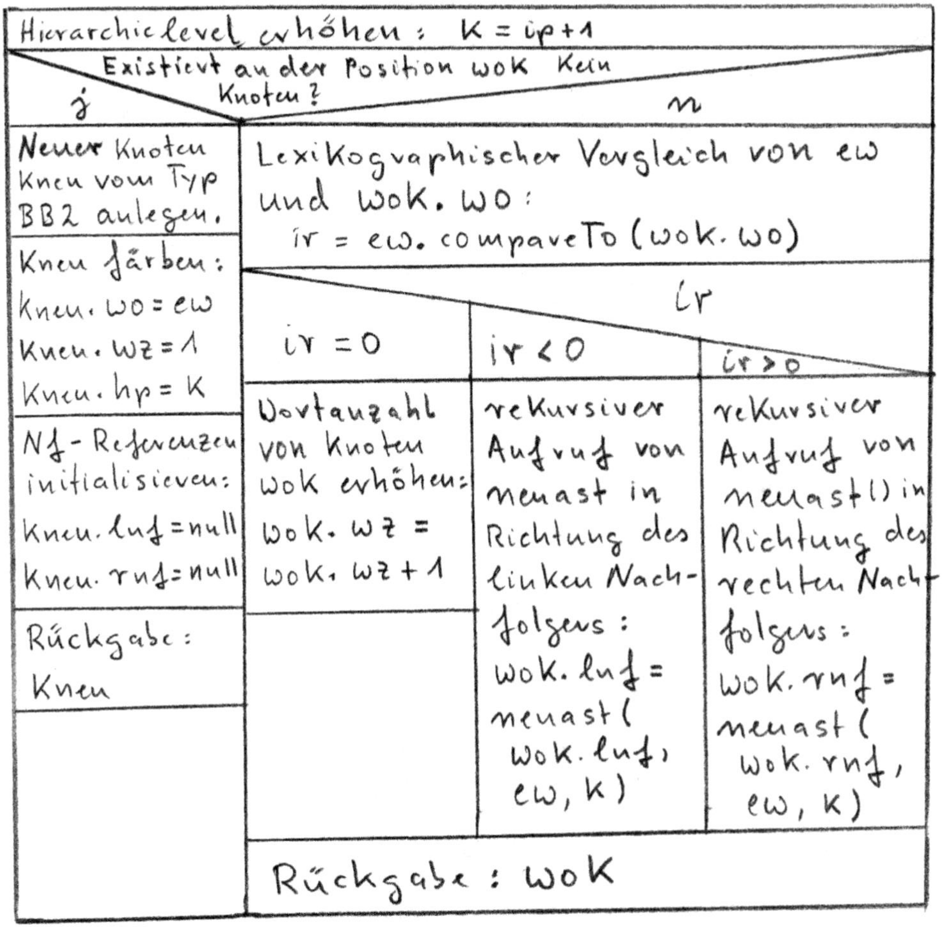

Hierarchielevel erhöhen: K = ip+1			
Existiert an der Position wok kein Knoten?			
j			**n**
Neuer Knoten Kneu vom Typ BB2 anlegen.	Lexikographischer Vergleich von ew und wok.wo: ir = ew.compareTo(wok.wo)		
Kneu färben: kneu.wo = ew Kneu.wz = 1 Kneu.hp = K	**ir**		
	ir = 0	ir < 0	ir > 0
Nf-Referenzen initialisieren: kneu.lnf = null Kneu.rnf = null	Vortanzahl von Knoten wok erhöhen: wok.wz = wok.wz + 1	rekursiver Aufruf von neuast in Richtung des linken Nachfolgers: wok.lnf = neuast(wok.lnf, ew, k)	rekursiver Aufruf von neuast() in Richtung des rechten Nachfolgers: wok.rnf = neuast(wok.rnf, ew, k)
Rückgabe: Kneu			
	Rückgabe: wok		

Abbildung 16-15:   Struktogramm des Algorithmus

Anm. 2: Die Methode **hiertreu()** hat folgenden **Prototyp**:

static void hiertreu(BB2 wok)

Die Methode hiertreu() operiert mit einer Liste **ls1**, die als *Pipeline* organisiert ist. Eine Pipeline arbeitet nach dem Prinzip FIFO (first in, first out), das heißt, neue Knoten werden an den Listenanfang geschrieben. Ist die Liste fertig, wird sie vom Listenende aus gelesen. Um die Arbeitsweise des Algorithmus zu beschreiben, betrachten wir den Binärbaum zum Eingabesatz1 und den Zustand der Pipeline nach dem Einketten der beiden Children Knoten der Wurzel. Die Wurzel war dabei der sogenannte aktuelle Knoten. Die Liste hat dann folgenden Aufbau [ls1-Z1]:

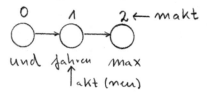

Abbildung 16-16: Anfang der von der Methode hiertreu() erzeugten Pipeline

Der neue aktuelle Knoten wird aus der Listenposition des alten aktuellen Knotens – 1 bestimmt. Die Children Knoten des neuen aktuellen Knotens werden in die Liste am Anfang eingekettet. Dadurch ändern sich die Listenpositionen der bisher vorhandenen Knoten [ls1-Z2]:

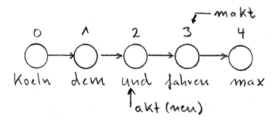

Abbildung 16-17: Änderung der Listenpositionen

Der neue aktuelle Knoten wird aus der Listenposition des alten aktuellen Knotens – 1 solange bestimmt, wie es einen Knoten mit Listenposition > 0 gibt. Ist der Knoten mit Listenposition = 0 erreicht, hat man das rechteste Blatt in der untersten Hierarchieebene erreicht. Damit endet der Aufbau der Pipeline.

Der Quelltext der Klasse **BB2anw3** lautet:

```
/**************************************************************/
/* Prof. Dr. Gregor Büchel                                  */
/* Source : BB2anw3.java                                    */
/* Eine Java-Applikation für Binaerbaeume:  Mittels der     */
/* Methode neuast() wird der Binaerbaum als lexikogra-      */
/* phisch sortierter Baum (inorder) aufgebaut (gemaess      */
/* des Algorithmus von Kernighan & Ritchie). Die Methode    */
/* inorder() gibt den Binaerbaum inorder aus. Beide Me-     */
/* thoden sind  r e k u r s i v  programmiert.              */
/* Die Methoden hiertreu() gibt den Baum hierarchietreu     */
/* aus, d.h. von der Wurzel ueber alle Children-Knoten      */
/* bis zu den Blaettern werden die Knoten gemaess ihrer     */
/* Anordnung auf den Hierarchiestufen ausgegeben. Die       */
/* Baumknoten werden sukzessive in eine Pipeline ge-        */
/* schrieben, die durch eine doppelt verkettete Liste       */
/* verwaltet wird.                                          */
/* Stand : 12.05.2002                                       */
/**************************************************************/
import java.util.*;
class BB2anw3
{public static void main(String args[])
 {String ew;
  BB2 wurz=null;
  int ip=0;
  ew=new String();
  System.out.println("Geben Sie eine Wortfolge ein. ENDE = '.' ");
  ew=IO1.einstring();
  while (ew.substring(0,1).compareTo(".")!=0)
  { wurz=neuast(wurz,ew,ip);
    ew=IO1.einstring();
  }
  System.out.println("Lexikographisch sortierte Wortliste:");
  System.out.println(":::  hp : anz : wort");
  inorder(wurz);
  /* Aufruf der hierarchietreuen Ausgabe des Baumes */
  hiertreu(wurz);
  System.out.println("EOP.");
 }
```

```
static BB2 neuast(BB2 wok, String ew, int ip)
{ BB2 kneu=null;
  int ir;
  int k;  '
  k=ip+1;
  if (wok==null)
  { kneu=new BB2();
    kneu.wo=ew;
    kneu.wz=1;
    kneu.hp=k;
    kneu.lnf=null;
    kneu.rnf=null;
    System.out.println("->(neu) "+kneu.wo);
    return kneu;
  };
  ir=ew.compareTo(wok.wo);
  if (ir==0)
  { wok.wz=wok.wz+1;
    System.out.println("->(neue Anzahl:) "+wok.wz);
  }
  /* rekursiver Aufruf auf den linken Nachfolgerknoten */
  if (ir<0)
  { wok.lnf=neuast(wok.lnf,ew,k);
    System.out.println("->(links nach:) "+wok.wo);
  }
  /* rekursiver Aufruf auf den rechten Nachfolgerknoten */
  if (ir>0)
  { wok.rnf=neuast(wok.rnf,ew,k);
    System.out.println("->(rechts nach:) "+wok.wo);
  }
  return wok;
}

static void hiertreu(BB2 wok)
{ List<BB2> ls1;
  ListIterator lit1;
  int makt, n, sz=0;
  boolean b1;
  BB2 akt,kn1;
  akt=wok;
  ls1=new ArrayList<BB2>();
  /* Baum in eine Pipeline schreiben */
  /* Wurzel = Ende der Pipeline        */
  b1=ls1.add(akt);
  makt=ls1.indexOf(akt);
  System.out.println(" ");
```

```
      System.out.println("Zustand der Liste ");
      /* Der Zustand der Liste wird durch die Position     */
      /* des Knotens akt, der das Nachlesen von Baumknoten  */
      /* in die verkettete Liste steuert, dokumentiert.    */
      System.out.println("<-pos("+akt.wo+")="+makt);
      while (akt!=null)
      { if (akt.lnf!=null) ls1.add(0,akt.lnf);
        if (akt.rnf!=null) ls1.add(0,akt.rnf);
        makt=ls1.indexOf(akt);
        System.out.println("<-pos("+akt.wo+"(nach nf-add))="+makt);
        if (makt>0) akt=ls1.get(makt-1);
        else akt=null;
      }
      System.out.println(" ");
      n=ls1.size();
      lit1=ls1.listIterator(n);
      System.out.println("Hierarchietreue Ausgabe des Baumes");
      System.out.println("::: hp : anz : wort");
      while (lit1.hasPrevious())
      {kn1=(BB2)lit1.previous();
       System.out.println("::: "+kn1.hp+" : "+kn1.wz+" : "+kn1.wo);
       sz=sz+1;
      }
      System.out.println("<> Knotensumme:"+sz);
  }

  static void inorder(BB2 wok)
  { if (wok!=null)
    { inorder(wok.lnf);
      System.out.println("::: "+wok.hp+" : "+wok.wz+" : "+wok.wo);
      inorder(wok.rnf);
    }
  }
}
```

16.4   Lernziele zu Kapitel 16

1. Den Aufbau von Graphen erklären können.
2. Zu einem gegebenen gefärbten Graphen eine Java Klasse zur Verwaltung der Knoten mit ihren Kantenverbindungen definieren können.
3. Die Funktionsweise einer rekursiven Methode erklären können. Für das Laufzeitverhalten einer solchen Methode ein Stackprotokoll aufstellen können.
4. Für einfache Probleme der Arithmetik oder der Zeichenkettenverarbeitung rekursive Methoden programmieren können.
5. Den Begriff eines Baumes erklären können.
6. Eine Java Klasse für die Verwaltung von Baumknoten programmieren können.
7. Das Prinzip der Inorder Verarbeitung beim Aufbau und beim Lesen von Binärbäumen erklären können.

Sachwortverzeichnis

Printed in the United States
By Bookmasters